MAGIC KAITO
COLOR ILLUSTRATION GALLERY

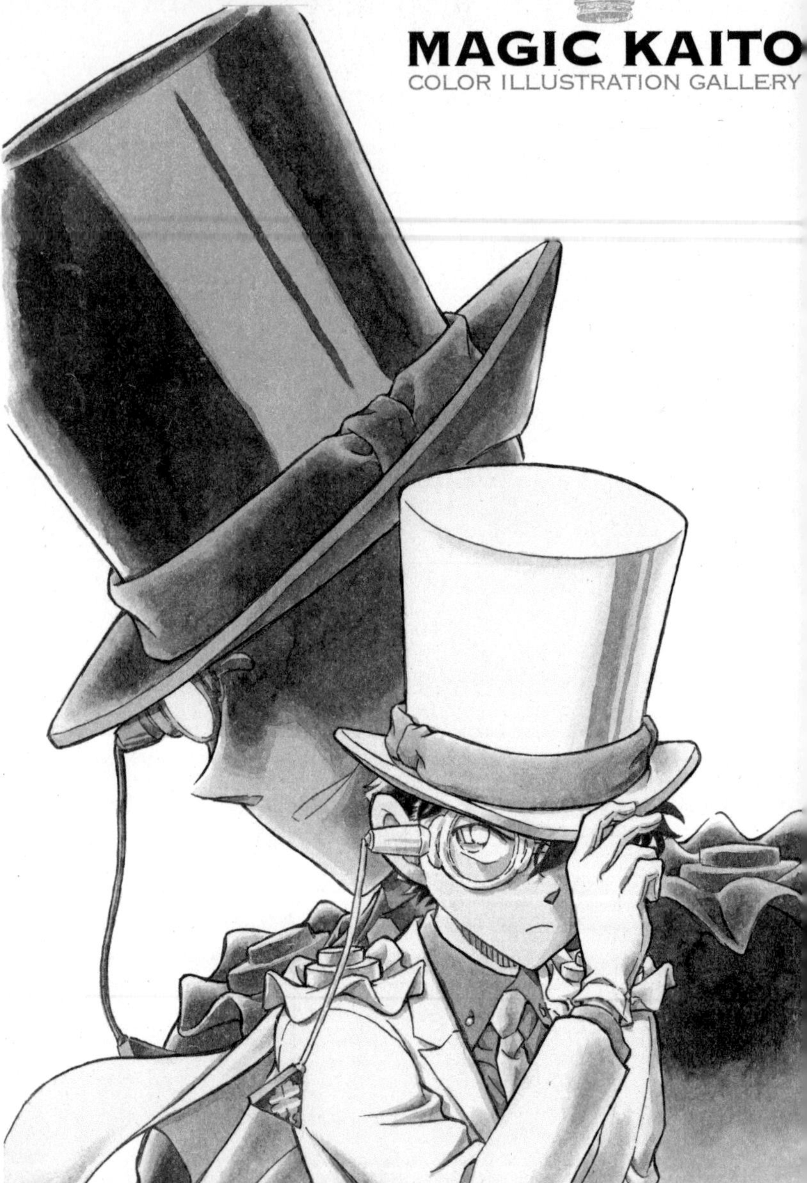

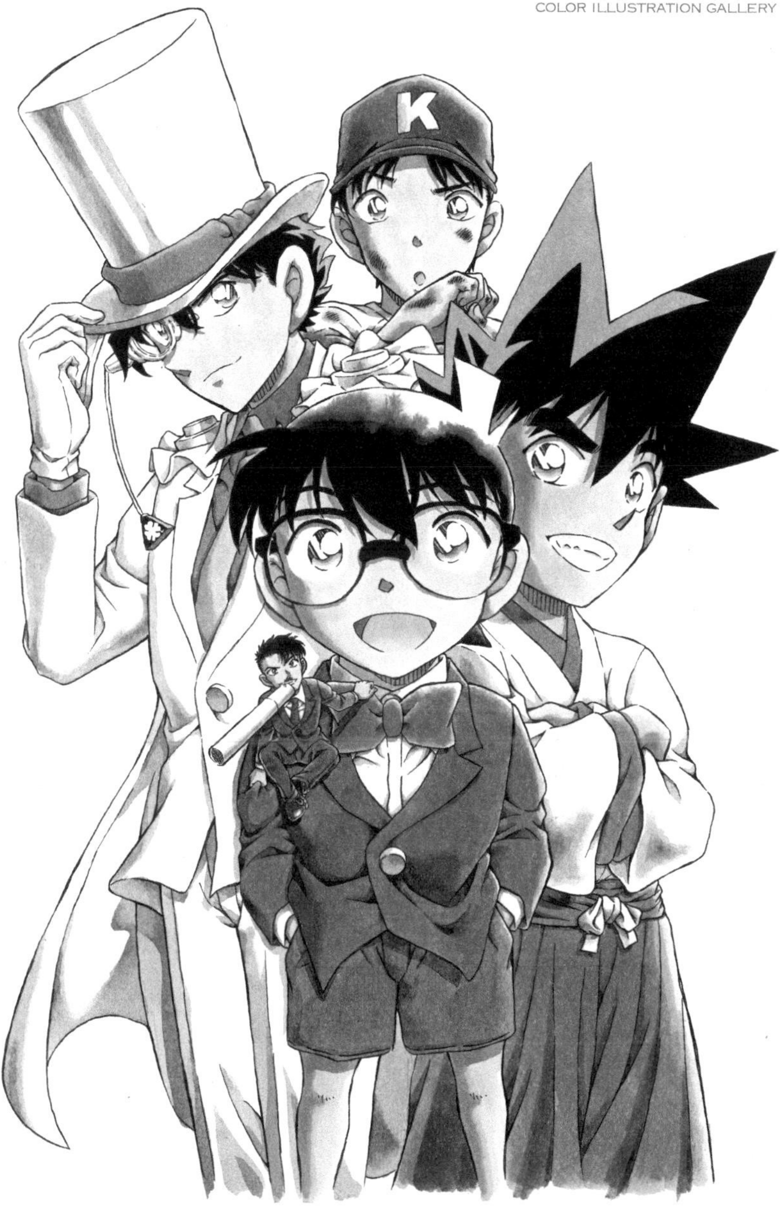
K

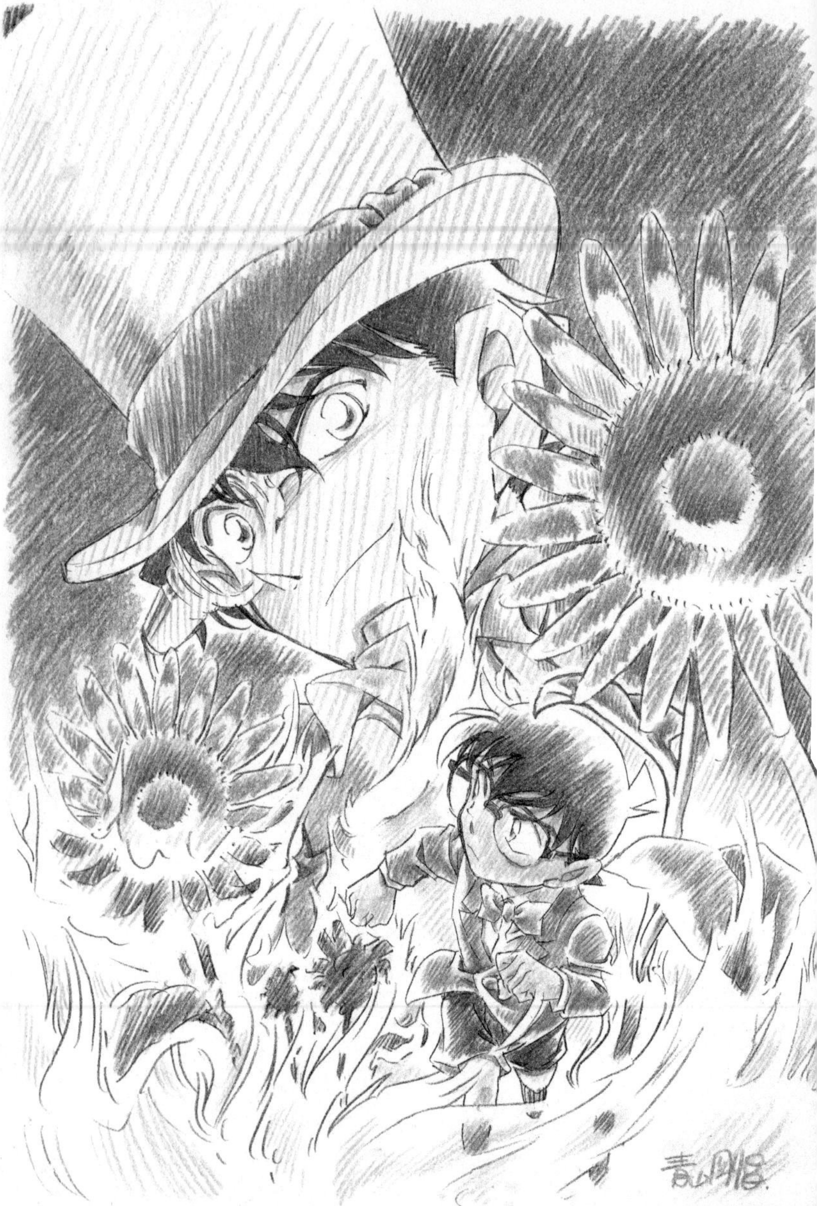
青山剛昌

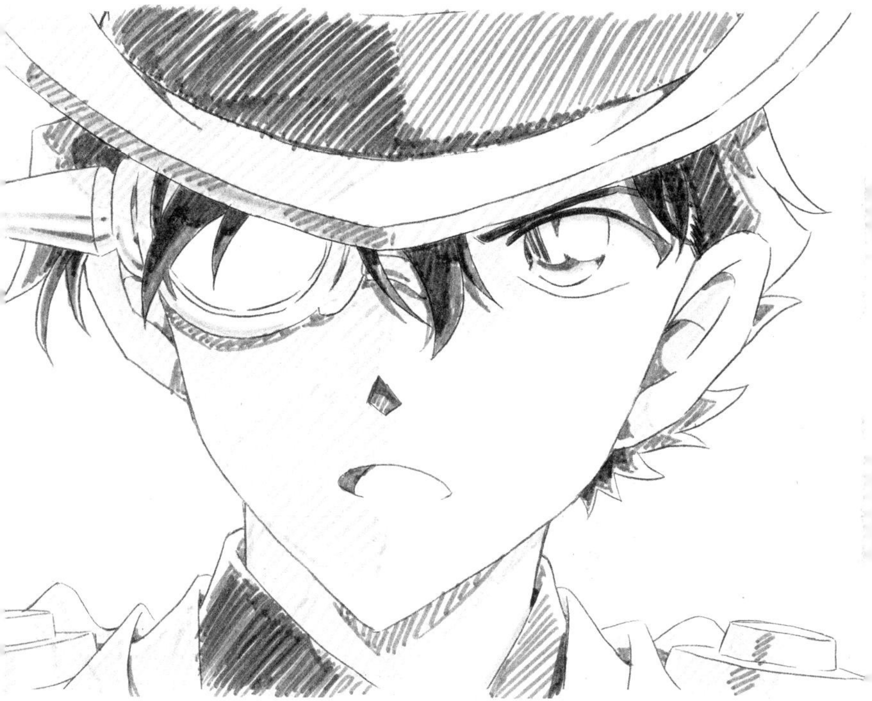

MAGIC KAITO
COLOR ILLUSTRATION GALLERY

KAITO KID

TREASURED EDITION

5

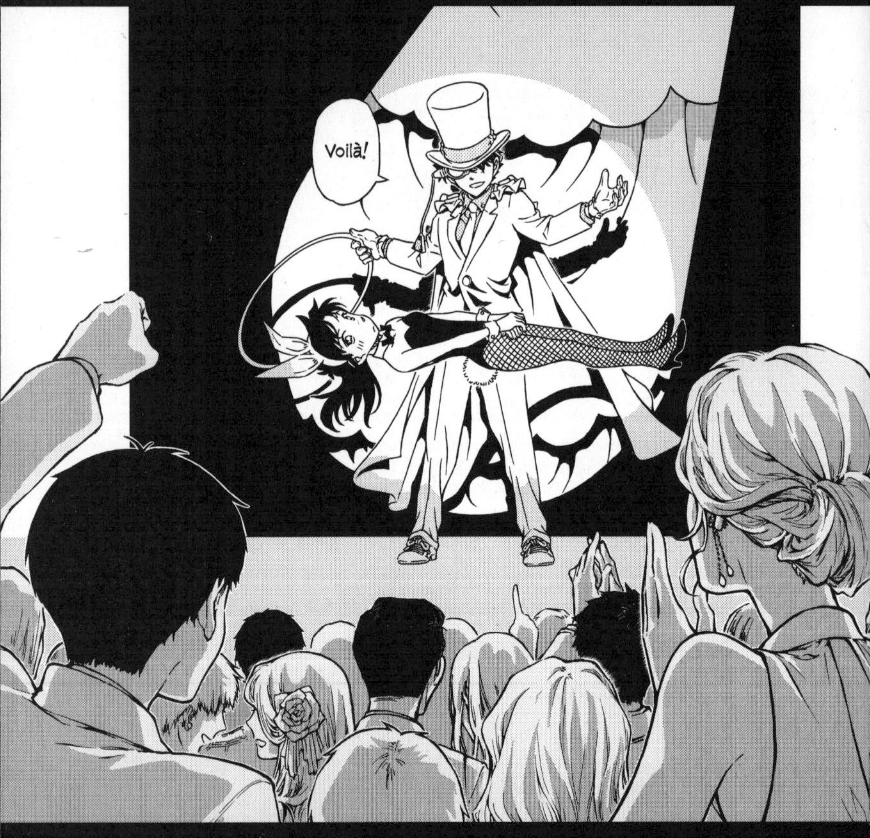

Gosho Aoyama

INHALT

KAITO KID

TREASURED EDITION

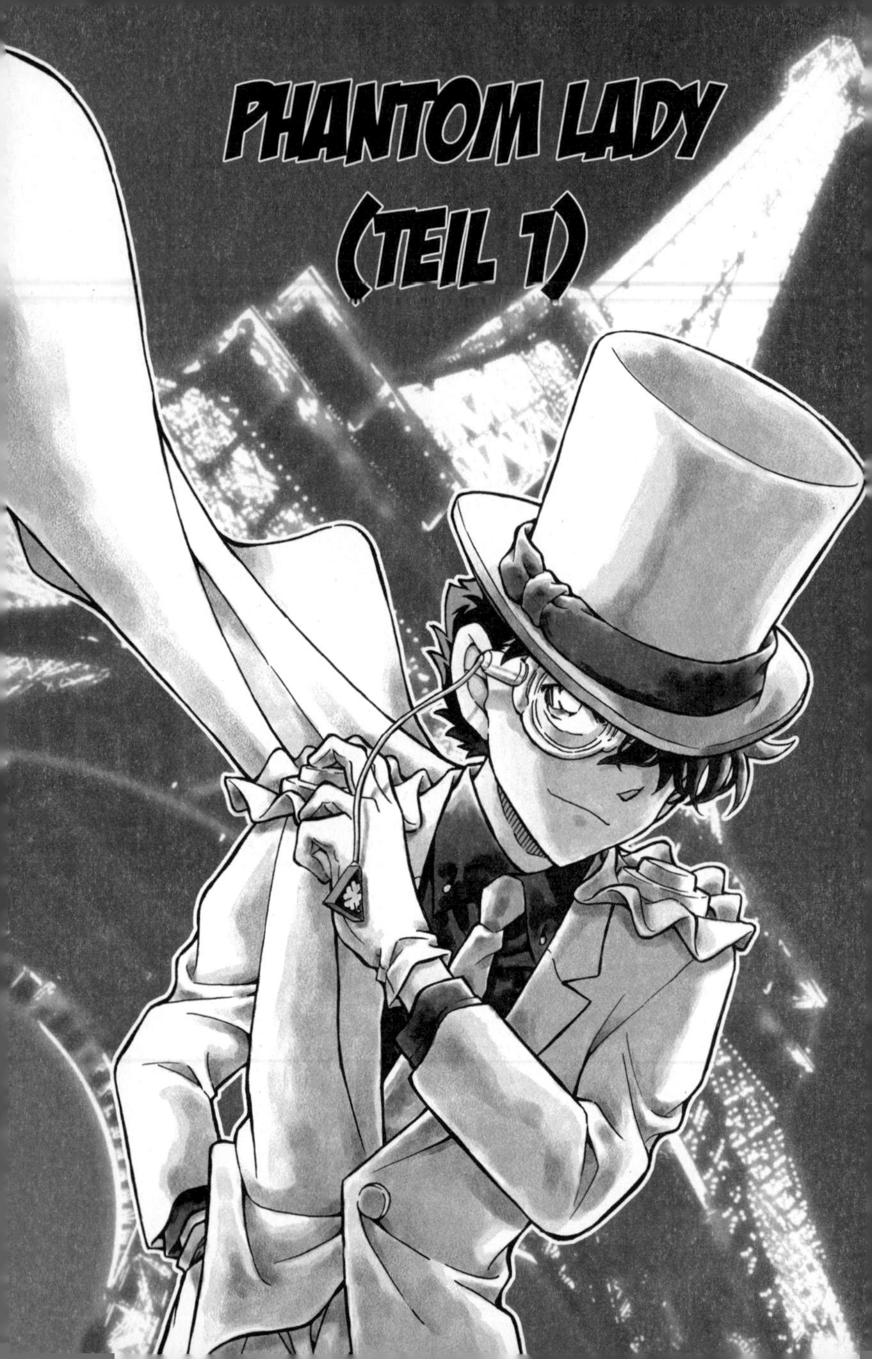
PHANTOM LADY
(TEIL 1)

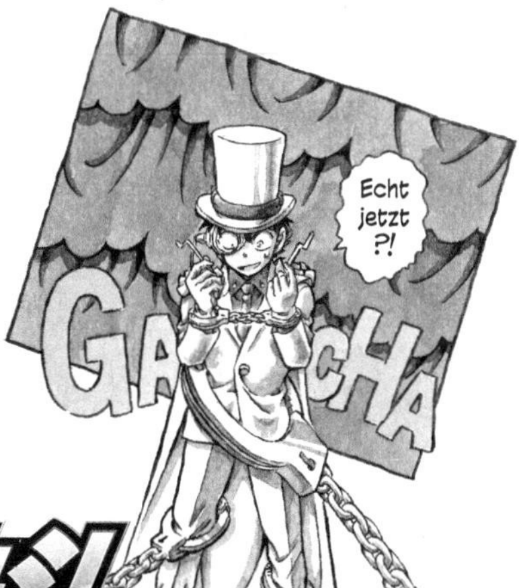

まじっく快斗

KID THE PHANTOM THIEF

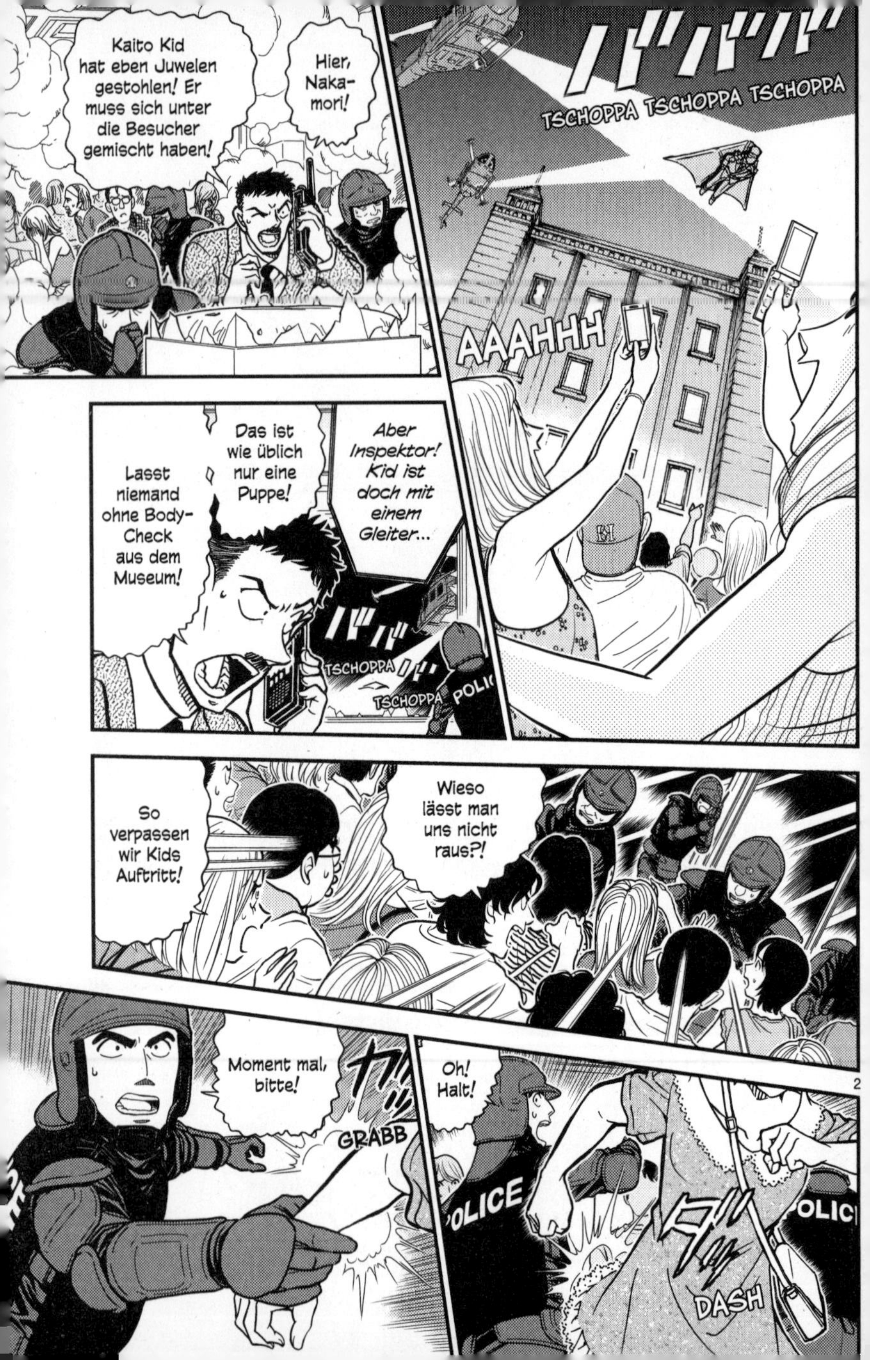
TSCHOPPA TSCHOPPA TSCHOPPA
AAAHHH
Hier, Naka-mori!
Kaito Kid hat eben Juwelen gestohlen! Er muss sich unter die Besucher gemischt haben!
Aber Inspektor! Kid ist doch mit einem Gleiter...
Das ist wie üblich nur eine Puppe!
Lasst niemand ohne Body-Check aus dem Museum!
TSCHOPPA
TSCHOPPA
POLICE
Wieso lässt man uns nicht raus?!
So verpassen wir Kids Auftritt!
Oh! Halt!
POLICE
POLICE
DASH
Moment mal, bitte!
GRABB

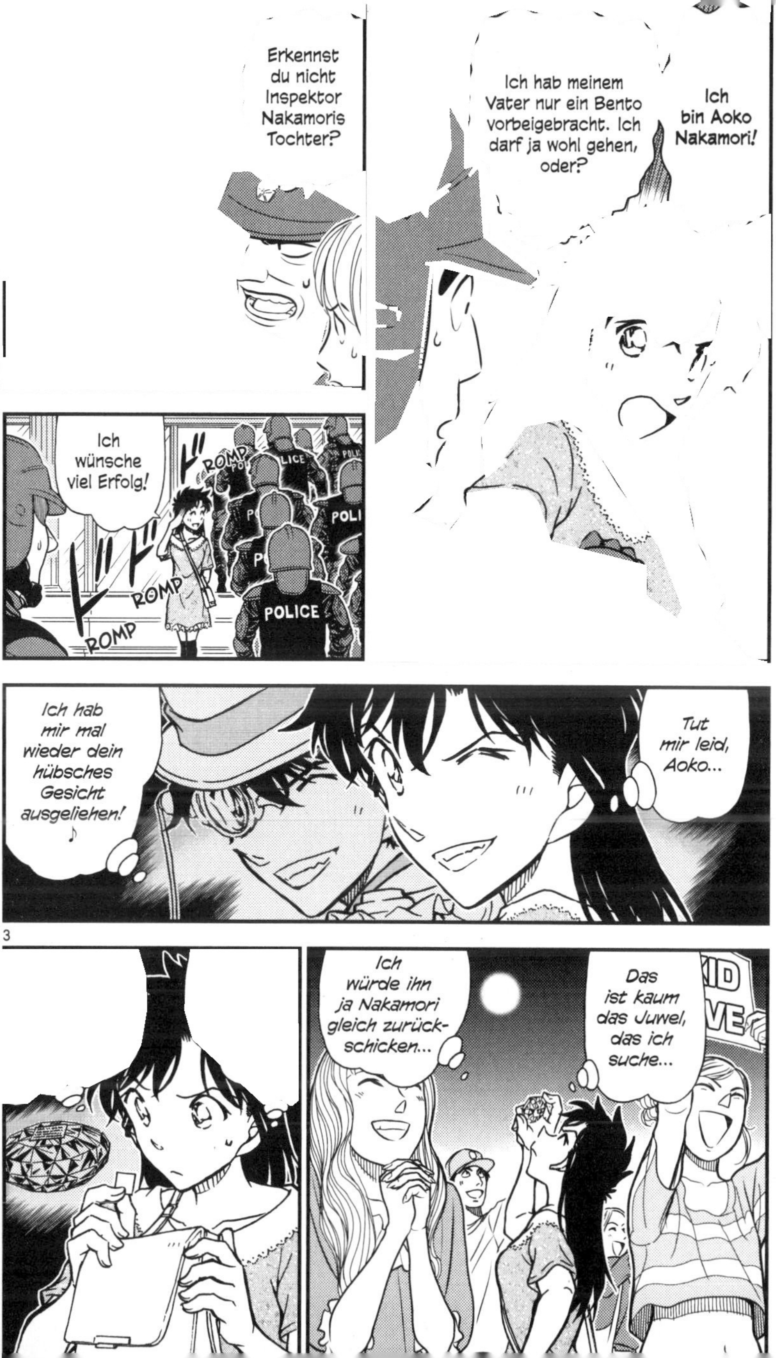
Ich bin Aoko Nakamori!
Ich hab meinem Vater nur ein Bento vorbeigebracht. Ich darf ja wohl gehen, oder?
Erkennst du nicht Inspektor Nakamoris Tochter?
Ich wünsche viel Erfolg!
ROMP
ROMP
ROMP
POLICE
Tut mir leid, Aoko...
Ich hab mir mal wieder dein hübsches Gesicht ausgeliehen! ♪
Das ist kaum das Juwel, das ich suche...
Ich würde ihn ja Nakamori gleich zurückschicken...

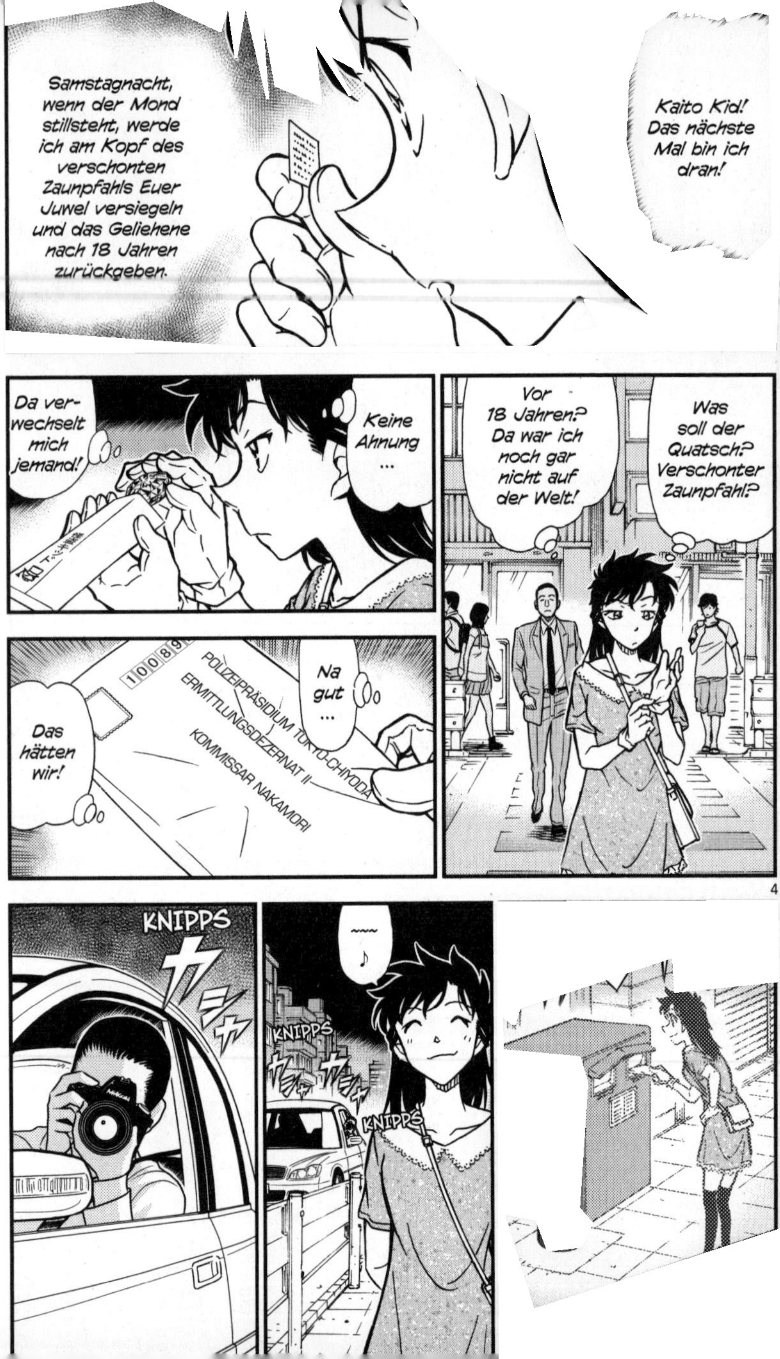
Kaito Kid! Das nächste Mal bin ich dran!
Samstagnacht, wenn der Mond stillsteht, werde ich am Kopf des verschonten Zaunpfahls Euer Juwel versiegeln und das Geliehene nach 18 Jahren zurückgeben.
Was soll der Quatsch? Verschonter Zaunpfahl?
Vor 18 Jahren? Da war ich noch gar nicht auf der Welt!
Keine Ahnung ...
Da verwechselt mich jemand!
Na gut ...
Das hätten wir!
100899
POLIZEIPRÄSIDIUM TOKYO-CHIYODA
ERMITTLUNGSDEZERNAT II
KOMMISSAR NAKAMORI
~~~ ♪
KNIPPS
KNIPPS
KNIPPS
~~~

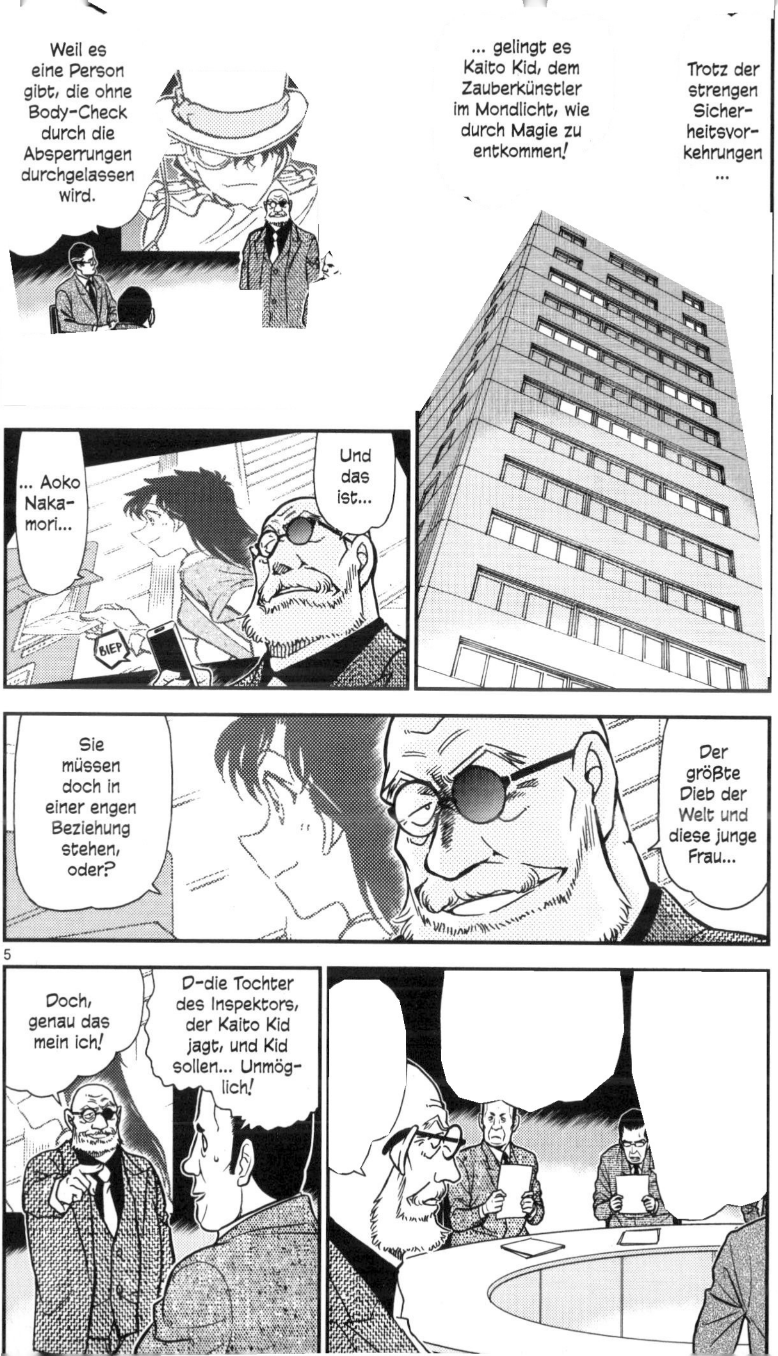
Trotz der strengen Sicherheitsvorkehrungen ...
... gelingt es Kaito Kid, dem Zauberkünstler im Mondlicht, wie durch Magie zu entkommen!
Weil es eine Person gibt, die ohne Body-Check durch die Absperrungen durchgelassen wird.
Und das ist...
... Aoko Nakamori...
BIEP
Der größte Dieb der Welt und diese junge Frau...
Sie müssen doch in einer engen Beziehung stehen, oder?
D-die Tochter des Inspektors, der Kaito Kid jagt, und Kid sollen... Unmöglich!
Doch, genau das mein ich!

5

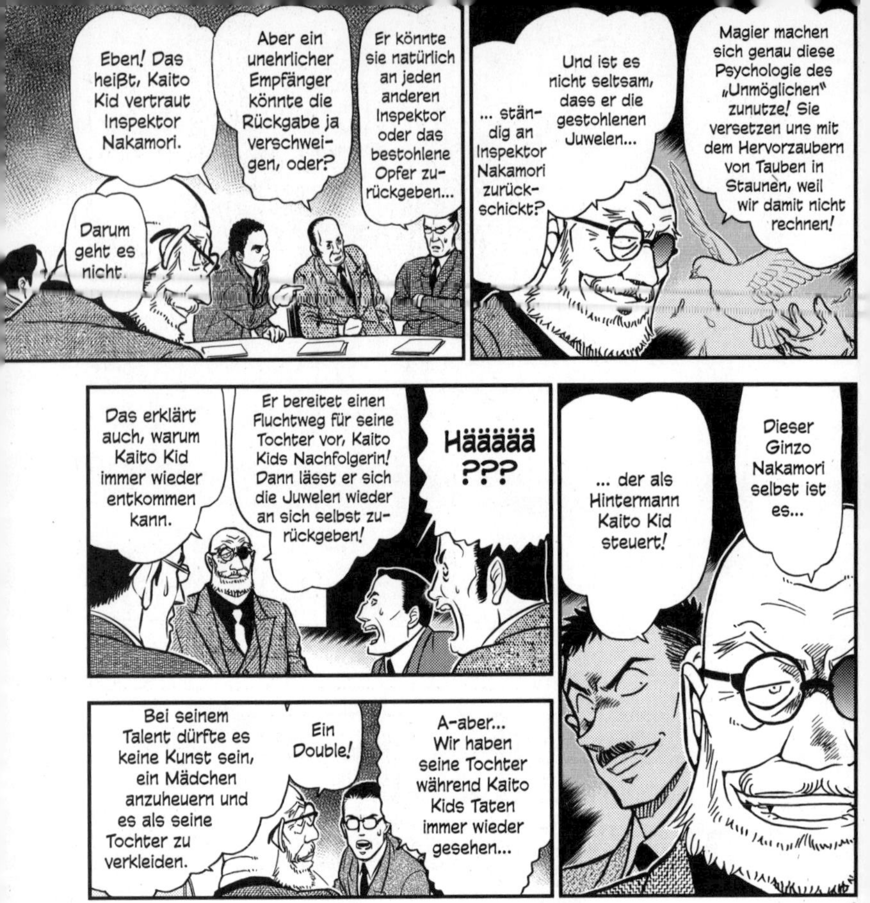

Magier machen sich genau diese Psychologie des „Unmöglichen" zunutze! Sie versetzen uns mit dem Hervorzaubern von Tauben in Staunen, weil wir damit nicht rechnen!
Und ist es nicht seltsam, dass er die gestohlenen Juwelen...
... ständig an Inspektor Nakamori zurückschickt?
Er könnte sie natürlich an jeden anderen Inspektor oder das bestohlene Opfer zurückgeben...
Aber ein unehrlicher Empfänger könnte die Rückgabe ja verschweigen, oder?
Eben! Das heißt, Kaito Kid vertraut Inspektor Nakamori.
Darum geht es nicht.
Dieser Ginzo Nakamori selbst ist es...
... der als Hintermann Kaito Kid steuert!
Hääääää ???
Er bereitet einen Fluchtweg für seine Tochter vor, Kaito Kids Nachfolgerin! Dann lässt er sich die Juwelen wieder an sich selbst zurückgeben!
Das erklärt auch, warum Kaito Kid immer wieder entkommen kann.
A-aber... Wir haben seine Tochter während Kaito Kids Taten immer wieder gesehen...
Ein Double!
Bei seinem Talent dürfte es keine Kunst sein, ein Mädchen anzuheuern und es als seine Tochter zu verkleiden.

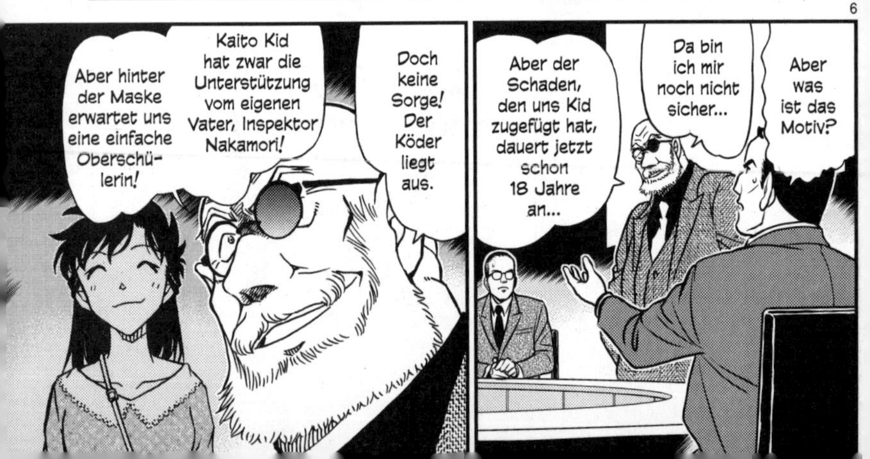

Aber was ist das Motiv?
Da bin ich mir noch nicht sicher...
Aber der Schaden, den uns Kid zugefügt hat, dauert jetzt schon 18 Jahre an...
Doch keine Sorge! Der Köder liegt aus.
Kaito Kid hat zwar die Unterstützung vom eigenen Vater, Inspektor Nakamori!
Aber hinter der Maske erwartet uns eine einfache Oberschülerin!

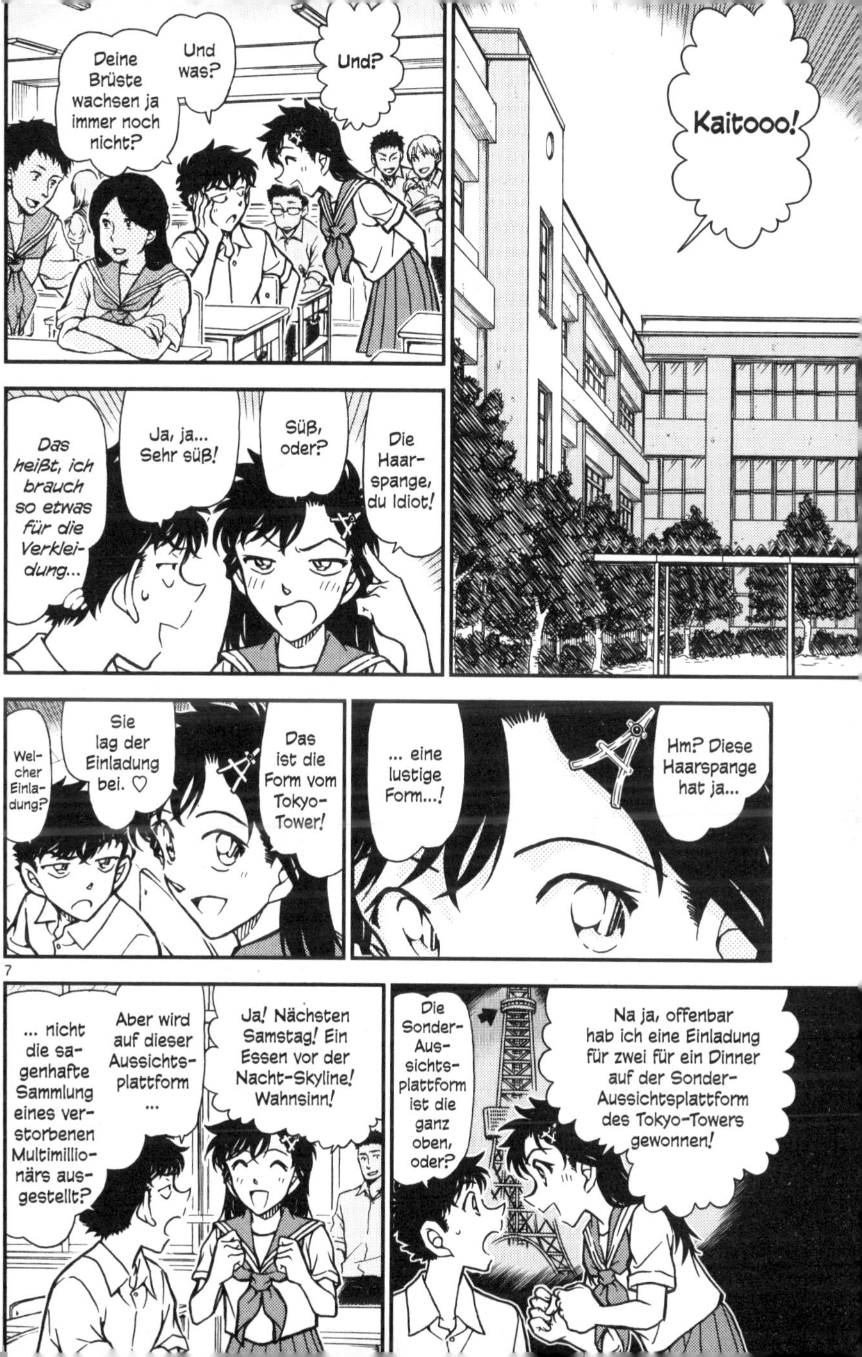

Kaitooo!
Und?
Und was?
Deine Brüste wachsen ja immer noch nicht?
Die Haarspange, du Idiot!
Süß, oder?
Ja, ja... Sehr süß!
Das heißt, ich brauch so etwas für die Verkleidung...
Hm? Diese Haarspange hat ja...
... eine lustige Form...!
Das ist die Form vom Tokyo-Tower!
Sie lag der Einladung bei. ♡
Welcher Einladung?
Na ja, offenbar hab ich eine Einladung für zwei für ein Dinner auf der Sonder-Aussichtsplattform des Tokyo-Towers gewonnen!
Die Sonder-Aussichtsplattform ist die ganz oben, oder?
Ja! Nächsten Samstag! Ein Essen vor der Nacht-Skyline! Wahnsinn!
Aber wird auf dieser Aussichtsplattform ...
... nicht die sagenhafte Sammlung eines verstorbenen Multimillionärs ausgestellt?

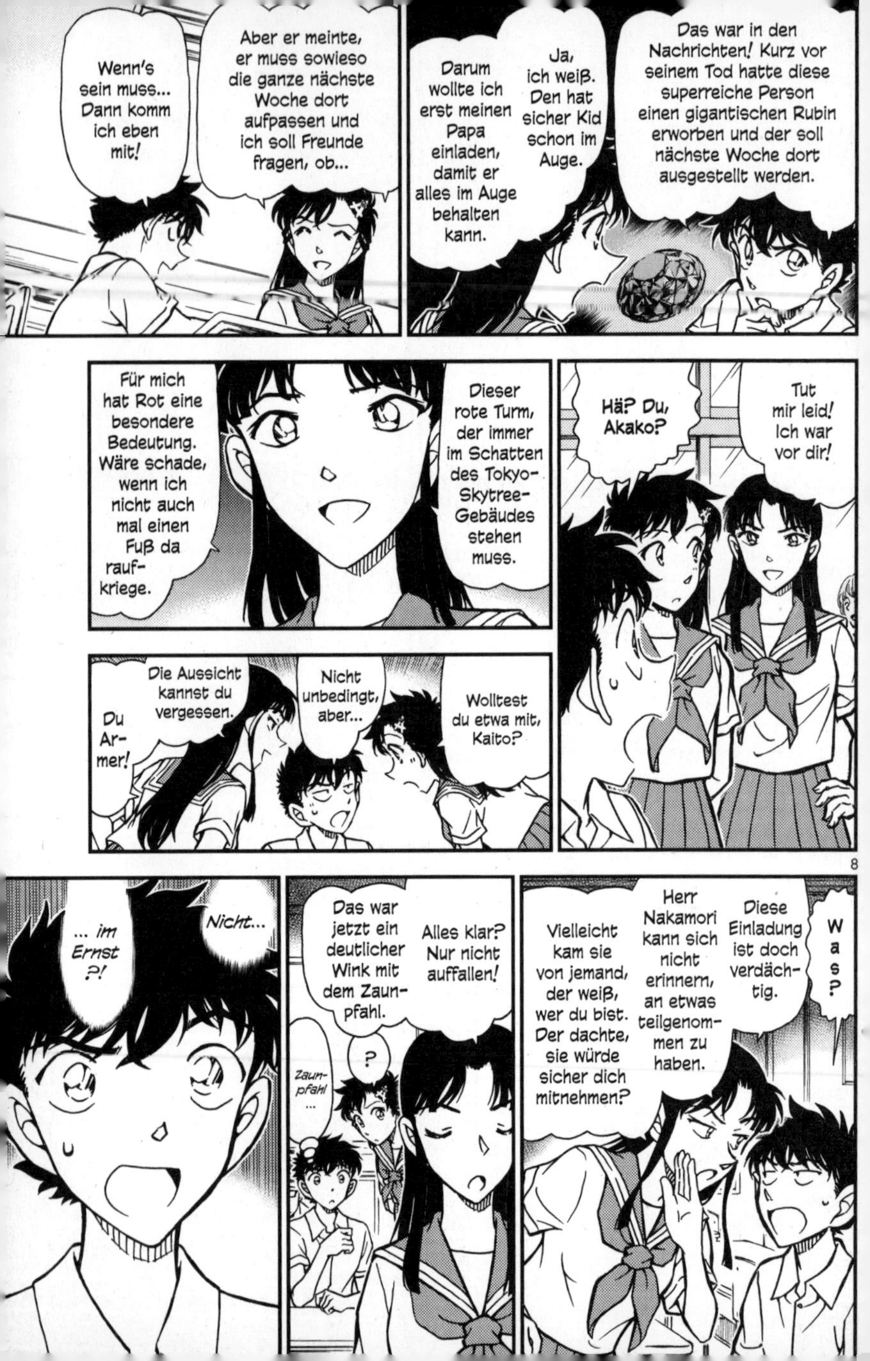
Das war in den Nachrichten! Kurz vor seinem Tod hatte diese superreiche Person einen gigantischen Rubin erworben und der soll nächste Woche dort ausgestellt werden.
Ja, ich weiß. Den hat sicher Kid schon im Auge.
Darum wollte ich erst meinen Papa einladen, damit er alles im Auge behalten kann.
Aber er meinte, er muss sowieso die ganze nächste Woche dort aufpassen und ich soll Freunde fragen, ob...
Wenn's sein muss... Dann komm ich eben mit!
Tut mir leid! Ich war vor dir!
Hä? Du, Akako?
Dieser rote Turm, der immer im Schatten des Tokyo-Skytree-Gebäudes stehen muss.
Für mich hat Rot eine besondere Bedeutung. Wäre schade, wenn ich nicht auch mal einen Fuß da rauf-kriege.
Wolltest du etwa mit, Kaito?
Nicht unbedingt, aber...
Die Aussicht kannst du vergessen.
Du Ar-mer!
Was?
Diese Einladung ist doch verdäch-tig.
Herr Nakamori kann sich nicht erinnern, an etwas teilgenom-men zu haben.
Vielleicht kam sie von jemand, der weiß, wer du bist. Der dachte, sie würde sicher dich mitnehmen?
Alles klar? Nur nicht auffallen!
Das war jetzt ein deutlicher Wink mit dem Zaun-pfahl.
?
Zaun-pfahl ...
Nicht...
... im Ernst ?!

8

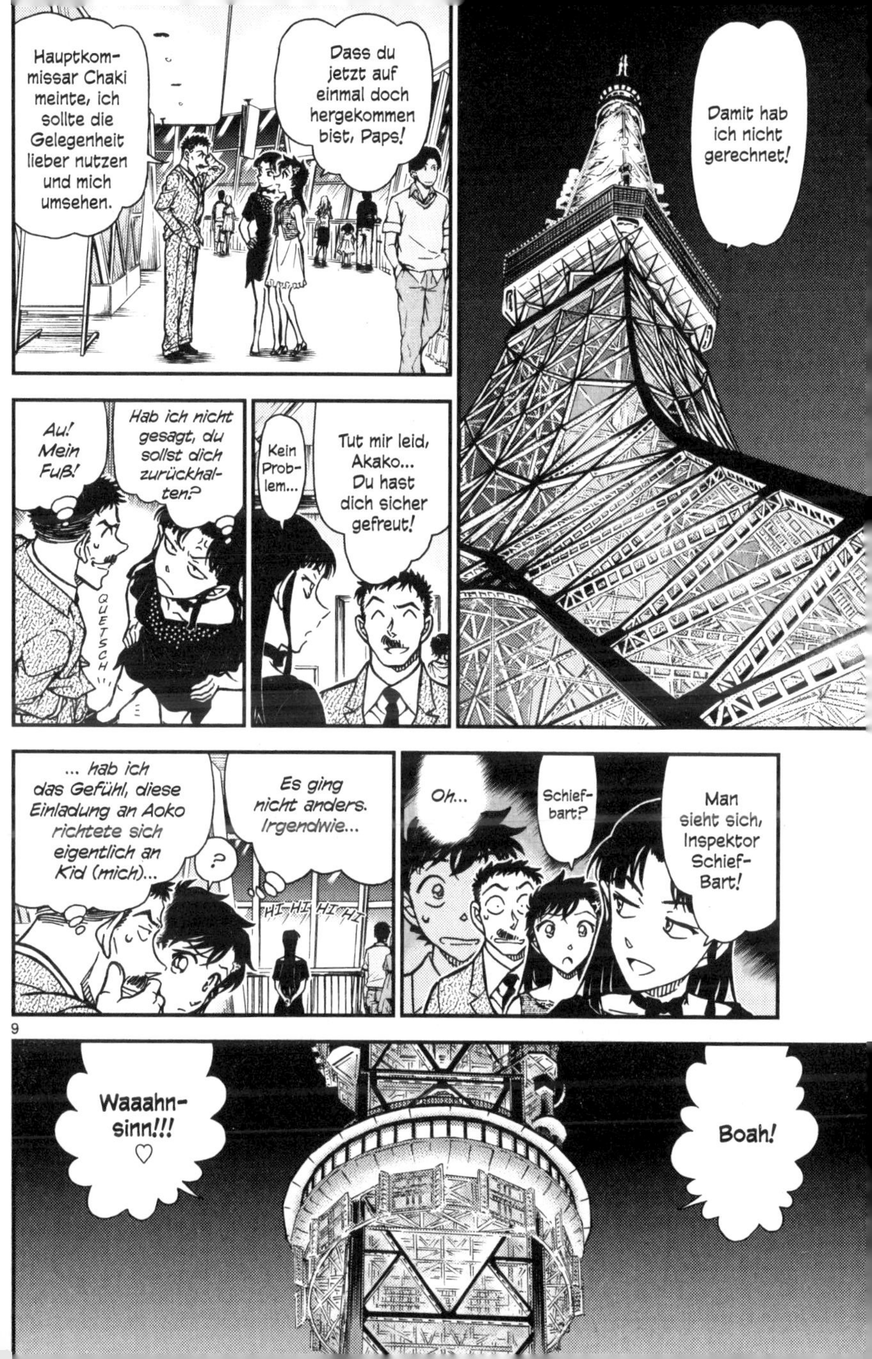
Damit hab ich nicht gerechnet!
Dass du jetzt auf einmal doch hergekommen bist, Paps!
Hauptkommissar Chaki meinte, ich sollte die Gelegenheit lieber nutzen und mich umsehen.
Tut mir leid, Akako... Du hast dich sicher gefreut!
Kein Problem...
Hab ich nicht gesagt, du sollst dich zurückhalten?
Au! Mein Fuß!
QUETSCH
Man sieht sich, Inspektor Schief-Bart!
Schief-bart?
Oh...
Es ging nicht anders. Irgendwie...
... hab ich das Gefühl, diese Einladung an Aoko richtete sich eigentlich an Kid (mich)...
?
HI HI HI HI
9
Boah!
Waaahn-sinn!!! ♡

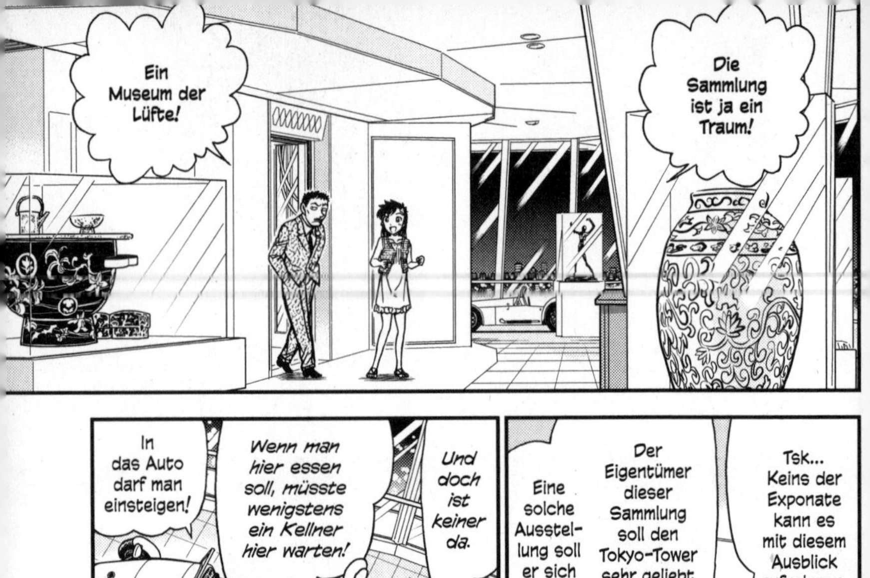
Die Sammlung ist ja ein Traum!
Ein Museum der Lüfte!
Tsk... Keins der Exponate kann es mit diesem Ausblick aufnehmen.
Der Eigentümer dieser Sammlung soll den Tokyo-Tower sehr geliebt haben.
Eine solche Ausstellung soll er sich gewünscht haben.
Und doch ist keiner da.
Wenn man hier essen soll, müsste wenigstens ein Kellner hier warten!
In das Auto darf man einsteigen!
Da steht, man kann sogar die Motorengeräusche erleben!
Das heißt nur, dass ein Band mit Motorsound läuft, oder?

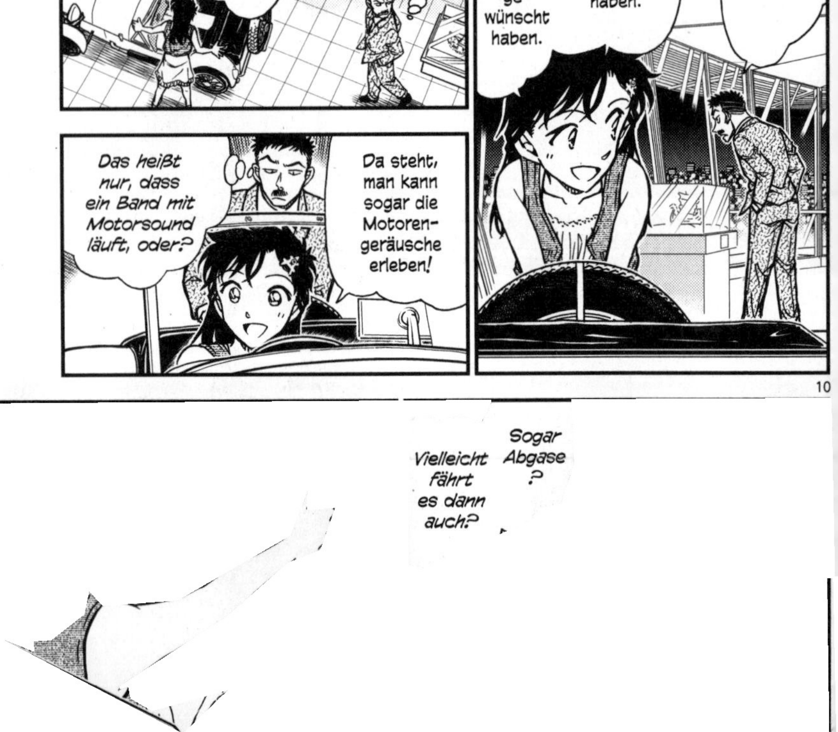
Sogar Abgase?
Vielleicht fährt es dann auch?

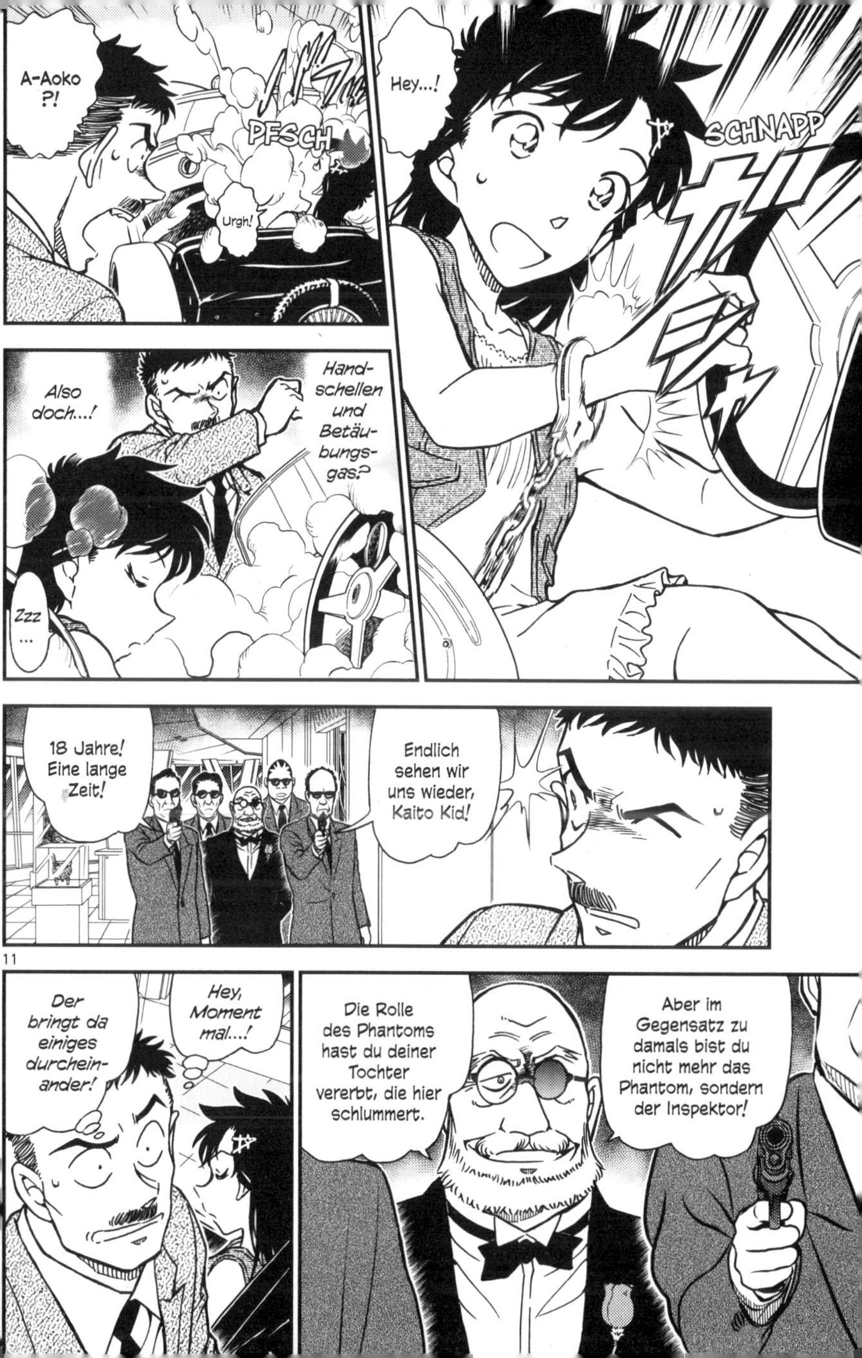
Hey...!
SCHNAPP
A-Aoko ?!
PFSCH
Urgh!
Hand-schellen und Betäu-bungs-gas?
Also doch...!
Zzz ...
Endlich sehen wir uns wieder, Kaito Kid!
18 Jahre! Eine lange Zeit!
Die Rolle des Phantoms hast du deiner Tochter vererbt, die hier schlummert.
Aber im Gegensatz zu damals bist du nicht mehr das Phantom, sondern der Inspektor!
Hey, Moment mal...!
Der bringt da einiges durchein-ander!

11

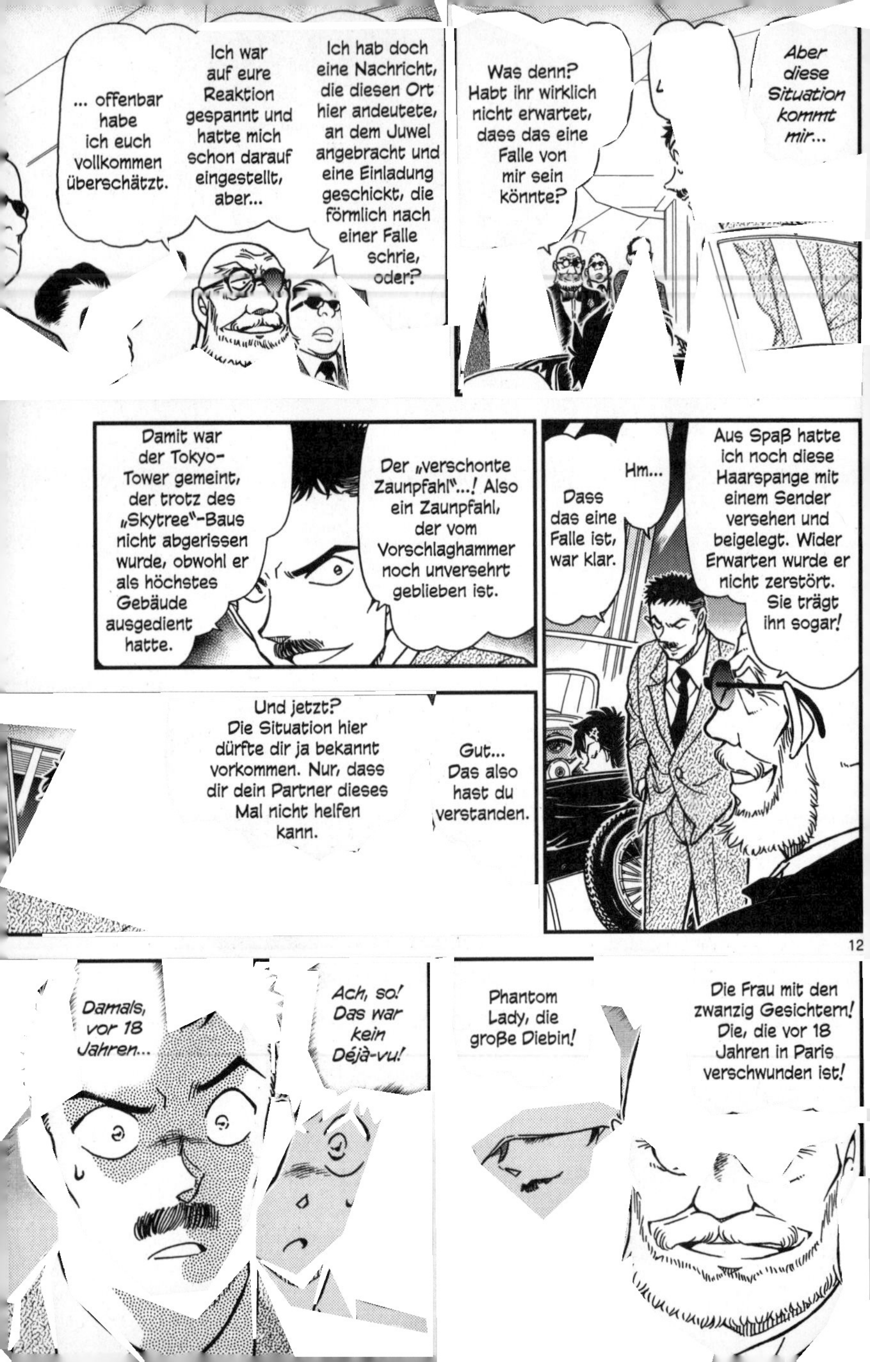

Aber diese Situation kommt mir...
Was denn? Habt ihr wirklich nicht erwartet, dass das eine Falle von mir sein könnte?
Ich hab doch eine Nachricht, die diesen Ort hier andeutete, an dem Juwel angebracht und eine Einladung geschickt, die förmlich nach einer Falle schrie, oder?
Ich war auf eure Reaktion gespannt und hatte mich schon darauf eingestellt, aber...
... offenbar habe ich euch vollkommen überschätzt.
Hm...
Dass das eine Falle ist, war klar.
Aus Spaß hatte ich noch diese Haarspange mit einem Sender versehen und beigelegt. Wider Erwarten wurde er nicht zerstört. Sie trägt ihn sogar!
Der „verschonte Zaunpfahl"...! Also ein Zaunpfahl, der vom Vorschlaghammer noch unversehrt geblieben ist.
Damit war der Tokyo-Tower gemeint, der trotz des „Skytree"-Baus nicht abgerissen wurde, obwohl er als höchstes Gebäude ausgedient hatte.
Gut... Das also hast du verstanden.
Und jetzt? Die Situation hier dürfte dir ja bekannt vorkommen. Nur, dass dir dein Partner dieses Mal nicht helfen kann.
Die Frau mit den zwanzig Gesichtern! Die, die vor 18 Jahren in Paris verschwunden ist!
Phantom Lady, die große Diebin!
Ach, so! Das war kein Déjà-vu!
Damals, vor 18 Jahren...

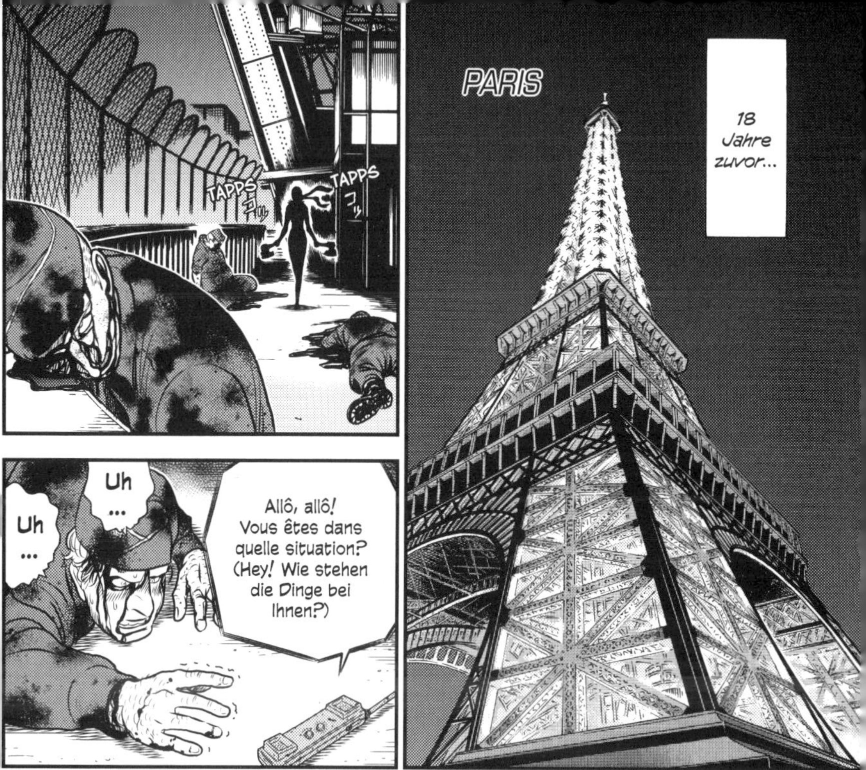
PARIS
18 Jahre zuvor...
TAPPS
TAPPS
Allô, allô! Vous êtes dans quelle situation? (Hey! Wie stehen die Dinge bei Ihnen?)
Uh ...
Uh ...

13

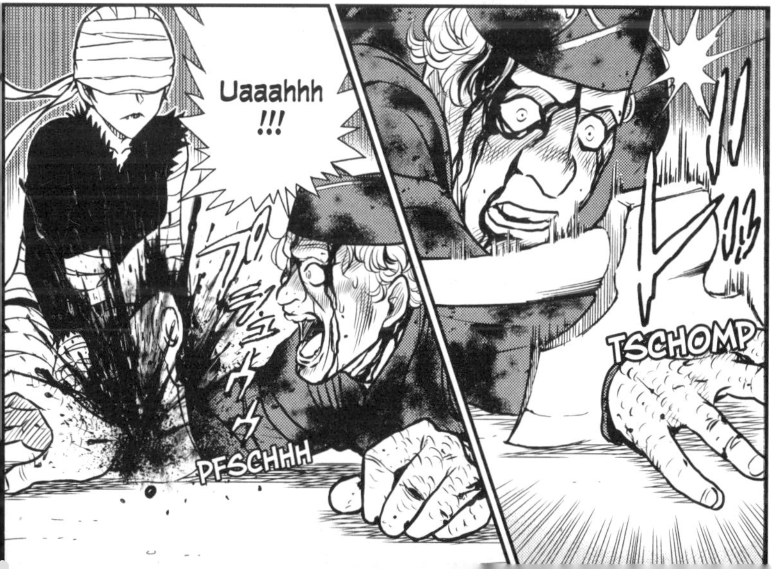
TSCHOMP
Uaaahhh !!!
PFSCHHH

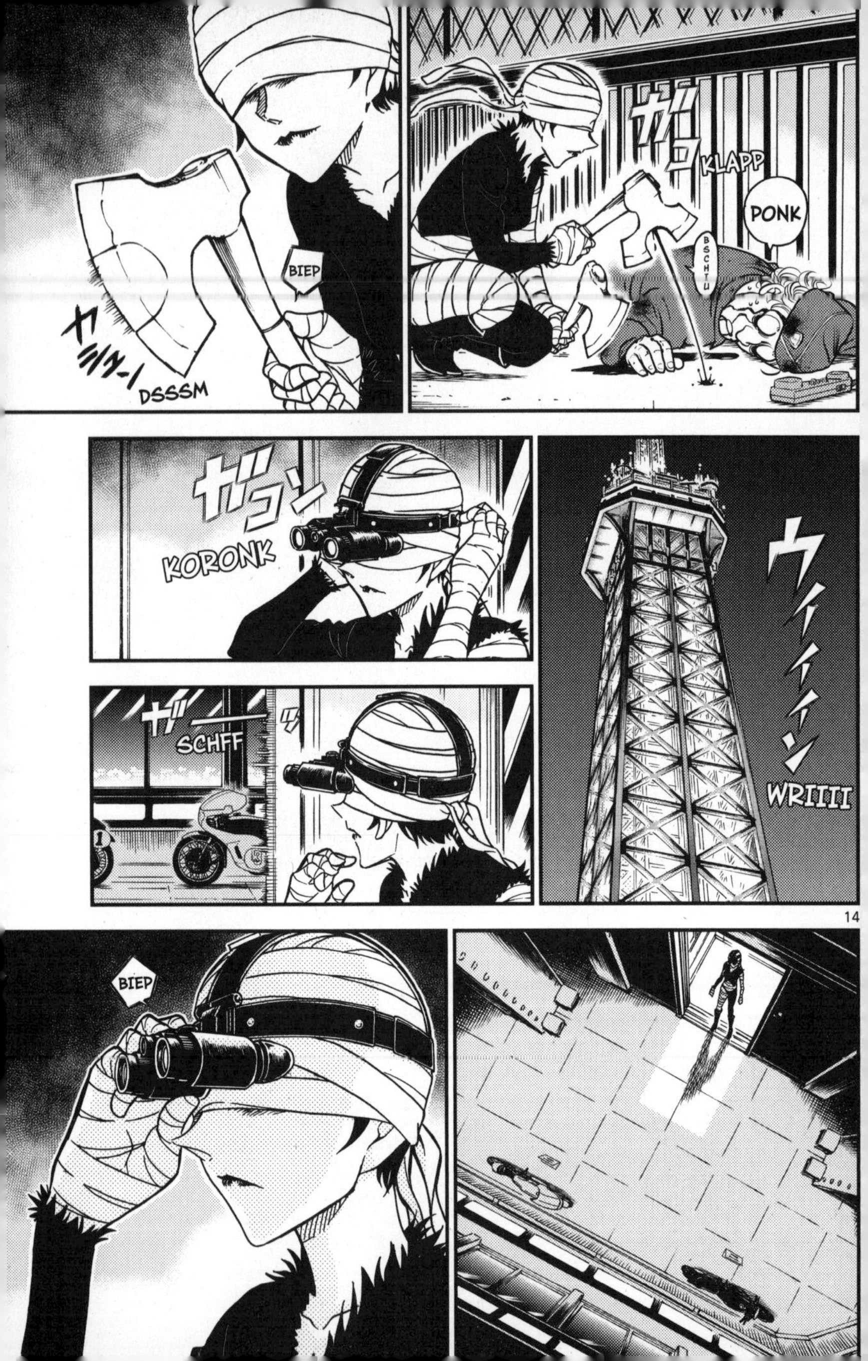

14

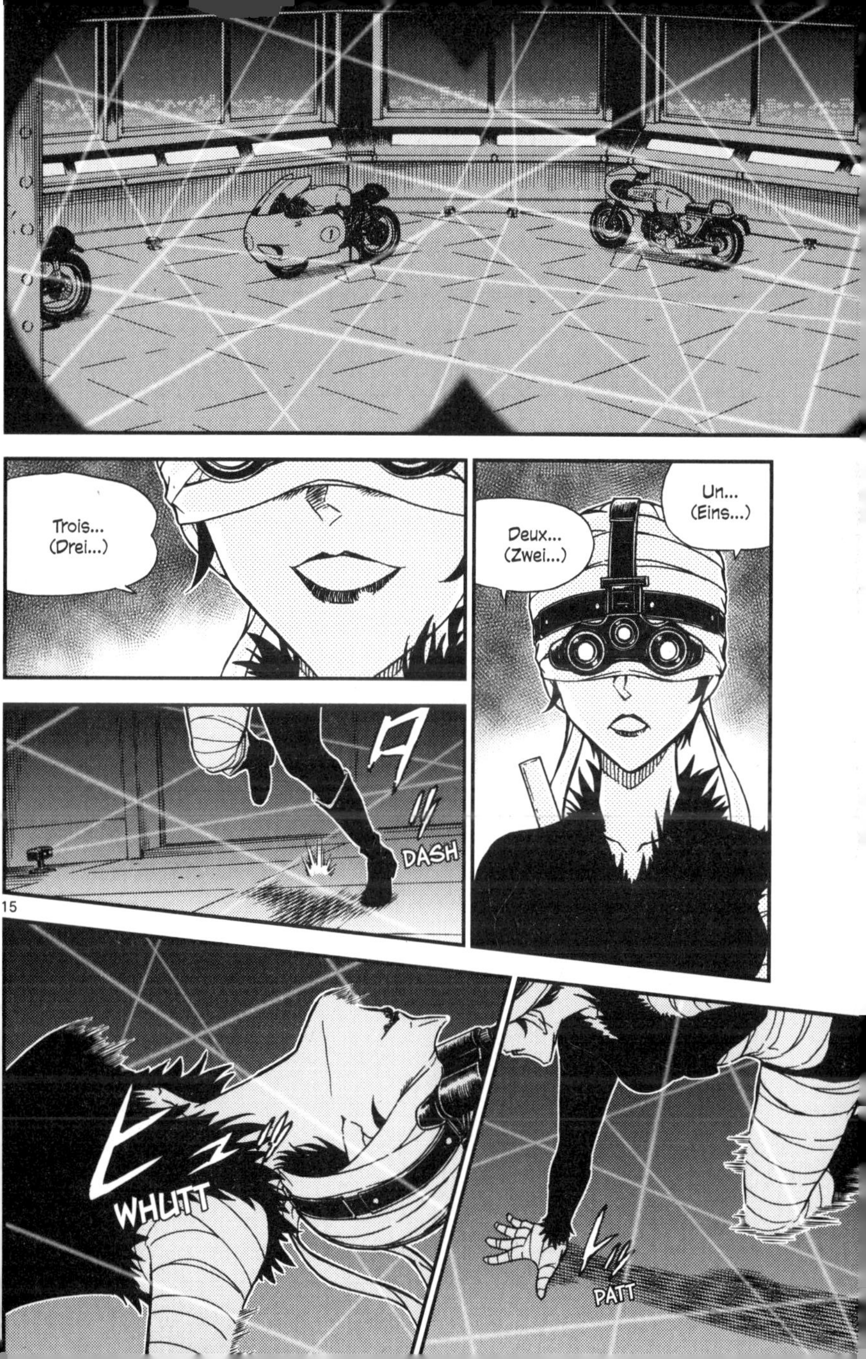

15

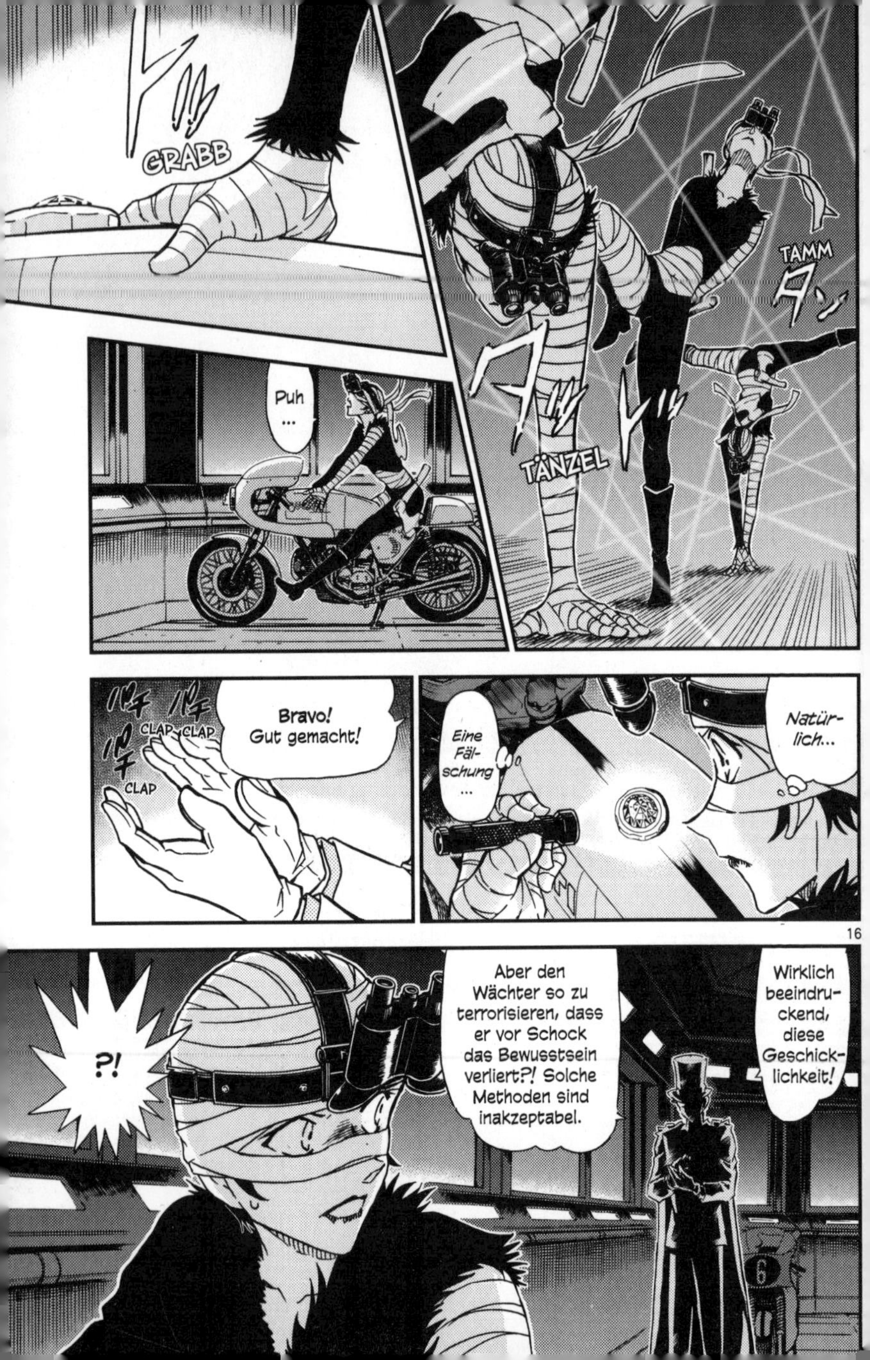
TAMM
TÄNZEL
GRABB
Puh ...
Natür-lich...
Eine Fäl-schung ...
Bravo! Gut gemacht!
CLAP CLAP
CLAP
Wirklich beeindru-ckend, diese Geschick-lichkeit!
Aber den Wächter so zu terrorisieren, dass er vor Schock das Bewusstsein verliert?! Solche Methoden sind inakzeptabel.
?!

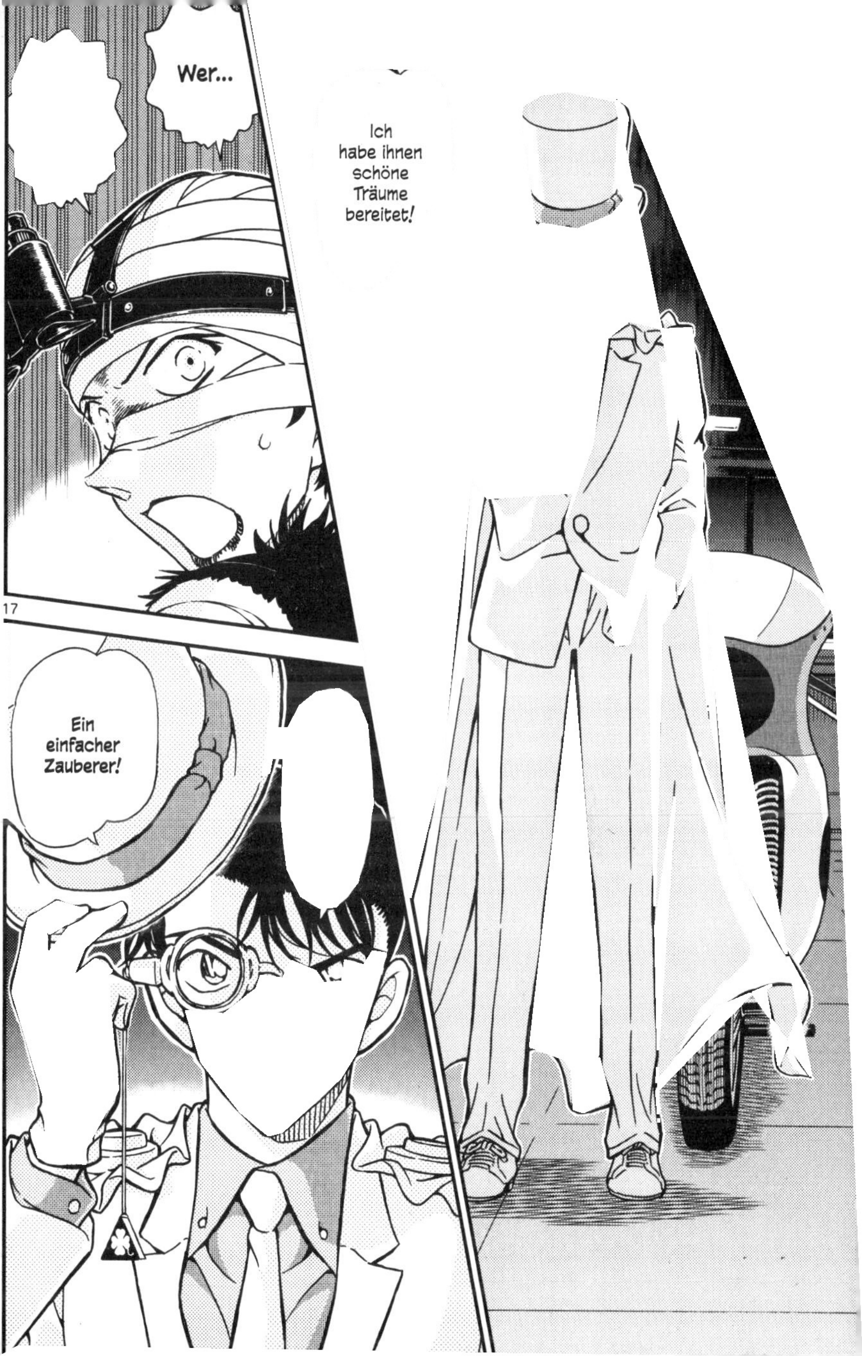
Ich habe ihnen schöne Träume bereitet!
Wer...
Ein einfacher Zauberer!

PHANTOM LADY (TEIL 2)

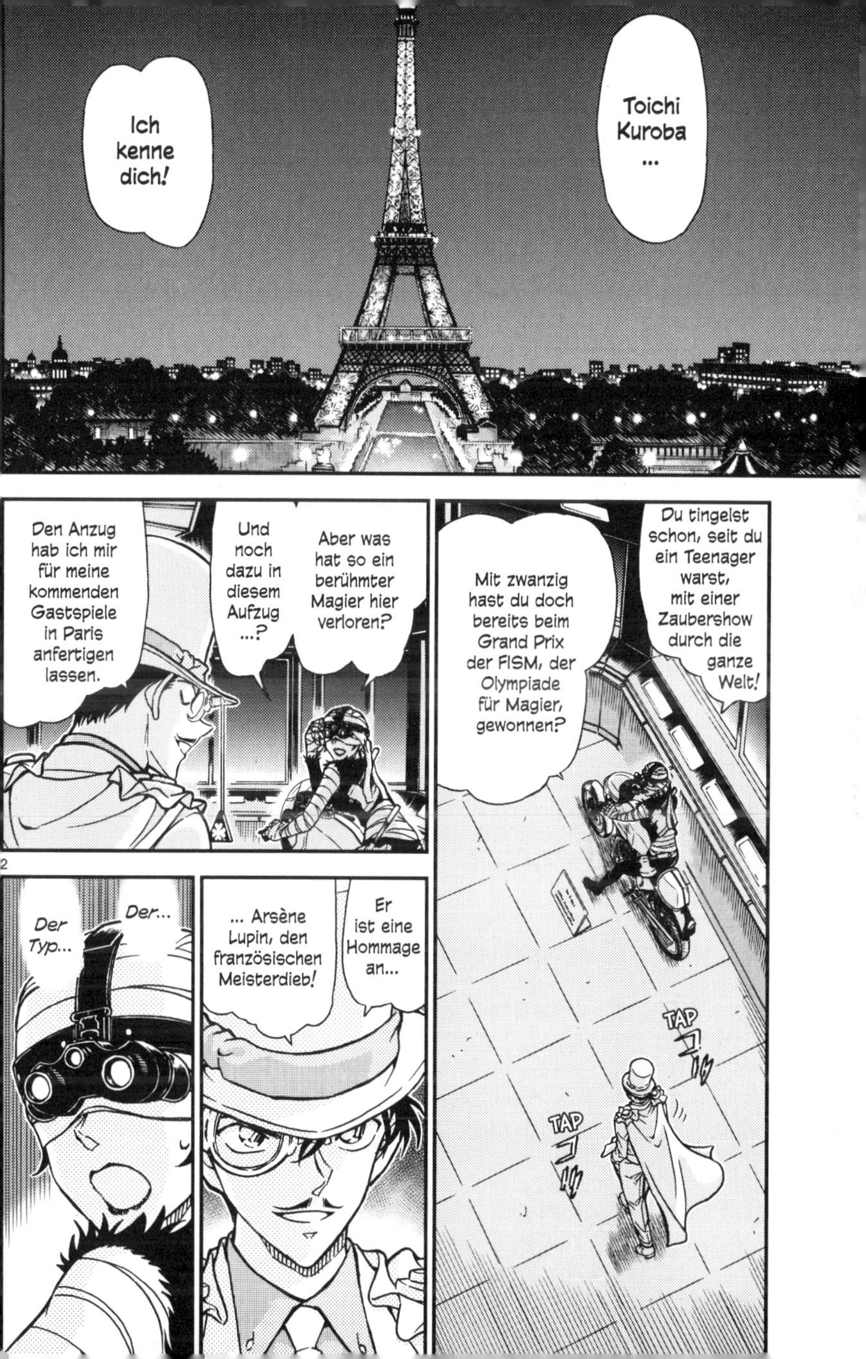
Toichi Kuroba ...
Ich kenne dich!
Du tingelst schon, seit du ein Teenager warst, mit einer Zaubershow durch die ganze Welt!
Mit zwanzig hast du doch bereits beim Grand Prix der FISM, der Olympiade für Magier, gewonnen?
Aber was hat so ein berühmter Magier hier verloren?
Und noch dazu in diesem Aufzug ...?
Den Anzug hab ich mir für meine kommenden Gastspiele in Paris anfertigen lassen.
TAP
TAP
Er ist eine Hommage an...
... Arsène Lupin, den französischen Meisterdieb!
Der...
Der Typ...

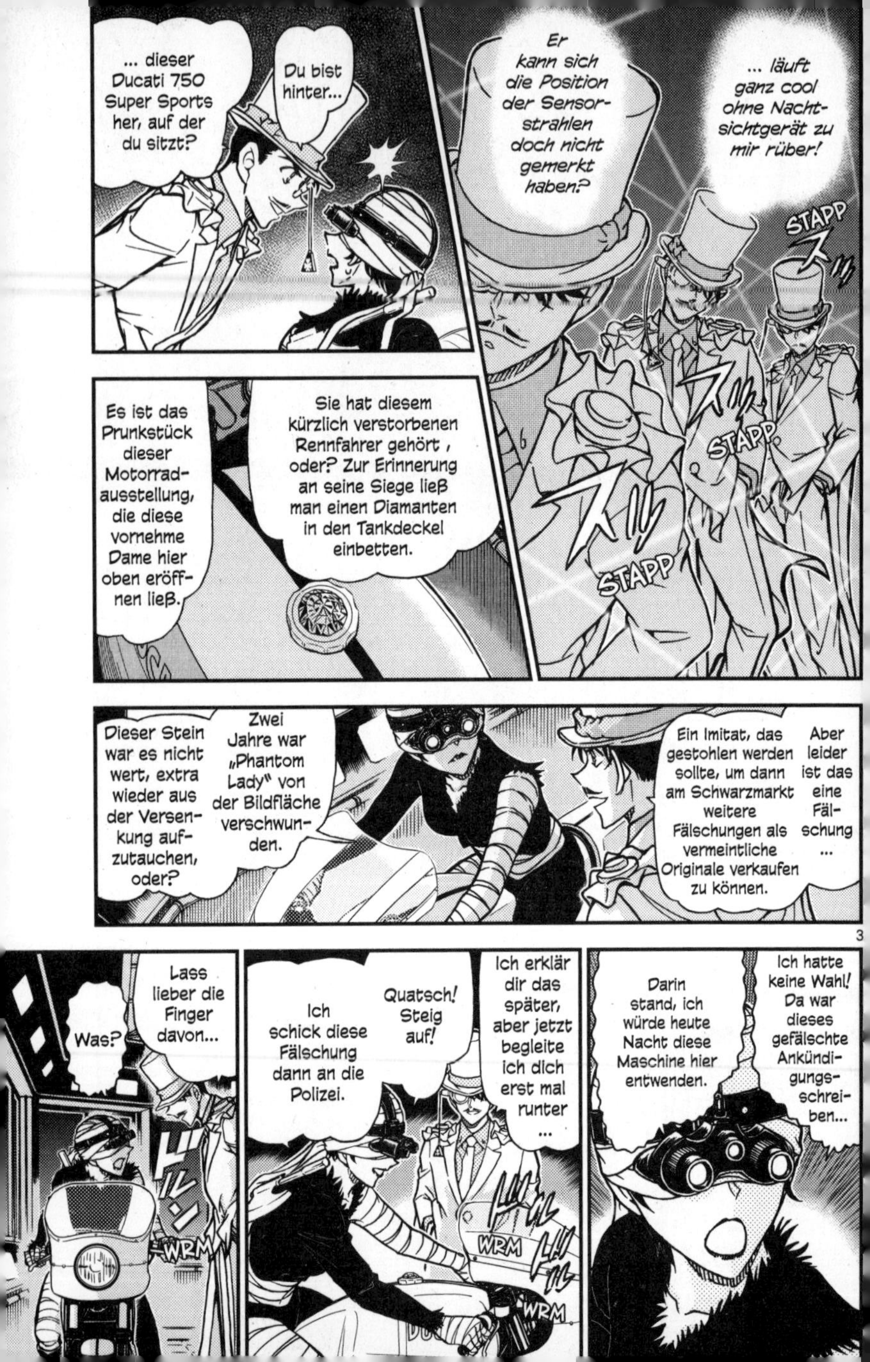

... läuft ganz cool ohne Nachtsichtgerät zu mir rüber!
Er kann sich die Position der Sensorstrahlen doch nicht gemerkt haben?
STAPP
STAPP
STAPP
Du bist hinter...
... dieser Ducati 750 Super Sports her, auf der du sitzt?
Sie hat diesem kürzlich verstorbenen Rennfahrer gehört , oder? Zur Erinnerung an seine Siege ließ man einen Diamanten in den Tankdeckel einbetten.
Es ist das Prunkstück dieser Motorradausstellung, die diese vornehme Dame hier oben eröffnen ließ.
Aber leider ist das eine Fälschung ...
Ein Imitat, das gestohlen werden sollte, um dann am Schwarzmarkt weitere Fälschungen als vermeintliche Originale verkaufen zu können.
Zwei Jahre war „Phantom Lady" von der Bildfläche verschwunden.
Dieser Stein war es nicht wert, extra wieder aus der Versenkung aufzutauchen, oder?
Ich hatte keine Wahl! Da war dieses gefälschte Ankündigungsschreiben...
Darin stand, ich würde heute Nacht diese Maschine hier entwenden.
Ich erklär dir das später, aber jetzt begleite ich dich erst mal runter ...
Quatsch! Steig auf!
Ich schick diese Fälschung dann an die Polizei.
WRM
WRM
Lass lieber die Finger davon...
Was?
WRM

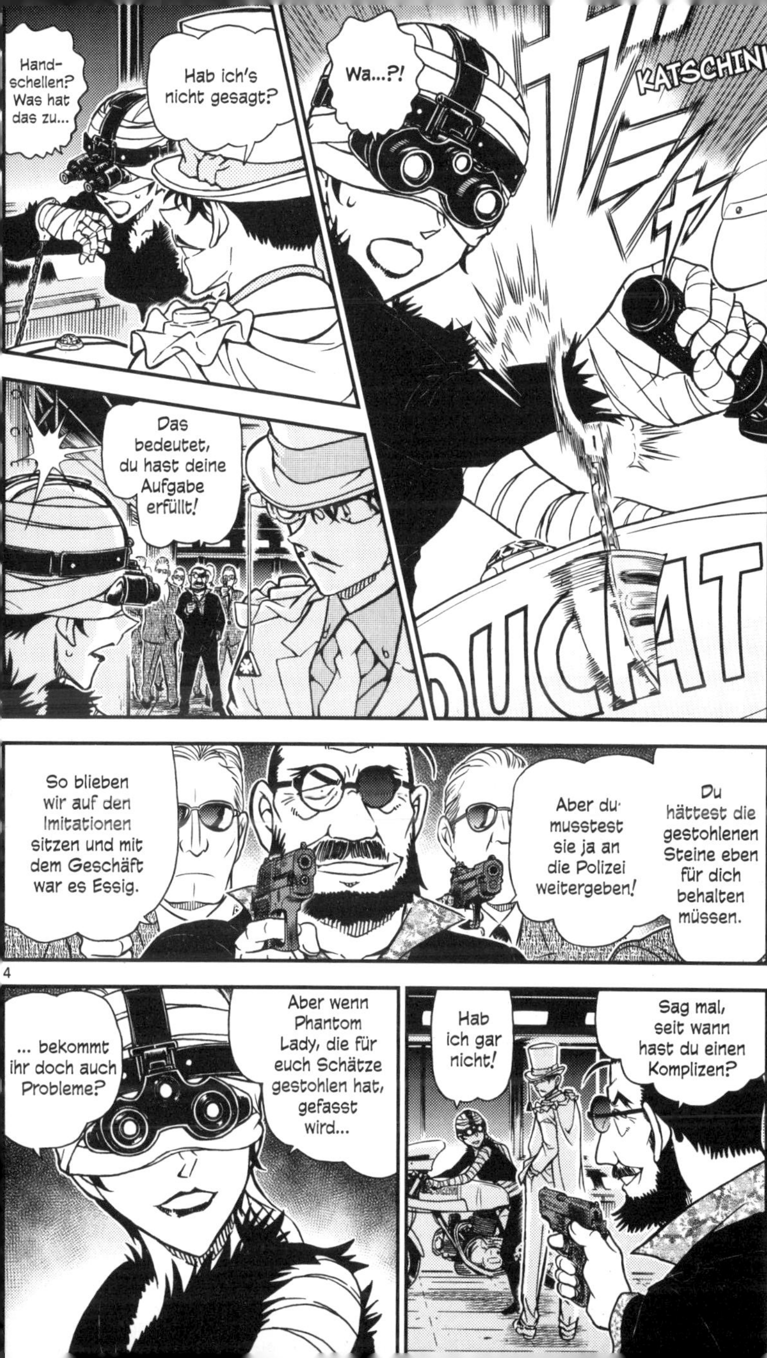
KATSCHINK
Wa...?!
Hab ich's nicht gesagt?
Hand-schellen? Was hat das zu...
DUCHAT
Das bedeutet, du hast deine Aufgabe erfüllt!
Du hättest die gestohlenen Steine eben für dich behalten müssen.
Aber du musstest sie ja an die Polizei weitergeben!
So blieben wir auf den Imitationen sitzen und mit dem Geschäft war es Essig.
Sag mal, seit wann hast du einen Komplizen?
Hab ich gar nicht!
Aber wenn Phantom Lady, die für euch Schätze gestohlen hat, gefasst wird...
... bekommt ihr doch auch Probleme?

4

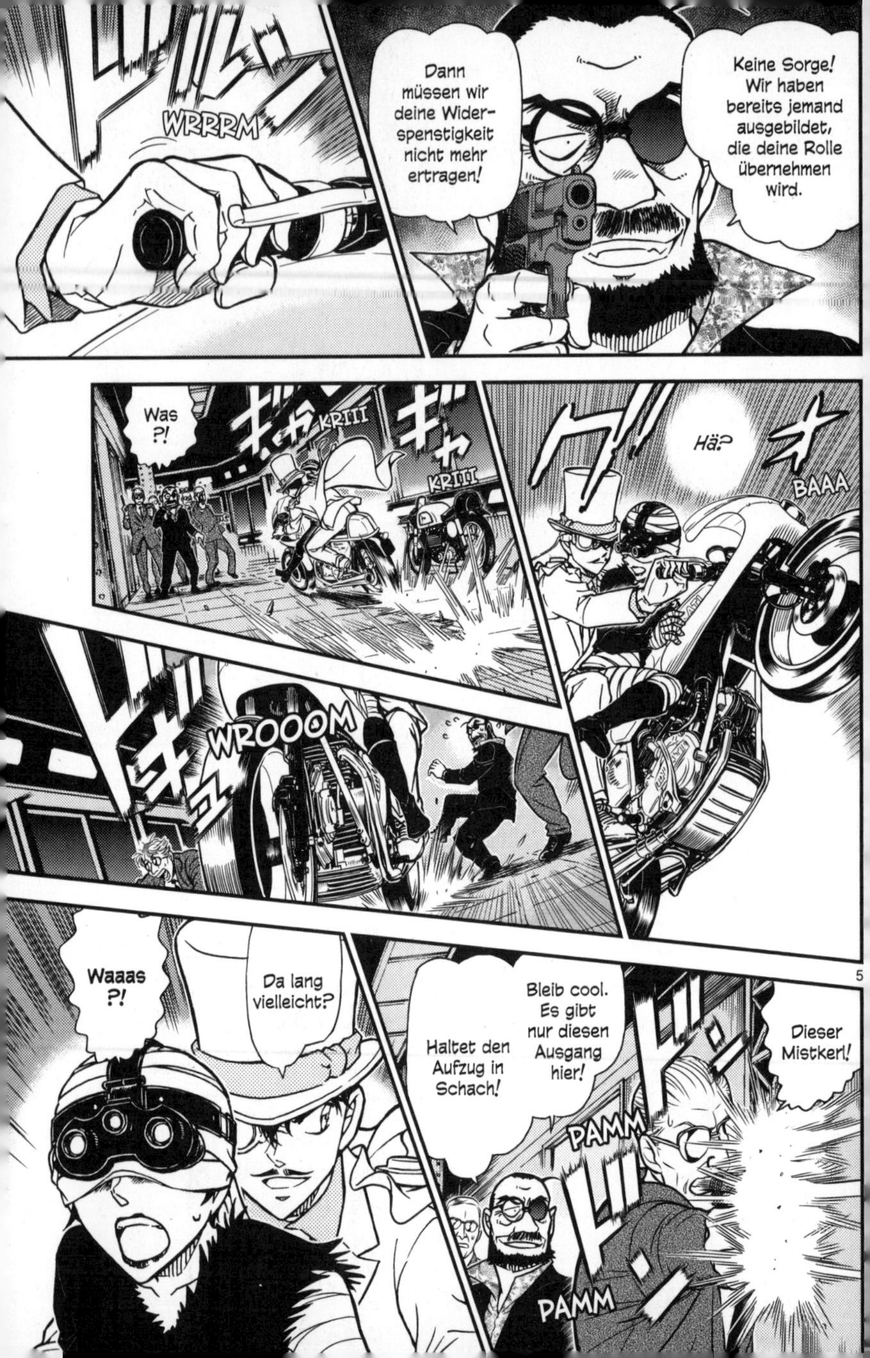
Keine Sorge! Wir haben bereits jemand ausgebildet, die deine Rolle übernehmen wird.
Dann müssen wir deine Wider-spenstigkeit nicht mehr ertragen!
WRRRM
Hä?
BAAA
Was ?!
KRIII
KRIII
WROOOM
Da lang vielleicht?
Waaas ?!
Dieser Mistkerl!
Bleib cool. Es gibt nur diesen Ausgang hier!
Haltet den Aufzug in Schach!
PAMM
PAMM

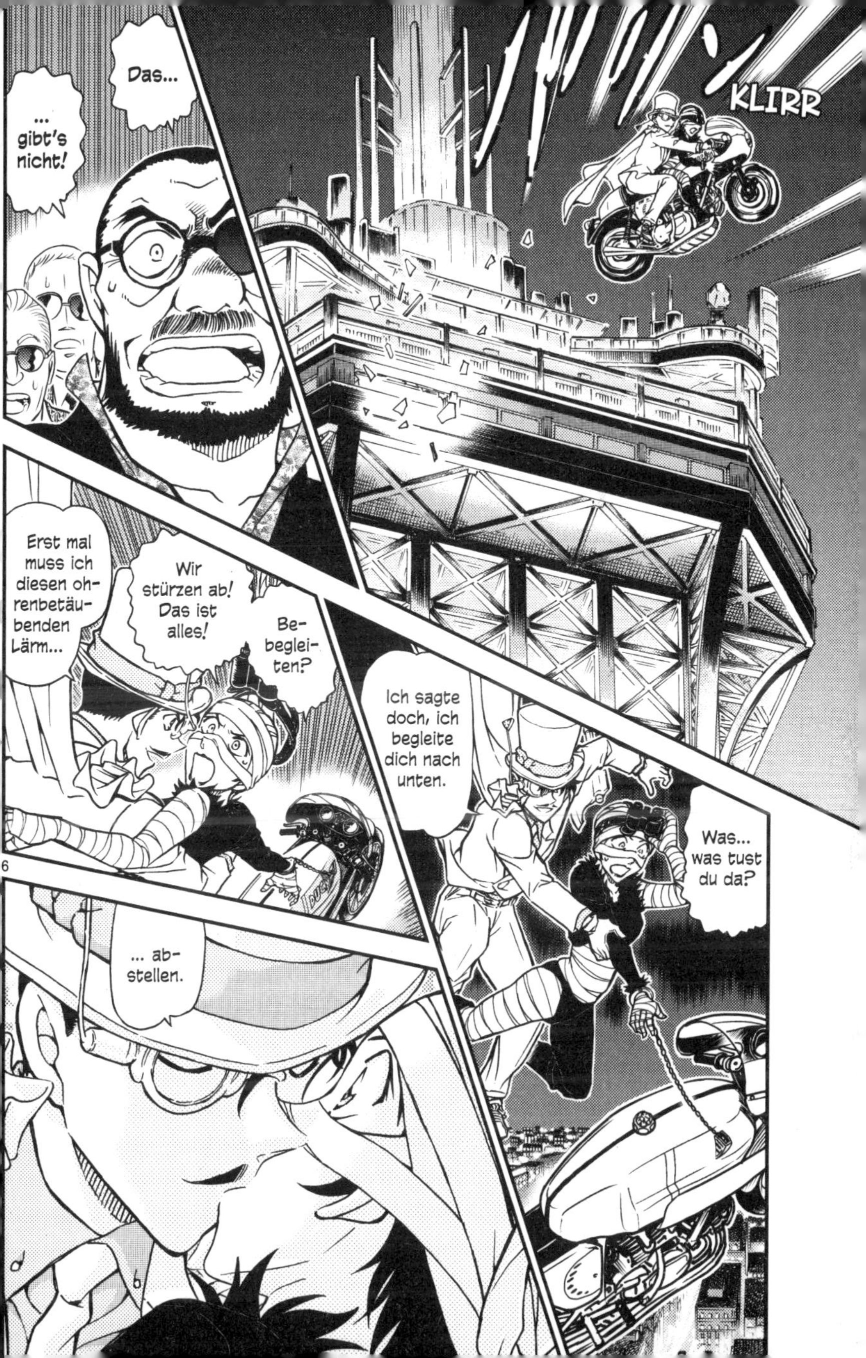
KLIRR
Das...
... gibt's nicht!
Was... was tust du da?
Ich sagte doch, ich begleite dich nach unten.
Be-beglei-ten?
Wir stürzen ab! Das ist alles!
Erst mal muss ich diesen oh-renbetäu-benden Lärm...
... ab-stellen.

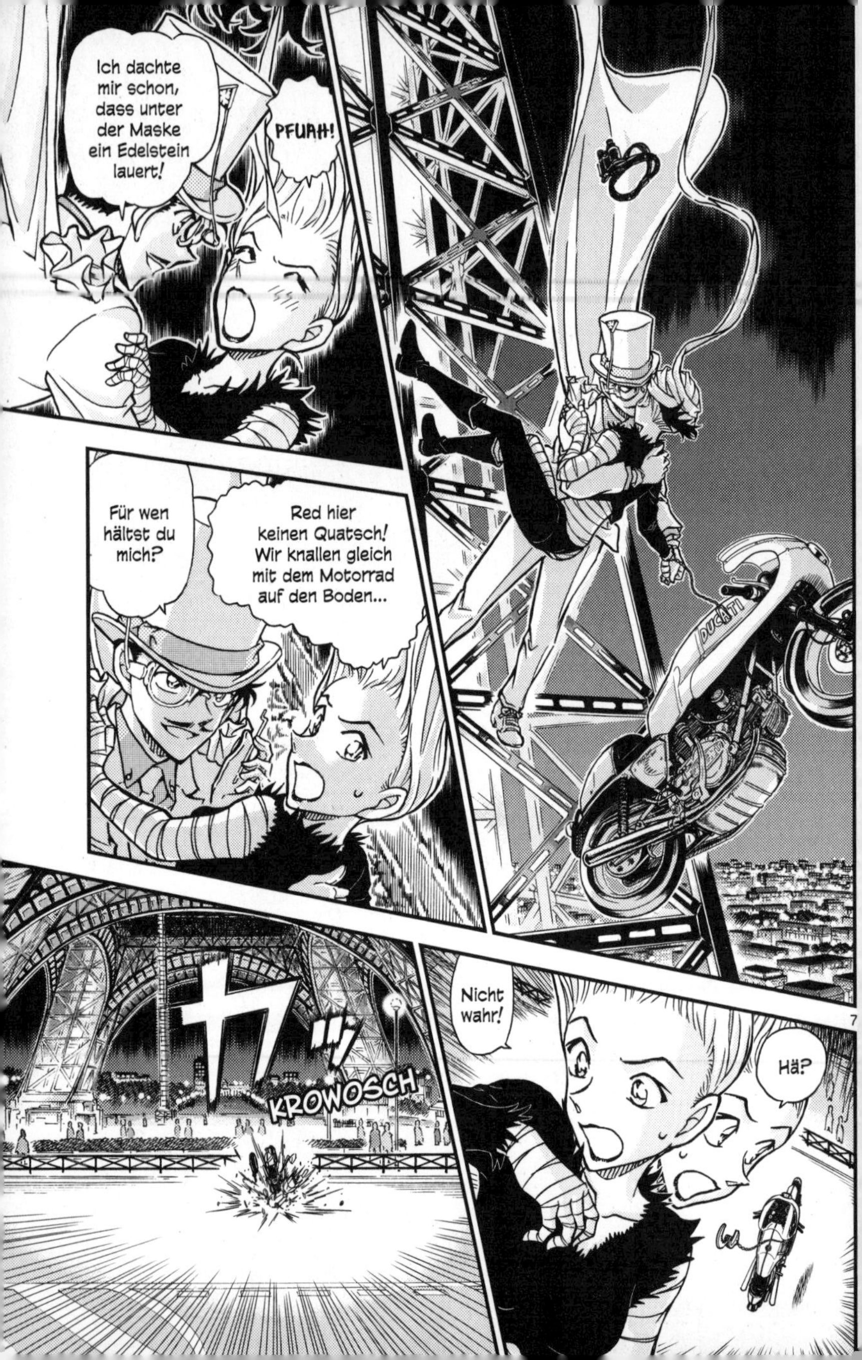
PFUAH!
Ich dachte mir schon, dass unter der Maske ein Edelstein lauert!
Red hier keinen Quatsch! Wir knallen gleich mit dem Motorrad auf den Boden...
Für wen hältst du mich?
Hä?
Nicht wahr!
KROWOSCH

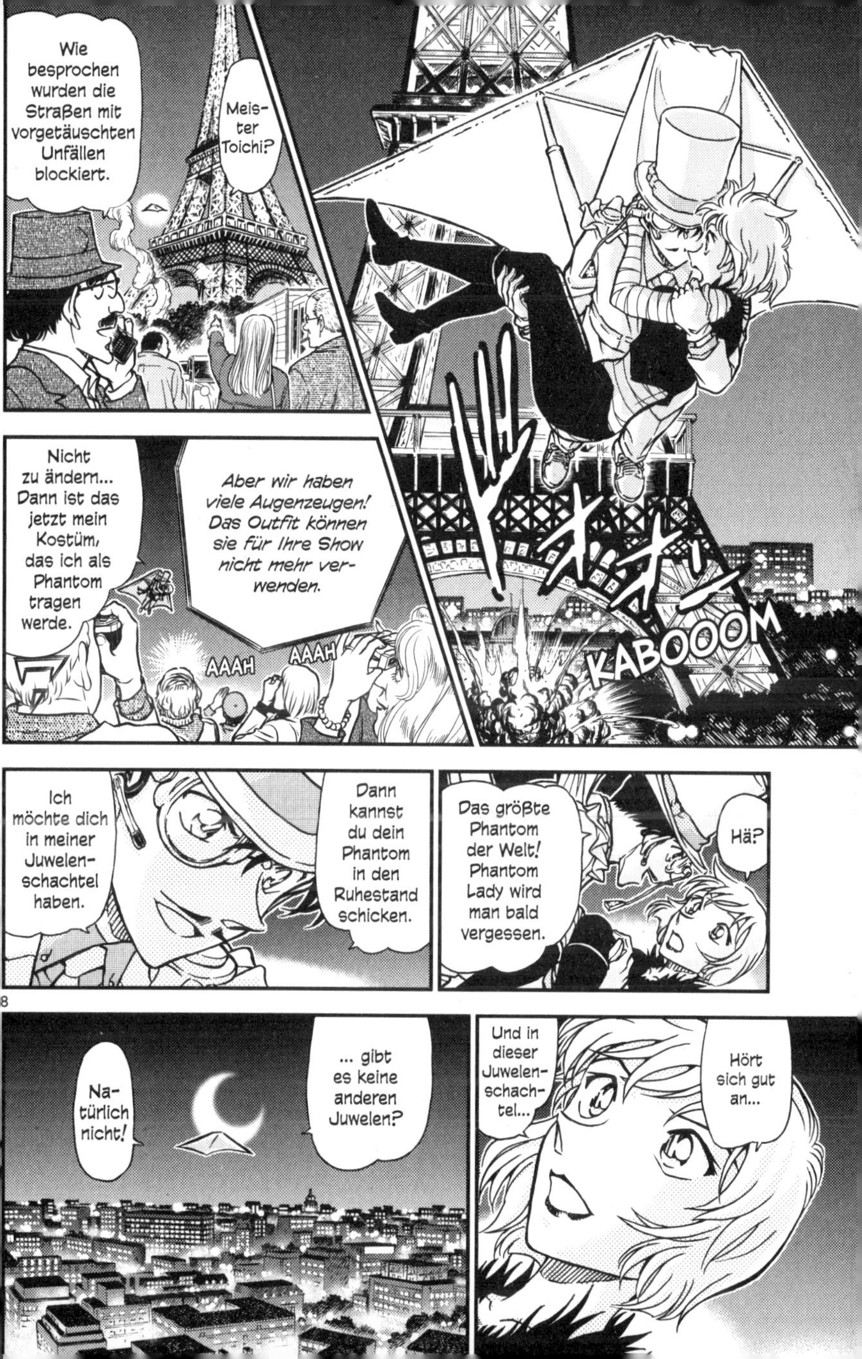
KABOOOM
Meister Toichi?
Wie besprochen wurden die Straßen mit vorgetäuschten Unfällen blockiert.
Aber wir haben viele Augenzeugen! Das Outfit können sie für Ihre Show nicht mehr verwenden.
Nicht zu ändern... Dann ist das jetzt mein Kostüm, das ich als Phantom tragen werde.
AAAH
AAAH
Hä?
Das größte Phantom der Welt! Phantom Lady wird man bald vergessen.
Dann kannst du dein Phantom in den Ruhestand schicken.
Ich möchte dich in meiner Juwelenschachtel haben.
Hört sich gut an...
Und in dieser Juwelenschachtel...
... gibt es keine anderen Juwelen?
Natürlich nicht!

8

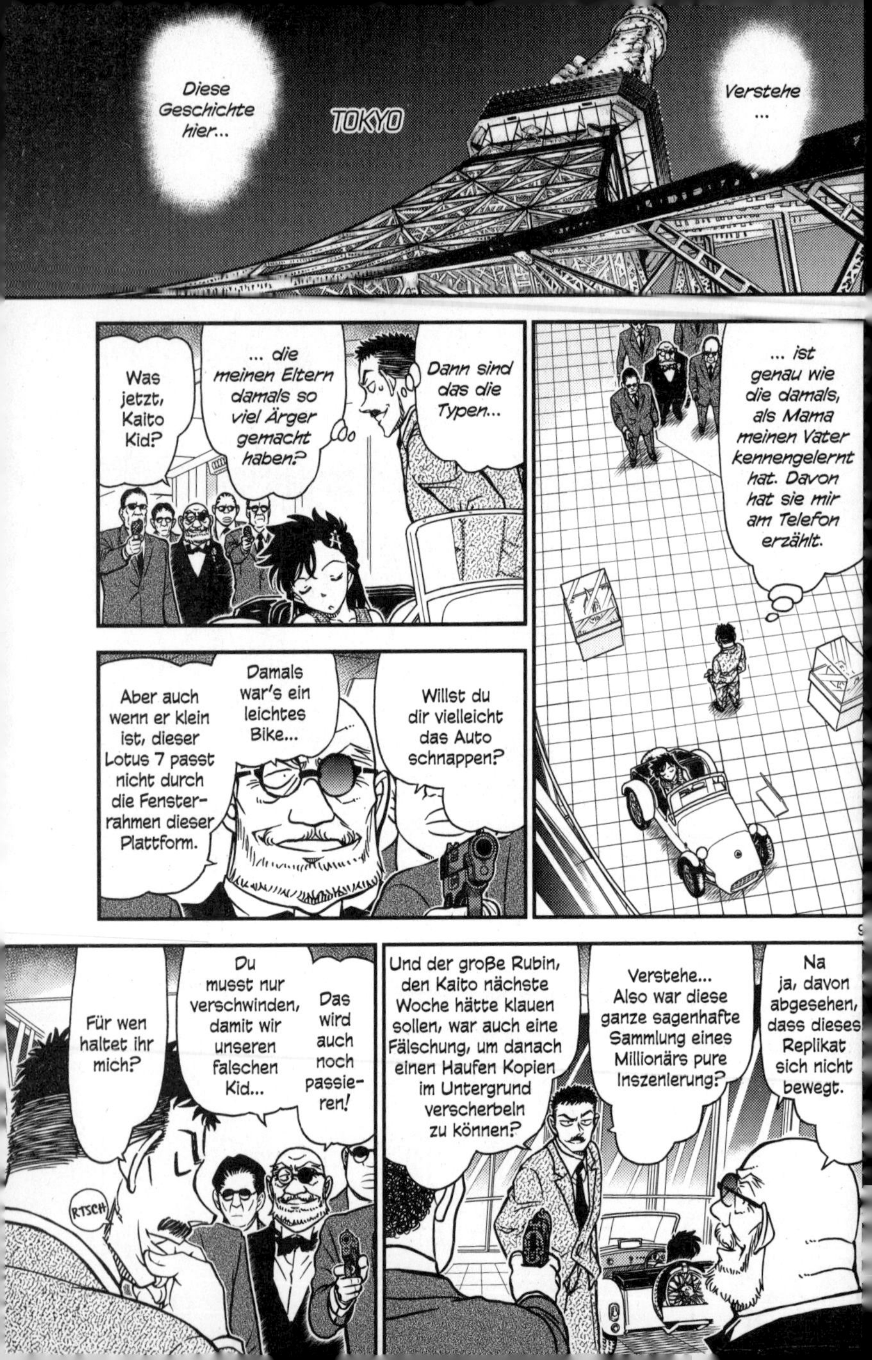
Verstehe ...
TOKYO
Diese Geschichte hier...
... ist genau wie die damals, als Mama meinen Vater kennengelernt hat. Davon hat sie mir am Telefon erzählt.
Dann sind das die Typen...
... die meinen Eltern damals so viel Ärger gemacht haben?
Was jetzt, Kaito Kid?
Willst du dir vielleicht das Auto schnappen?
Damals war's ein leichtes Bike...
Aber auch wenn er klein ist, dieser Lotus 7 passt nicht durch die Fensterrahmen dieser Plattform.
Na ja, davon abgesehen, dass dieses Replikat sich nicht bewegt.
Verstehe... Also war diese ganze sagenhafte Sammlung eines Millionärs pure Inszenierung?
Und der große Rubin, den Kaito nächste Woche hätte klauen sollen, war auch eine Fälschung, um danach einen Haufen Kopien im Untergrund verscherbeln zu können?
Das wird auch noch passieren!
Du musst nur verschwinden, damit wir unseren falschen Kid...
Für wen haltet ihr mich?
RTSCH

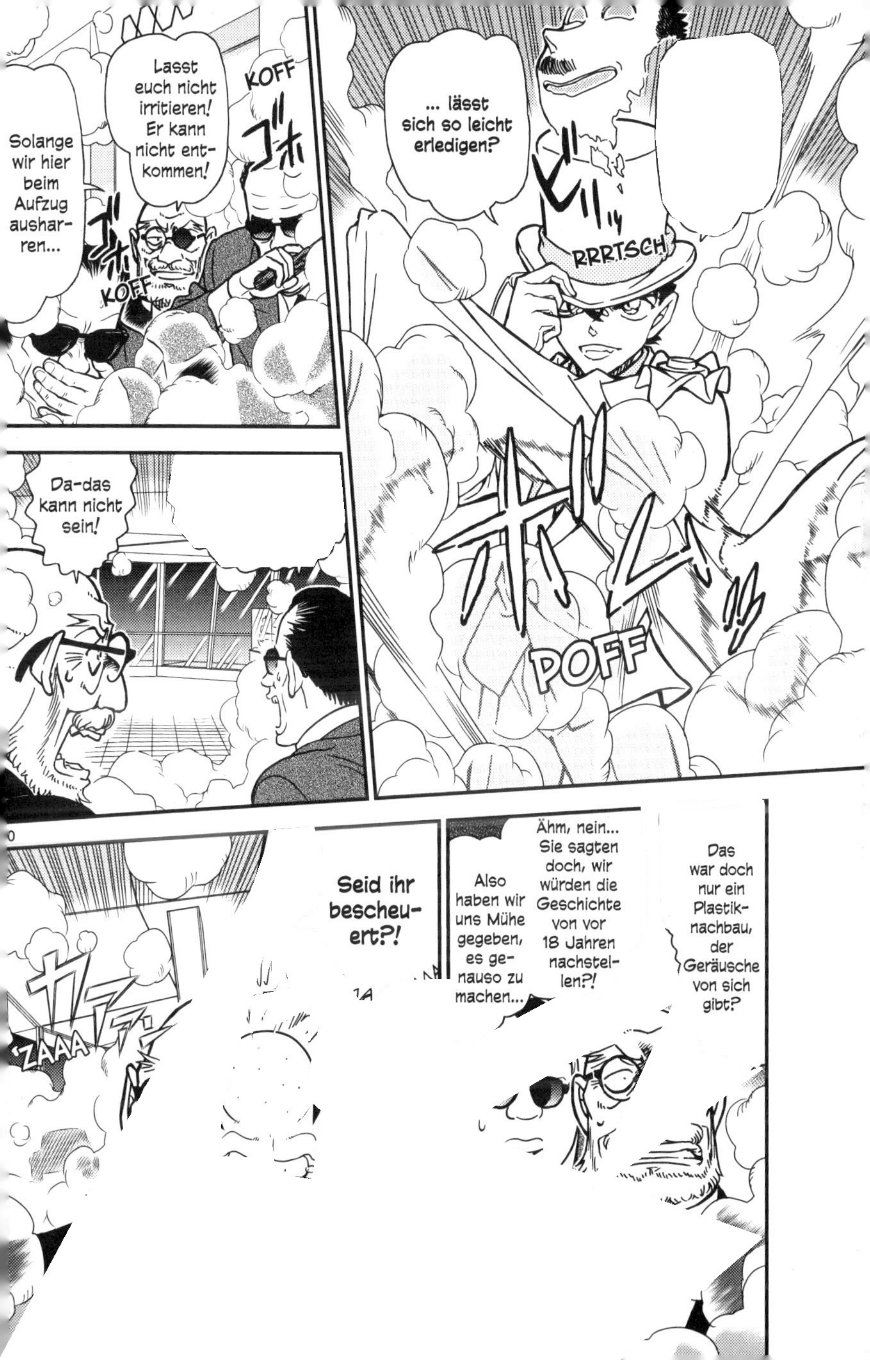

... lässt sich so leicht erledigen?
RRRTSCH
POFF
Lasst euch nicht irritieren! Er kann nicht entkommen!
KOFF
Solange wir hier beim Aufzug ausharren...
KOFF
Da-das kann nicht sein!
Das war doch nur ein Plastiknachbau, der Geräusche von sich gibt?
Ähm, nein... Sie sagten doch, wir würden die Geschichte von vor 18 Jahren nachstellen?!
Also haben wir uns Mühe gegeben, es genauso zu machen...
Seid ihr bescheuert?!
ZAAA

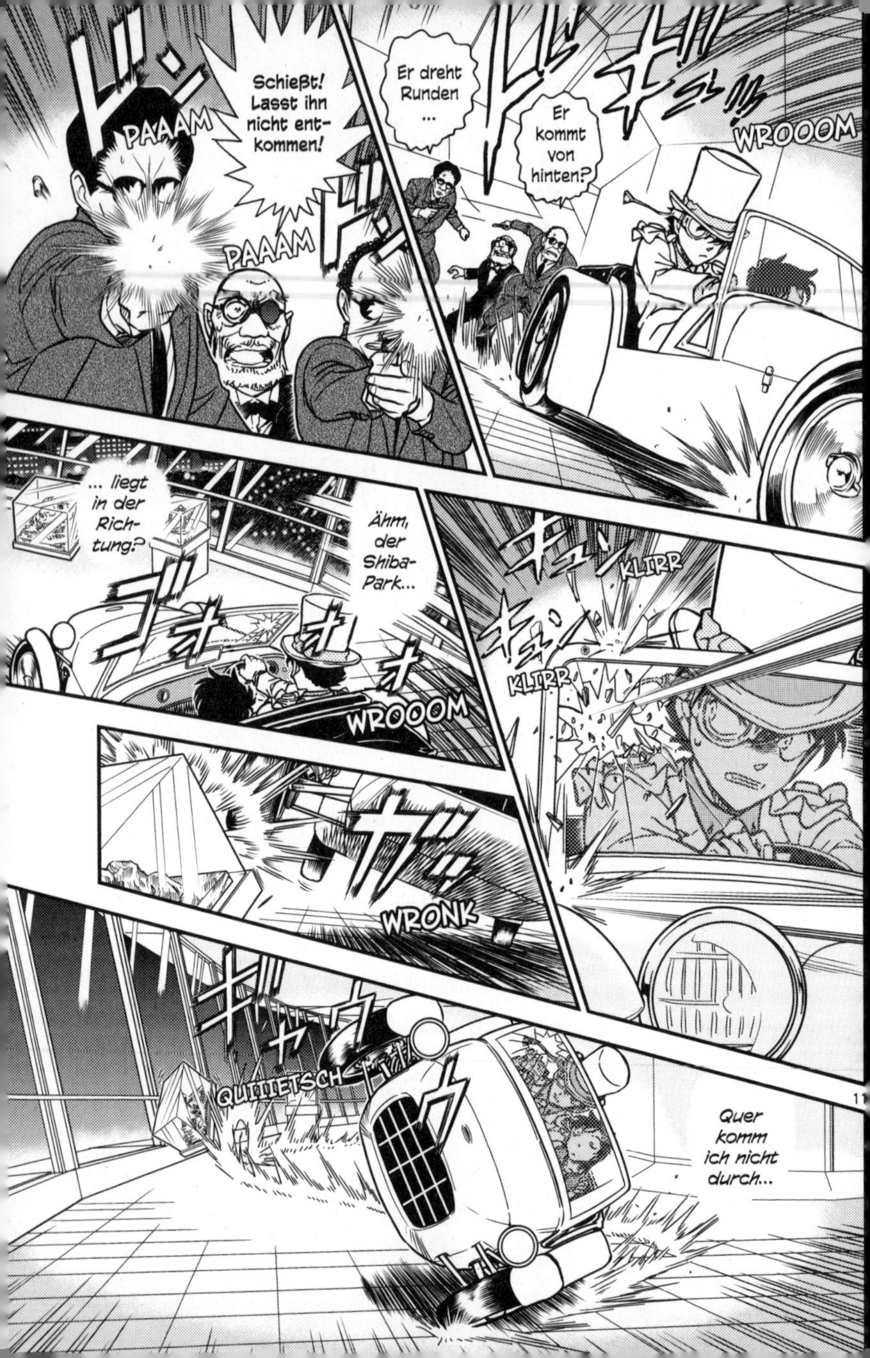
WROOOM
Er kommt von hinten?
Er dreht Runden ...
Schießt! Lasst ihn nicht entkommen!
PAAAM
PAAAM
KLIRR
KLIRR
Ähm, der Shiba-Park...
... liegt in der Richtung?
WROOOM
WRONK
QUIIIETSCH
Quer komm ich nicht durch...

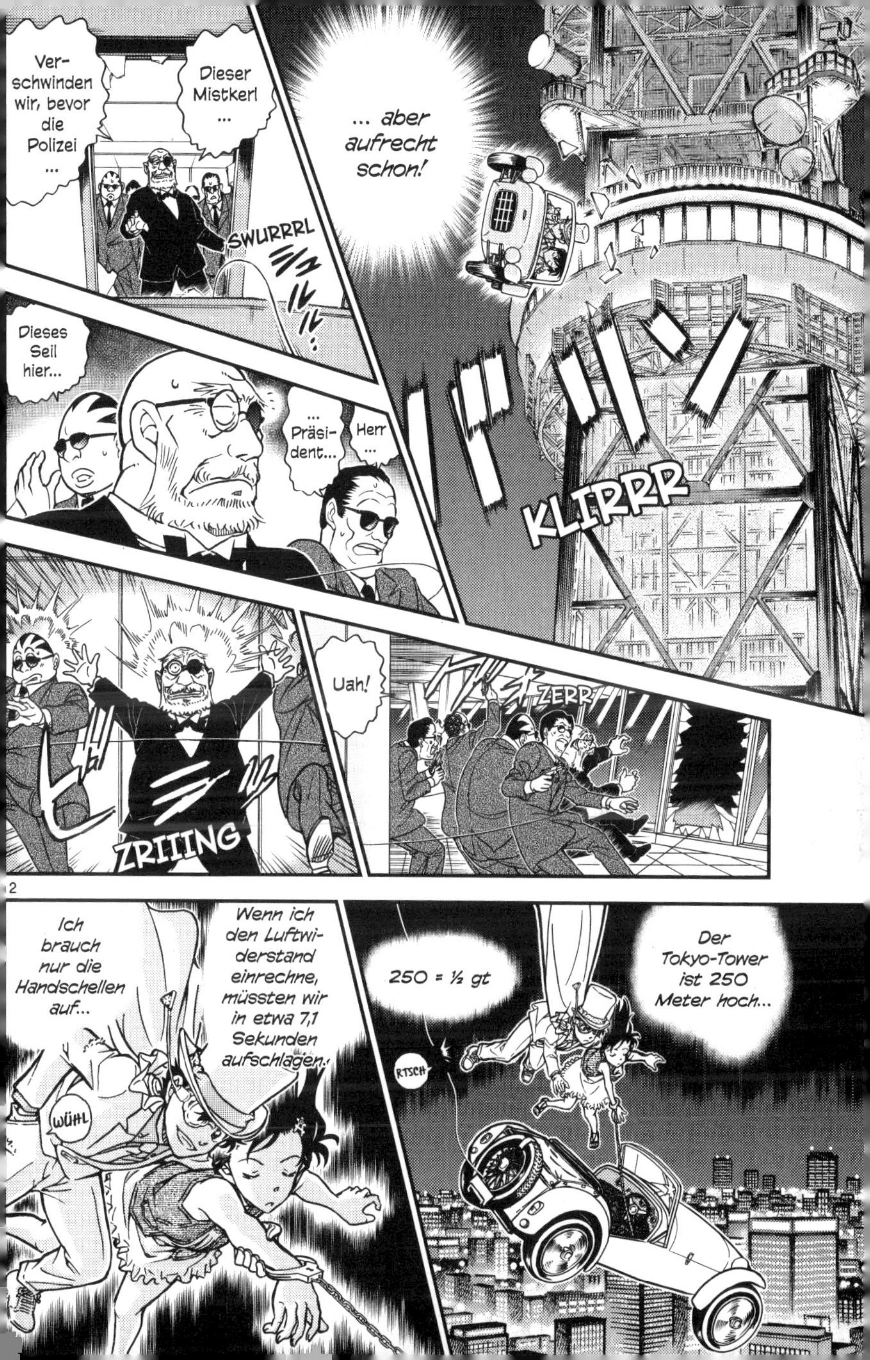
... aber aufrecht schon!
KLIRRR
Dieser Mistkerl ...
Verschwinden wir, bevor die Polizei ...
SWURRRL
Herr ...
... Präsident...
Dieses Seil hier...
Uah!
ZERR
ZRIIING
Der Tokyo-Tower ist 250 Meter hoch...
250 = ½ gt
RTSCH
Wenn ich den Luftwiderstand einrechne, müssten wir in etwa 7,1 Sekunden aufschlagen.
Ich brauch nur die Handschellen auf...
WÜHL

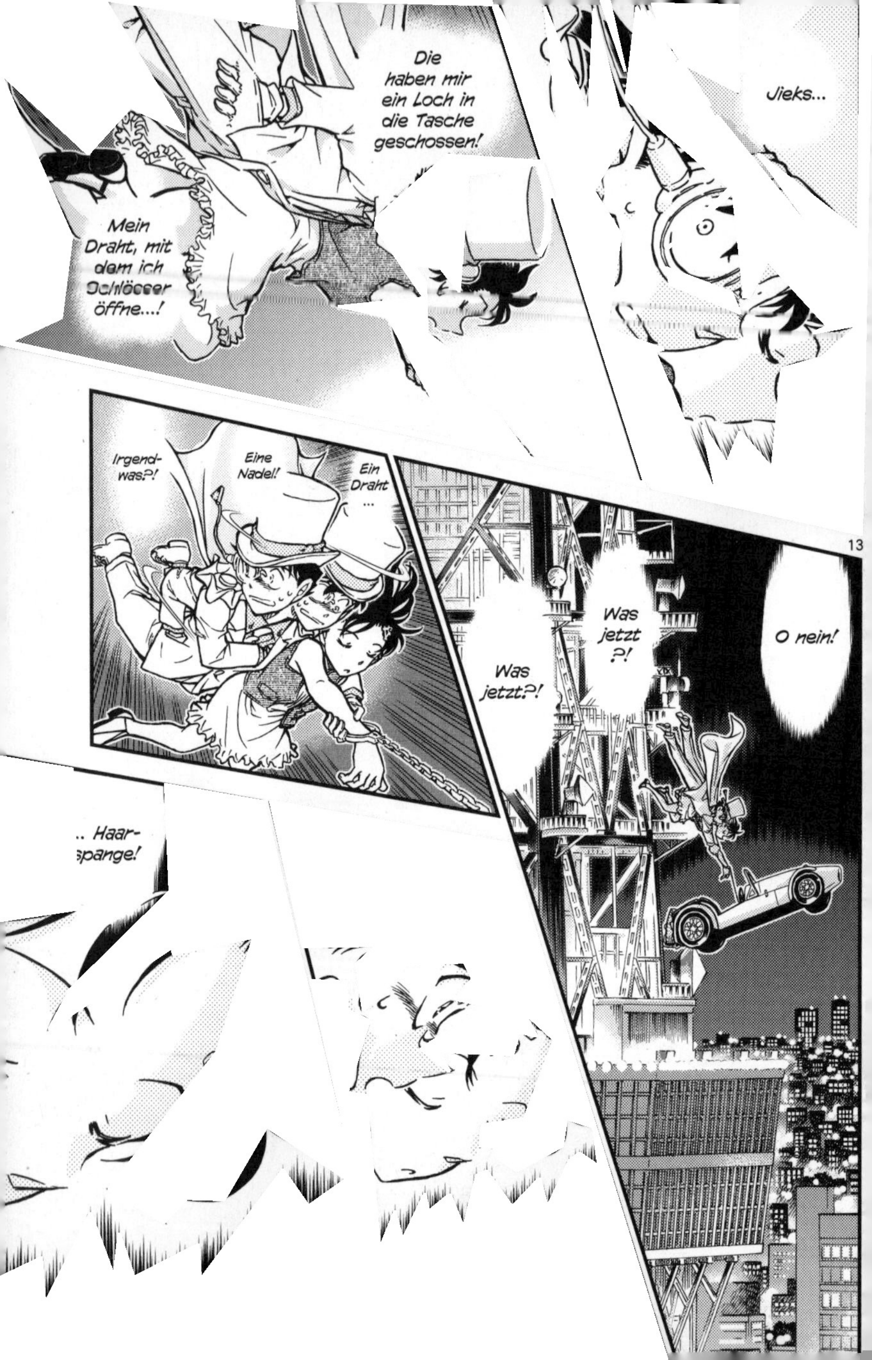

Jieks...
Die haben mir ein Loch in die Tasche geschossen!
Mein Draht, mit dem ich Schlösser öffne...!
O nein!
Was jetzt ?!
Was jetzt?!
Ein Draht ...
Eine Nadel!
Irgend-was?!
.. Haar-spange!

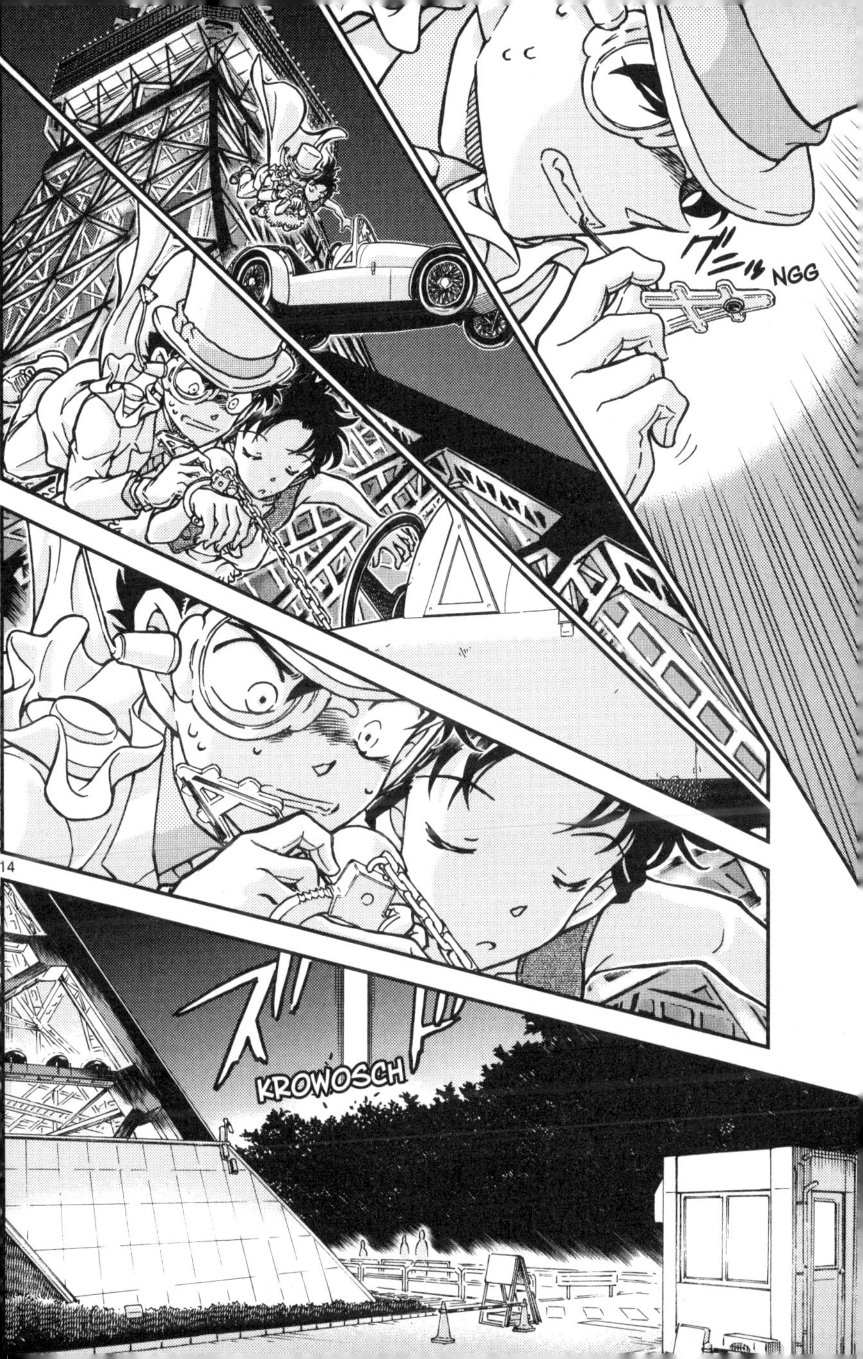
NGG
KROWOSCH

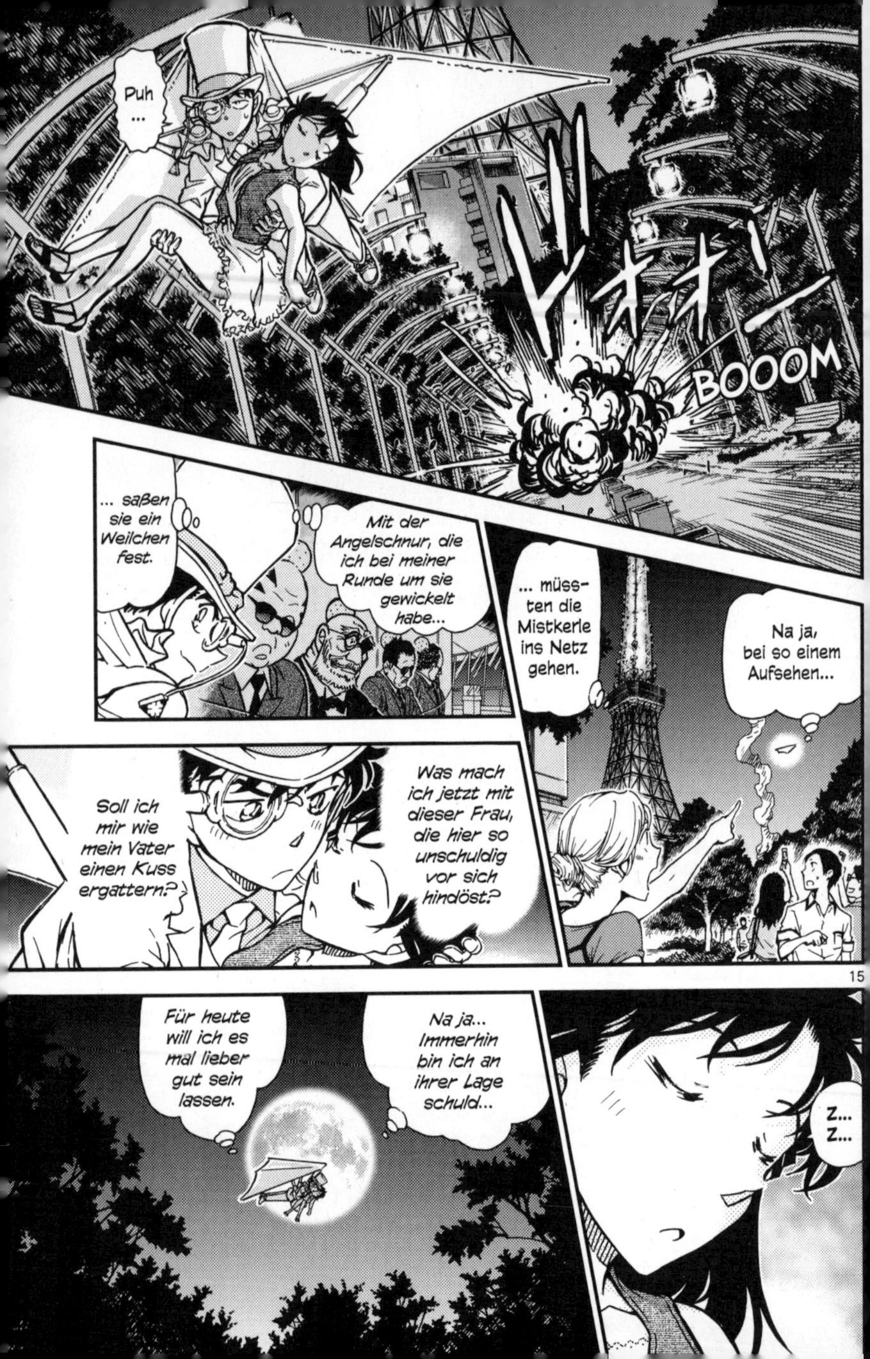
Puh ...
BOOOM
Na ja, bei so einem Aufsehen...
... müssten die Mistkerle ins Netz gehen.
Mit der Angelschnur, die ich bei meiner Runde um sie gewickelt habe...
... saßen sie ein Weilchen fest.
Was mach ich jetzt mit dieser Frau, die hier so unschuldig vor sich hindöst?
Soll ich mir wie mein Vater einen Kuss ergattern?
Z... Z...
Na ja... Immerhin bin ich an ihrer Lage schuld...
Für heute will ich es mal lieber gut sein lassen.

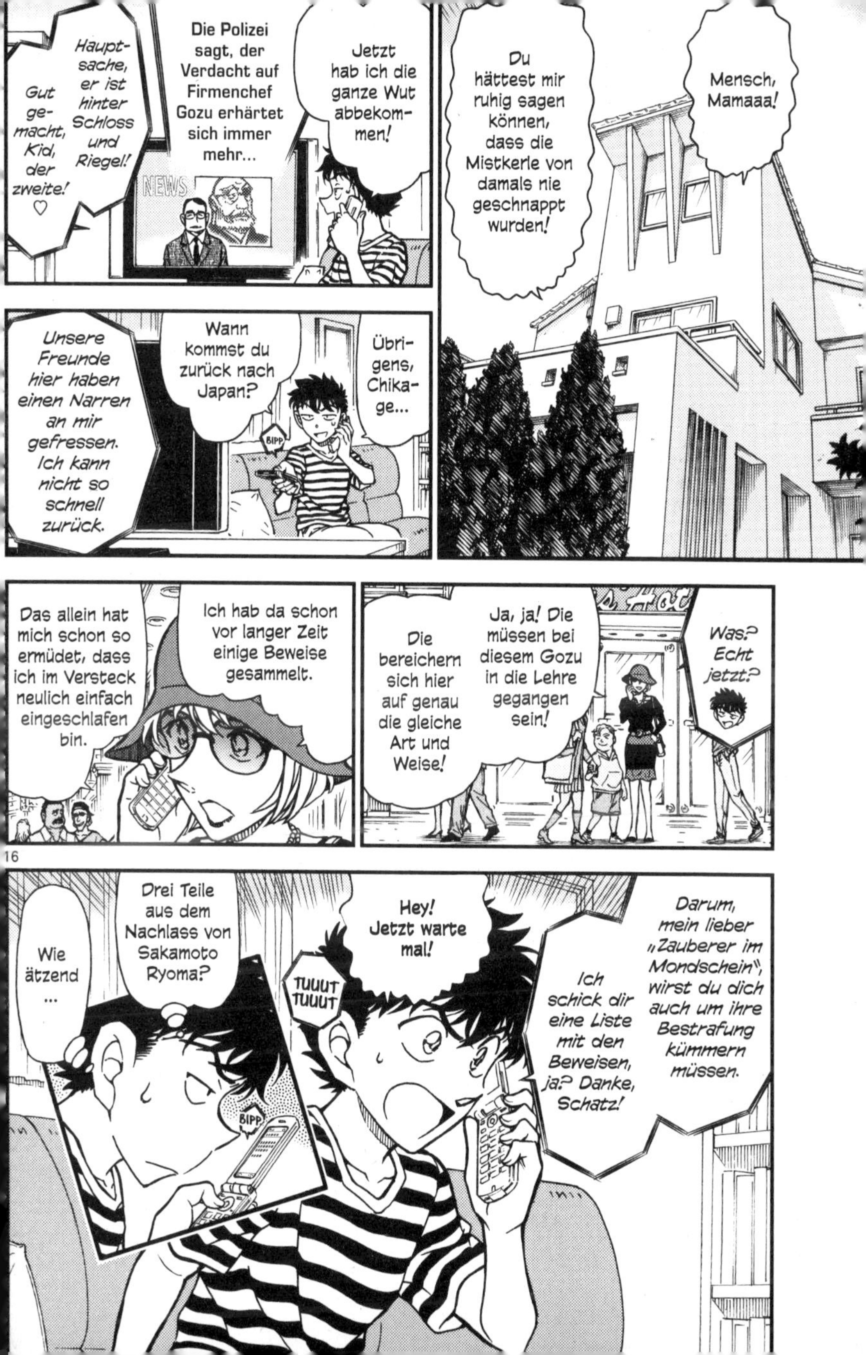
Mensch, Mamaaa!
Du hättest mir ruhig sagen können, dass die Mistkerle von damals nie geschnappt wurden!
Jetzt hab ich die ganze Wut abbekommen!
Die Polizei sagt, der Verdacht auf Firmenchef Gozu erhärtet sich immer mehr...
NEWS
Hauptsache, er ist hinter Schloss und Riegel!
Gut gemacht, Kid, der zweite! ♡
Übrigens, Chikage...
Wann kommst du zurück nach Japan?
BIPP
Unsere Freunde hier haben einen Narren an mir gefressen. Ich kann nicht so schnell zurück.
Was? Echt jetzt?
Ja, ja! Die müssen bei diesem Gozu in die Lehre gegangen sein!
Die bereichern sich hier auf genau die gleiche Art und Weise!
Ich hab da schon vor langer Zeit einige Beweise gesammelt.
Das allein hat mich schon so ermüdet, dass ich im Versteck neulich einfach eingeschlafen bin.
Darum, mein lieber „Zauberer im Mondschein", wirst du dich auch um ihre Bestrafung kümmern müssen.
Ich schick dir eine Liste mit den Beweisen, ja? Danke, Schatz!
Hey! Jetzt warte mal!
TUUUT TUUUT
Drei Teile aus dem Nachlass von Sakamoto Ryoma?
BIPP
Wie ätzend ...

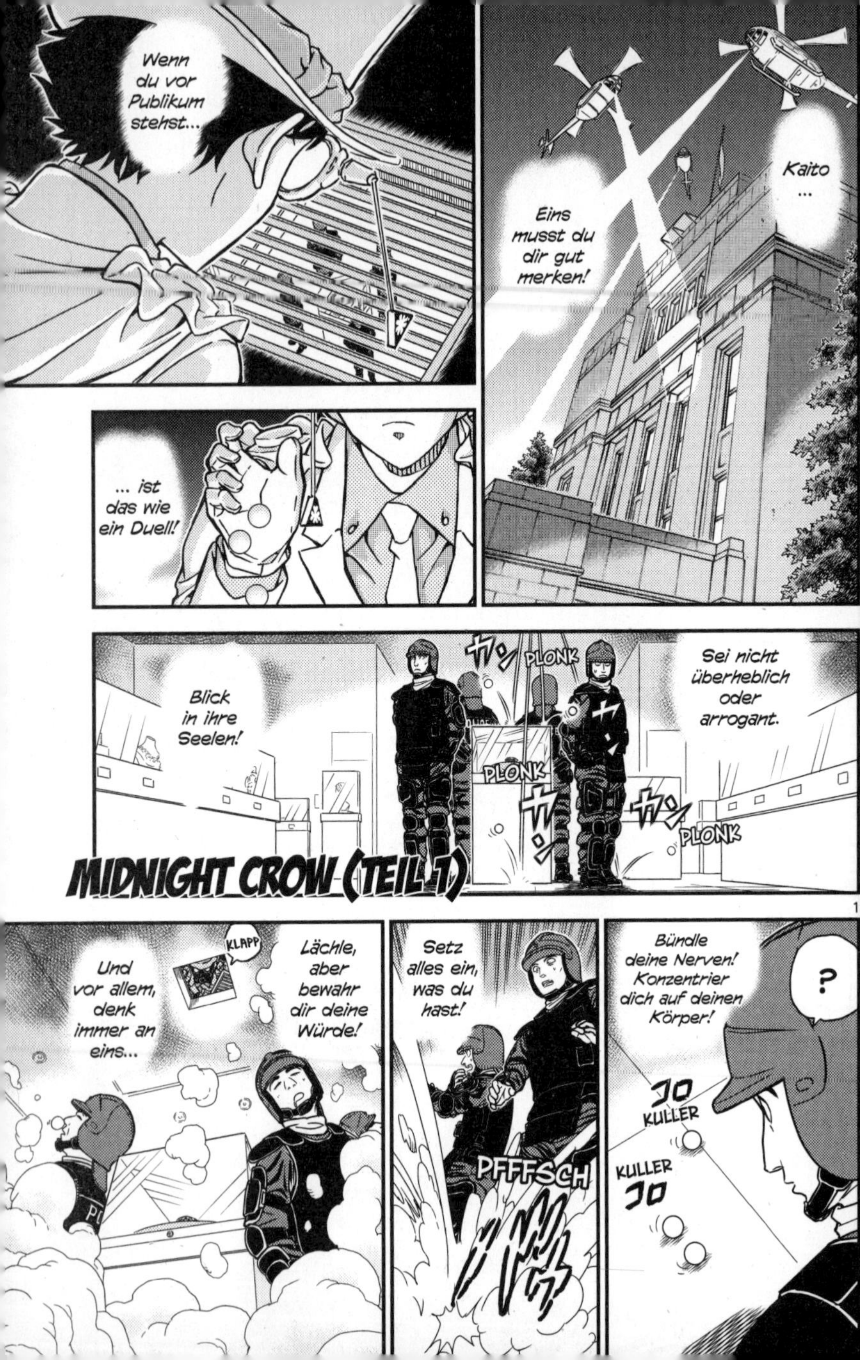
Kaito ...
Eins musst du dir gut merken!
Wenn du vor Publikum stehst...
... ist das wie ein Duell!
PLONK
Sei nicht überheblich oder arrogant.
PLONK
PLONK
Blick in ihre Seelen!
MIDNIGHT CROW (TEIL 1)
?
Bündle deine Nerven! Konzentrier dich auf deinen Körper!
KULLER
KULLER
Setz alles ein, was du hast!
PFFFSCH
KLAPP
Lächle, aber bewahr dir deine Würde!
Und vor allem, denk immer an eins...

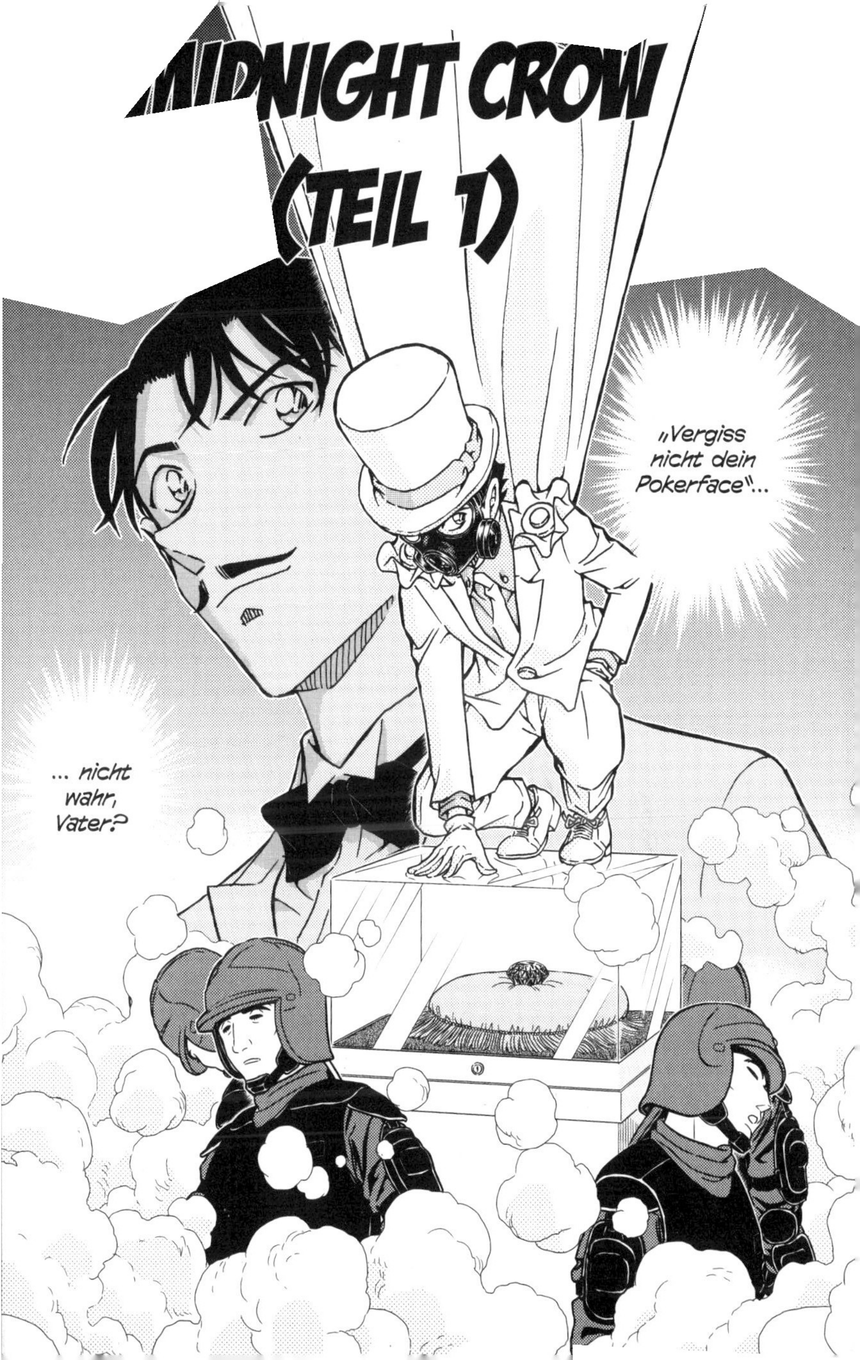
MIDNIGHT CROW
(TEIL 1)
„Vergiss nicht dein Pokerface"...
... nicht wahr, Vater?

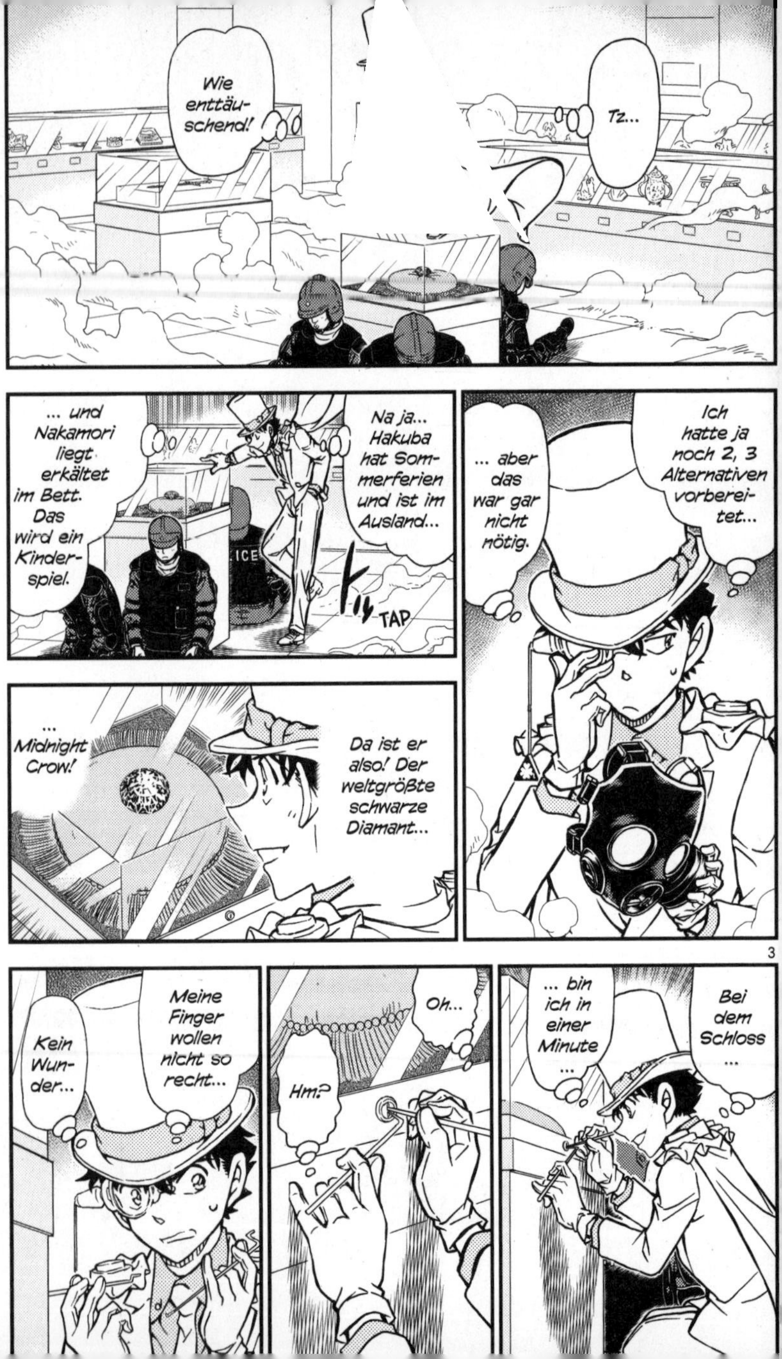
Tz...
Wie enttäuschend!
Ich hatte ja noch 2, 3 Alternativen vorbereitet...
... aber das war gar nicht nötig.
Na ja... Hakuba hat Sommerferien und ist im Ausland...
... und Nakamori liegt erkältet im Bett. Das wird ein Kinderspiel.
TAP
Da ist er also! Der weltgrößte schwarze Diamant...
... Midnight Crow!
Bei dem Schloss ...
... bin ich in einer Minute ...
Oh...
Hm?
Meine Finger wollen nicht so recht...
Kein Wunder...

3

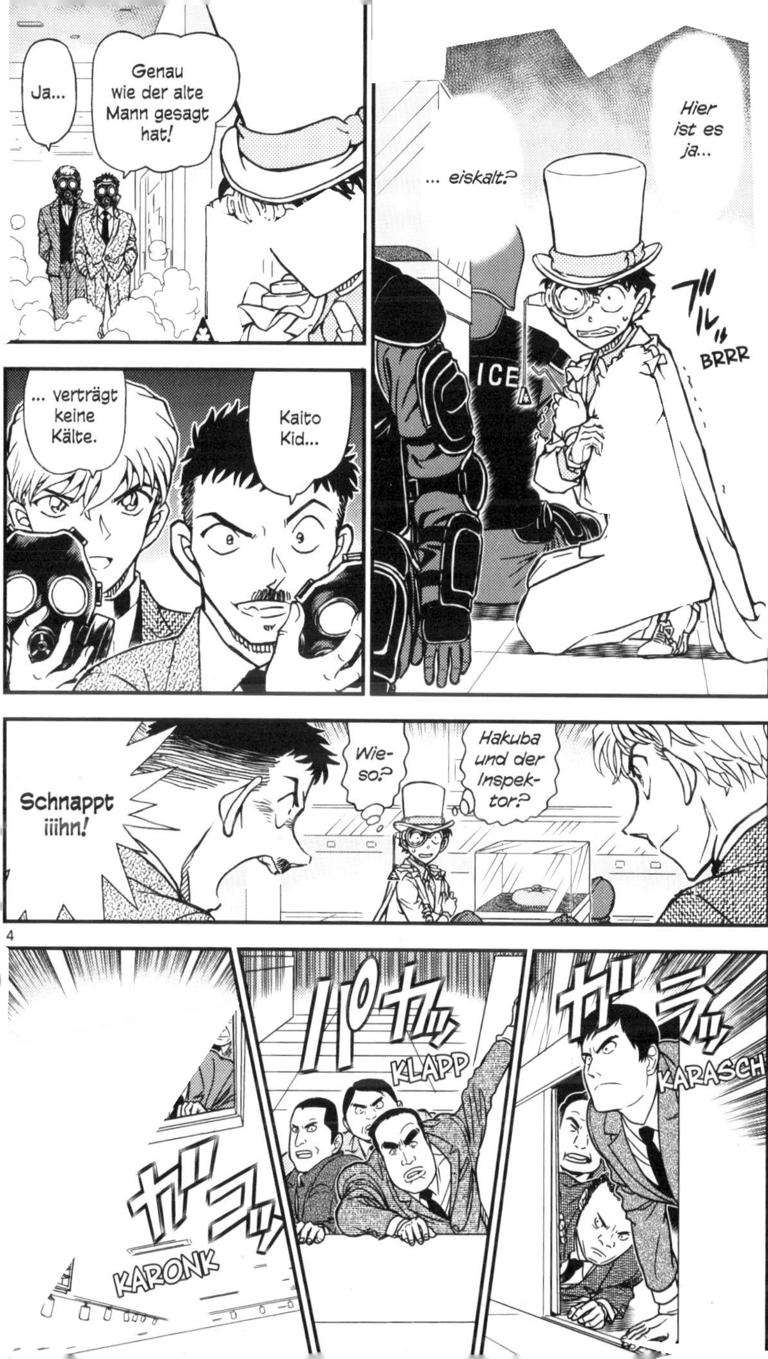
Hier ist es ja...
... eiskalt?
ブルッ
BRRR
Genau wie der alte Mann gesagt hat!
Ja...
Kaito Kid...
... verträgt keine Kälte.
ICE
Hakuba und der Inspektor?
Wie- so?
Schnappt iiihn!
ガラッ
KARASCH
パカッ
KLAPP
ガコッ
KARONK

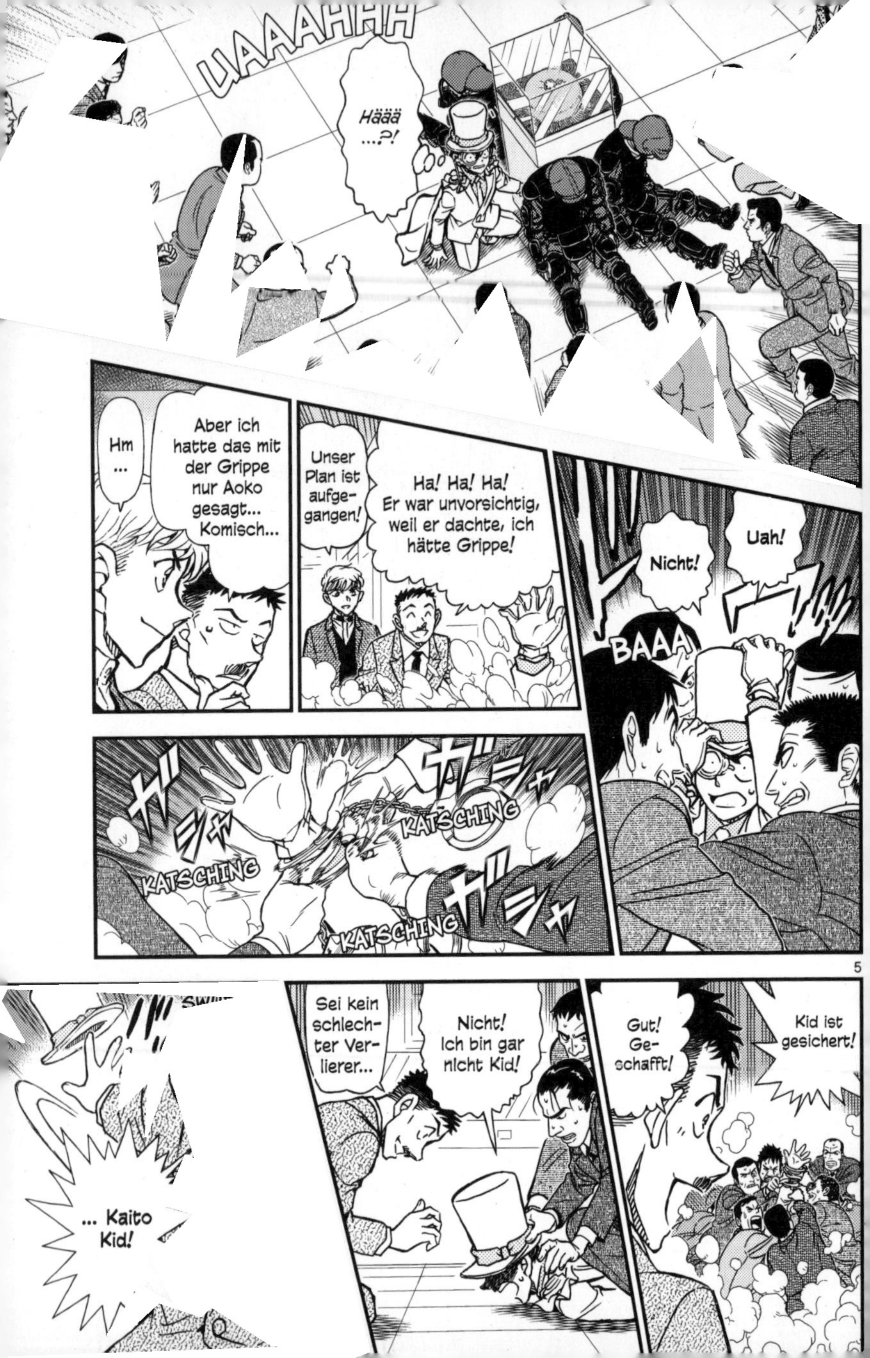
UAAAHHH
Häää ...?!
Uah!
Nicht!
BAAA
Ha! Ha! Ha! Er war unvorsichtig, weil er dachte, ich hätte Grippe!
Unser Plan ist aufgegangen!
Aber ich hatte das mit der Grippe nur Aoko gesagt... Komisch...
Hm ...
KATSCHING
KATSCHING
KATSCHING
5
Kid ist gesichert!
Gut! Geschafft!
Nicht! Ich bin gar nicht Kid!
Sei kein schlechter Verlierer...
... Kaito Kid!

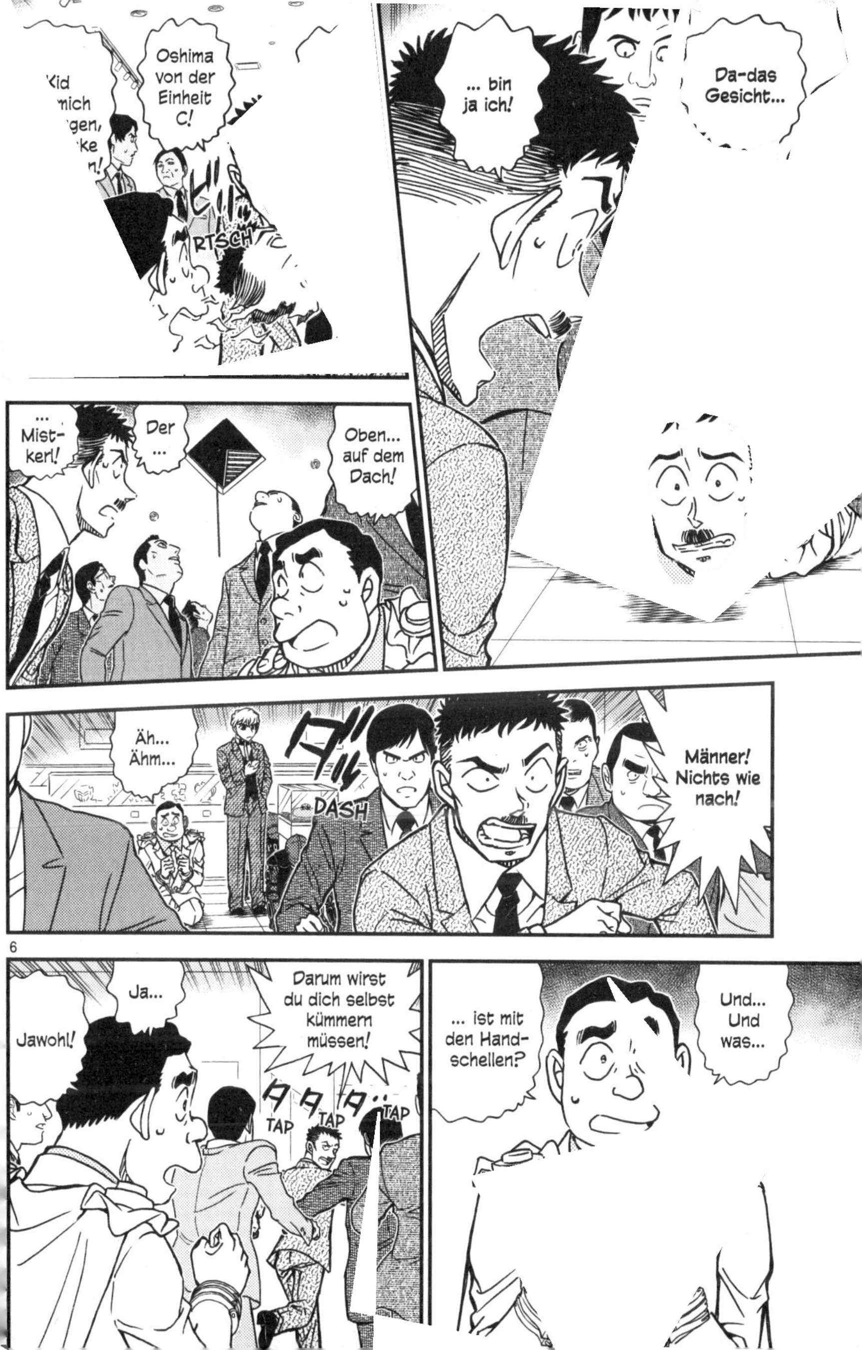

Da-das Gesicht...
... bin ja ich!
Oshima von der Einheit C!
RTSCH
Oben... auf dem Dach!
Der ...
... Mist-kerl!
Männer! Nichts wie nach!
DASH
Äh... Ähm...
Und... Und was...
... ist mit den Hand-schellen?
Darum wirst du dich selbst kümmern müssen!
TAP
TAP
TAP
Ja...
Jawohl!

6

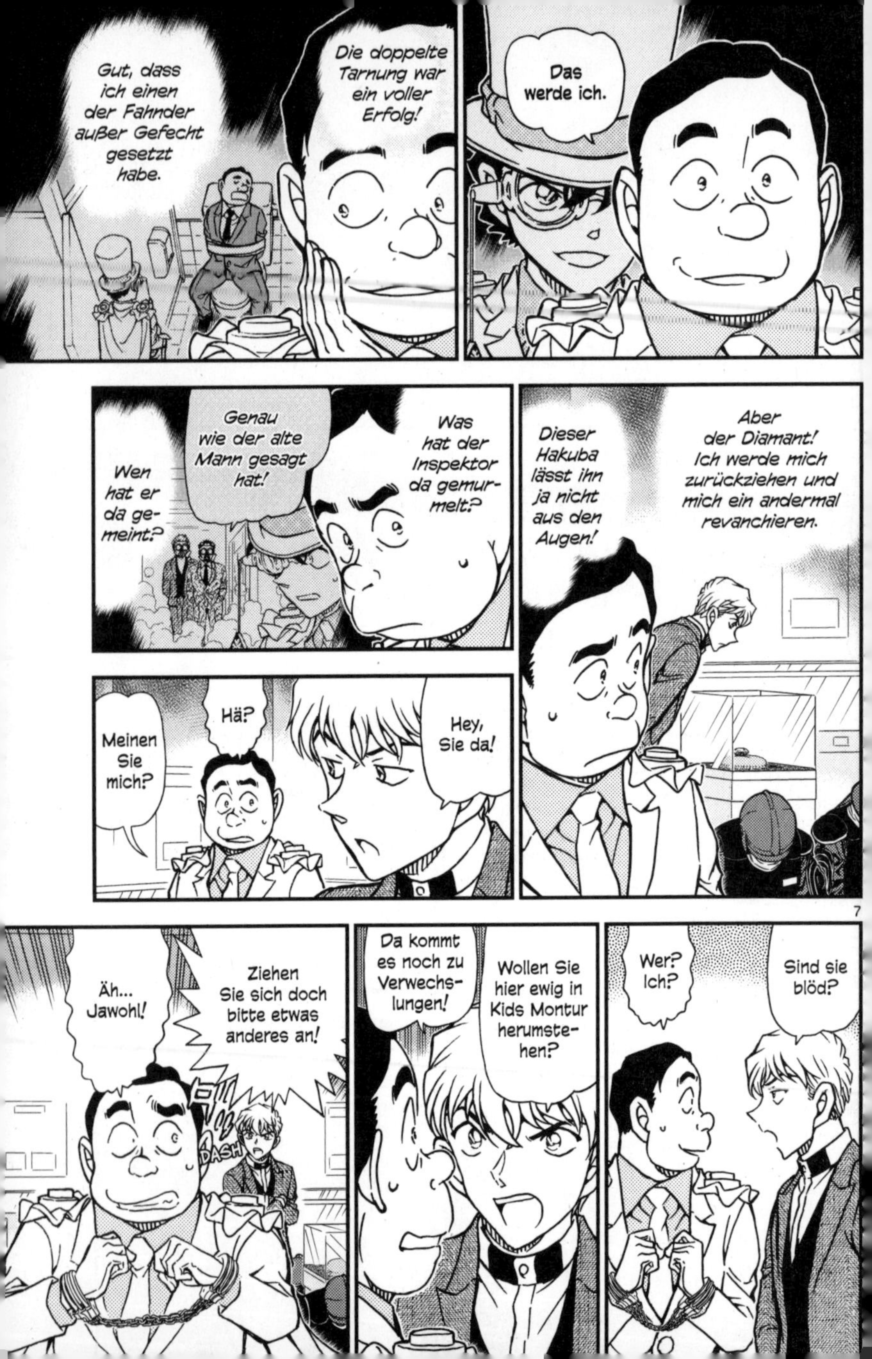
Das werde ich.
Die doppelte Tarnung war ein voller Erfolg!
Gut, dass ich einen der Fahnder außer Gefecht gesetzt habe.
Aber der Diamant! Ich werde mich zurückziehen und mich ein andermal revanchieren.
Dieser Hakuba lässt ihn ja nicht aus den Augen!
Was hat der Inspektor da gemurmelt?
Genau wie der alte Mann gesagt hat!
Wen hat er da gemeint?
Hey, Sie da!
Hä?
Meinen Sie mich?
Sind sie blöd?
Wer? Ich?
Wollen Sie hier ewig in Kids Montur herumstehen?
Da kommt es noch zu Verwechslungen!
Ziehen Sie sich doch bitte etwas anderes an!
Äh... Jawohl!
DASH

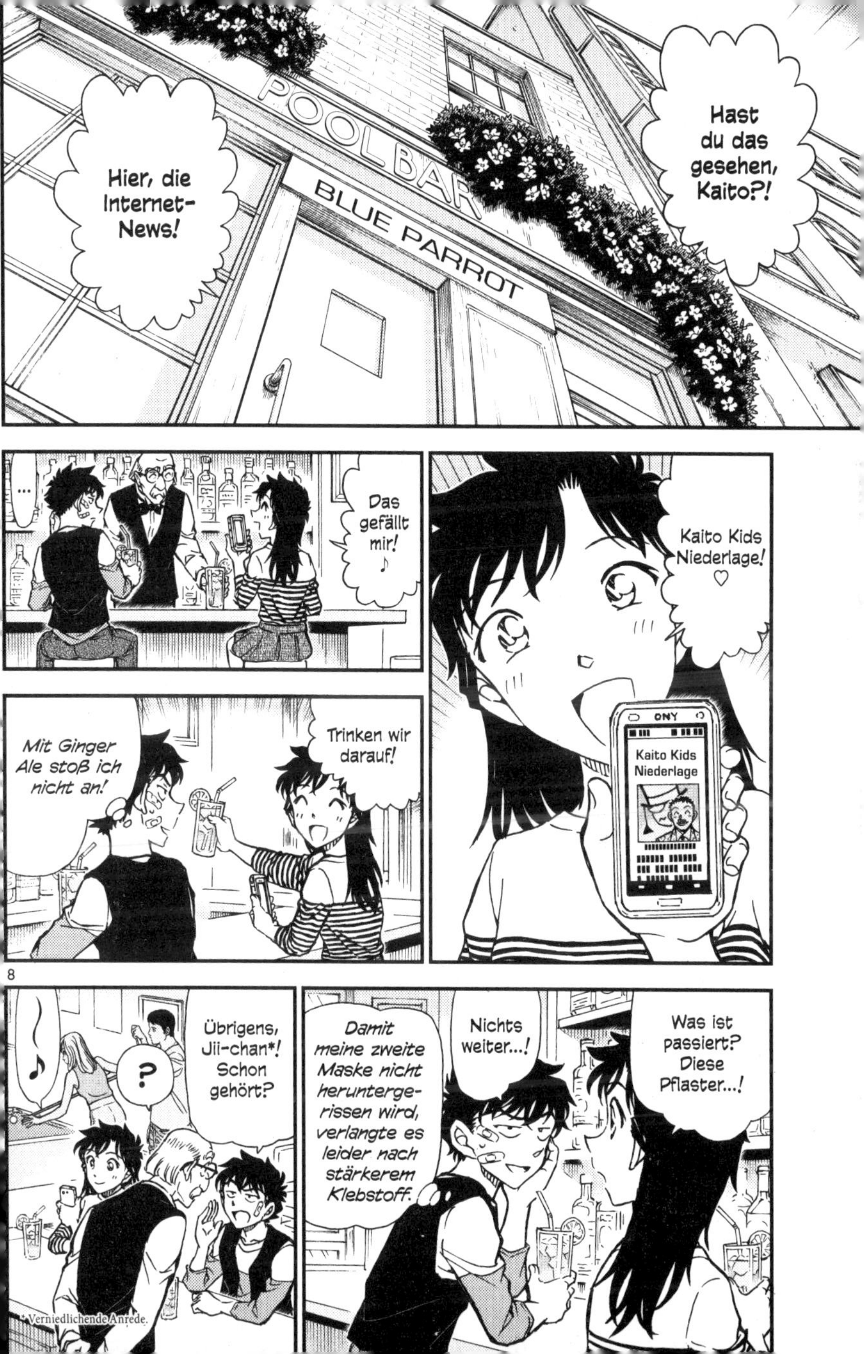

* Verniedlichende Anrede.

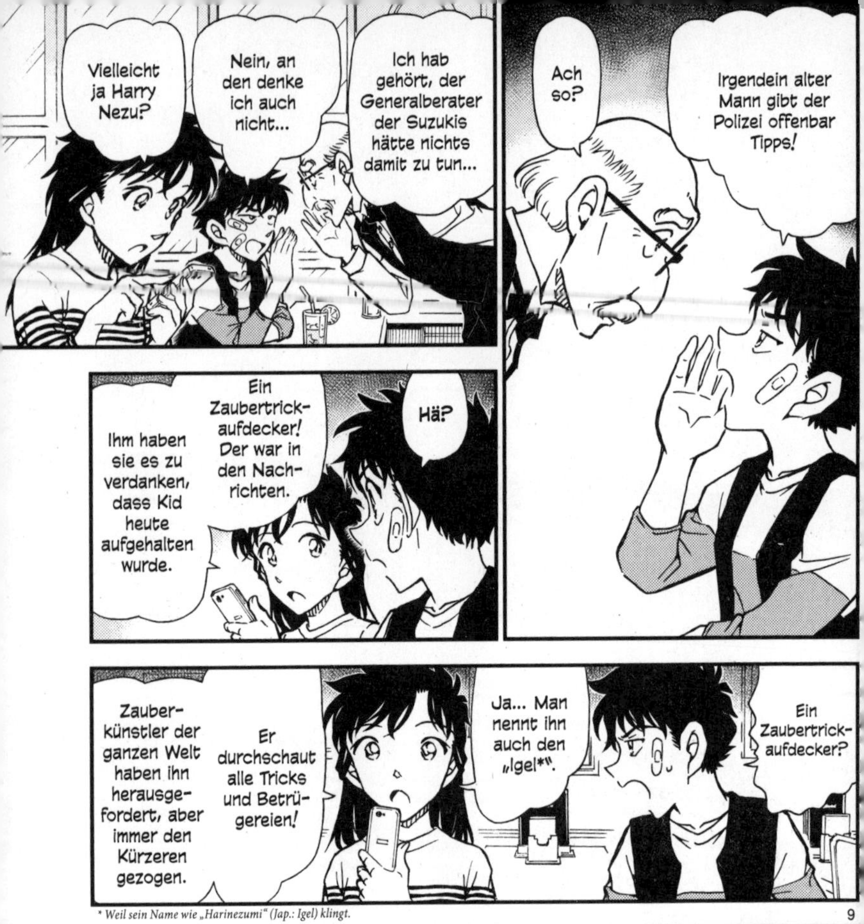

** Weil sein Name wie „Harinezumi“ (Jap.: Igel) klingt.*

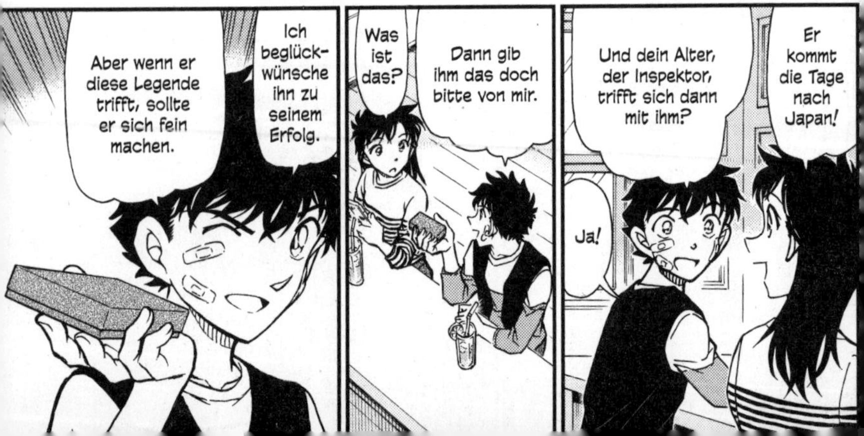

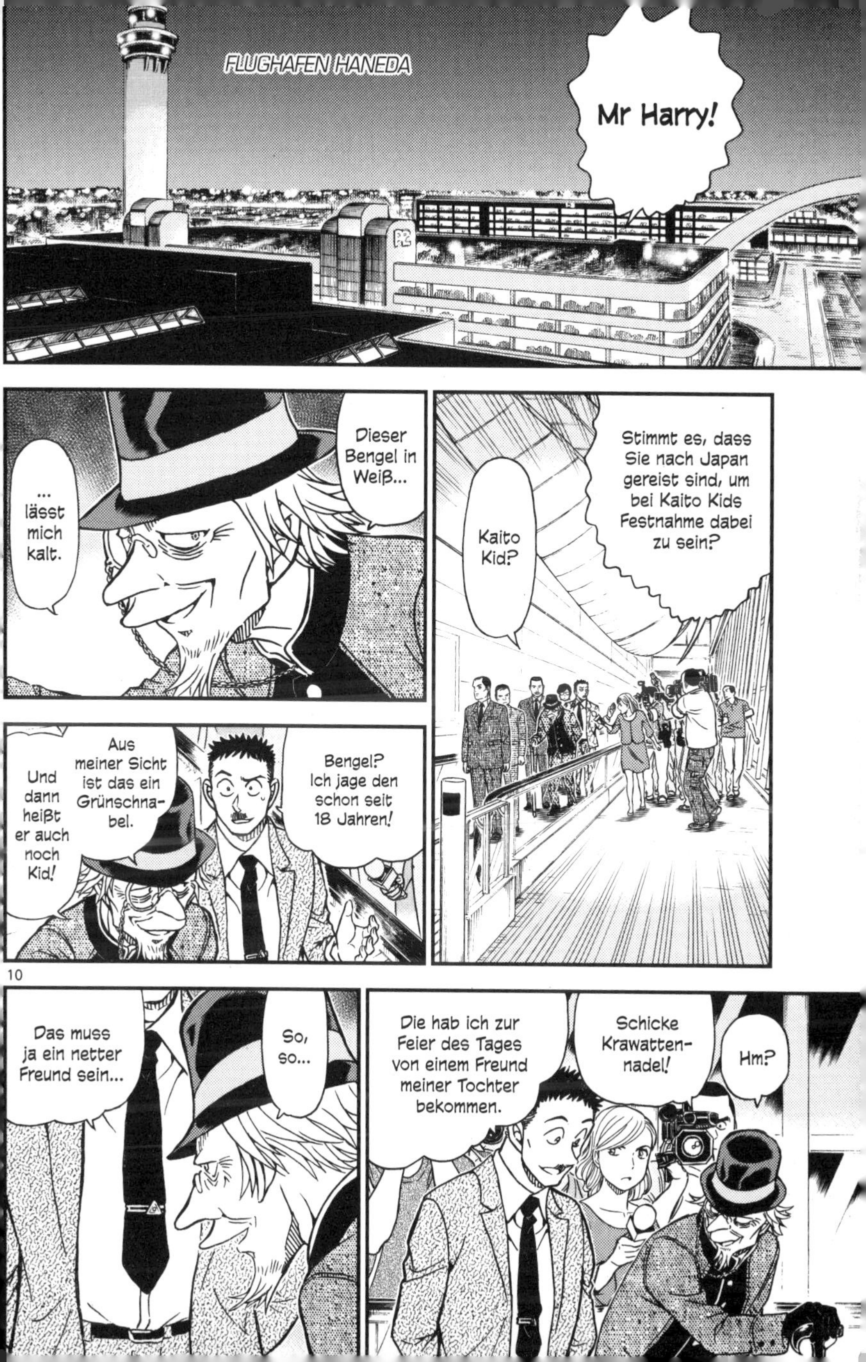
FLUGHAFEN HANEDA
Mr Harry!
Stimmt es, dass Sie nach Japan gereist sind, um bei Kaito Kids Festnahme dabei zu sein?
Kaito Kid?
Dieser Bengel in Weiß...
... lässt mich kalt.
Bengel? Ich jage den schon seit 18 Jahren!
Aus meiner Sicht ist das ein Grünschnabel.
Und dann heißt er auch noch Kid!
Hm?
Schicke Krawattennadel!
Die hab ich zur Feier des Tages von einem Freund meiner Tochter bekommen.
So, so...
Das muss ja ein netter Freund sein...

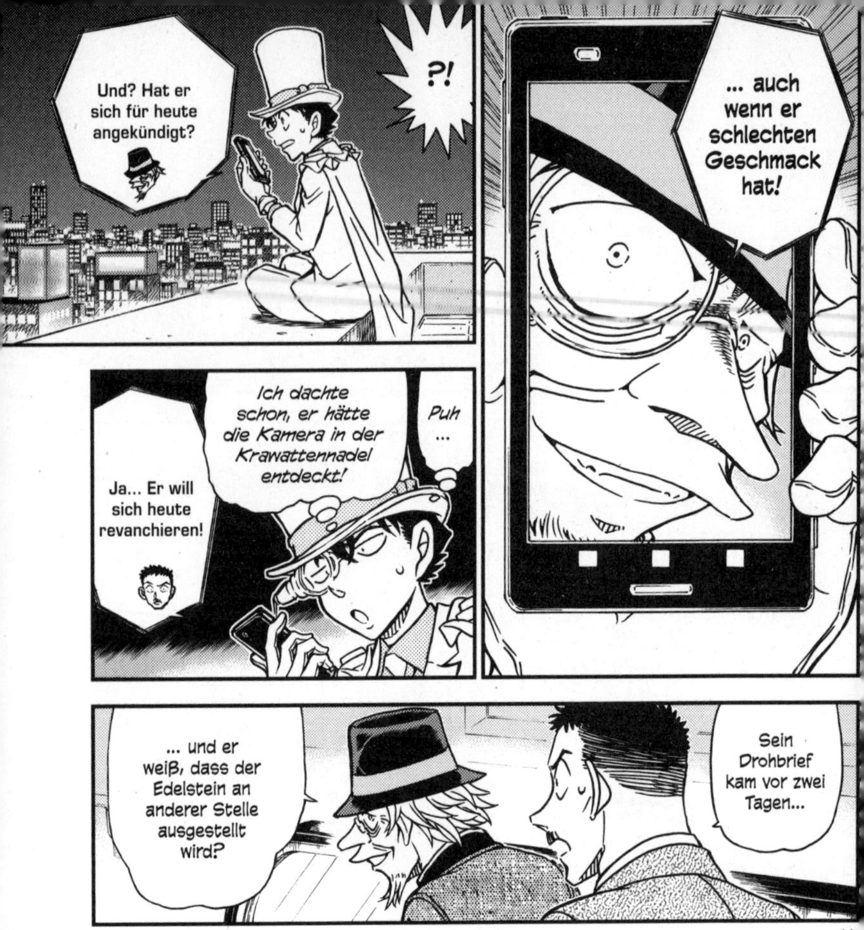
... auch wenn er schlechten Geschmack hat!
Und? Hat er sich für heute angekündigt?
?!
Puh ...
Ich dachte schon, er hätte die Kamera in der Krawattennadel entdeckt!
Ja... Er will sich heute revanchieren!
Sein Drohbrief kam vor zwei Tagen...
... und er weiß, dass der Edelstein an anderer Stelle ausgestellt wird?

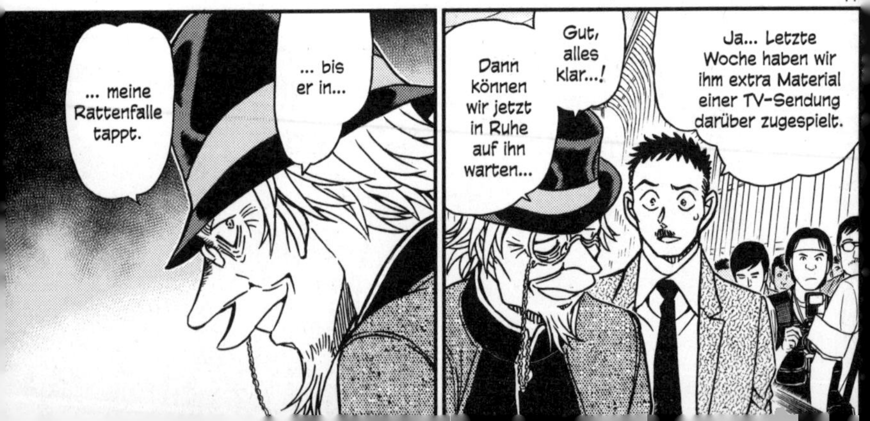
Ja... Letzte Woche haben wir ihm extra Material einer TV-Sendung darüber zugespielt.
Gut, alles klar...!
Dann können wir jetzt in Ruhe auf ihn warten...
... bis er in...
... meine Rattenfalle tappt.

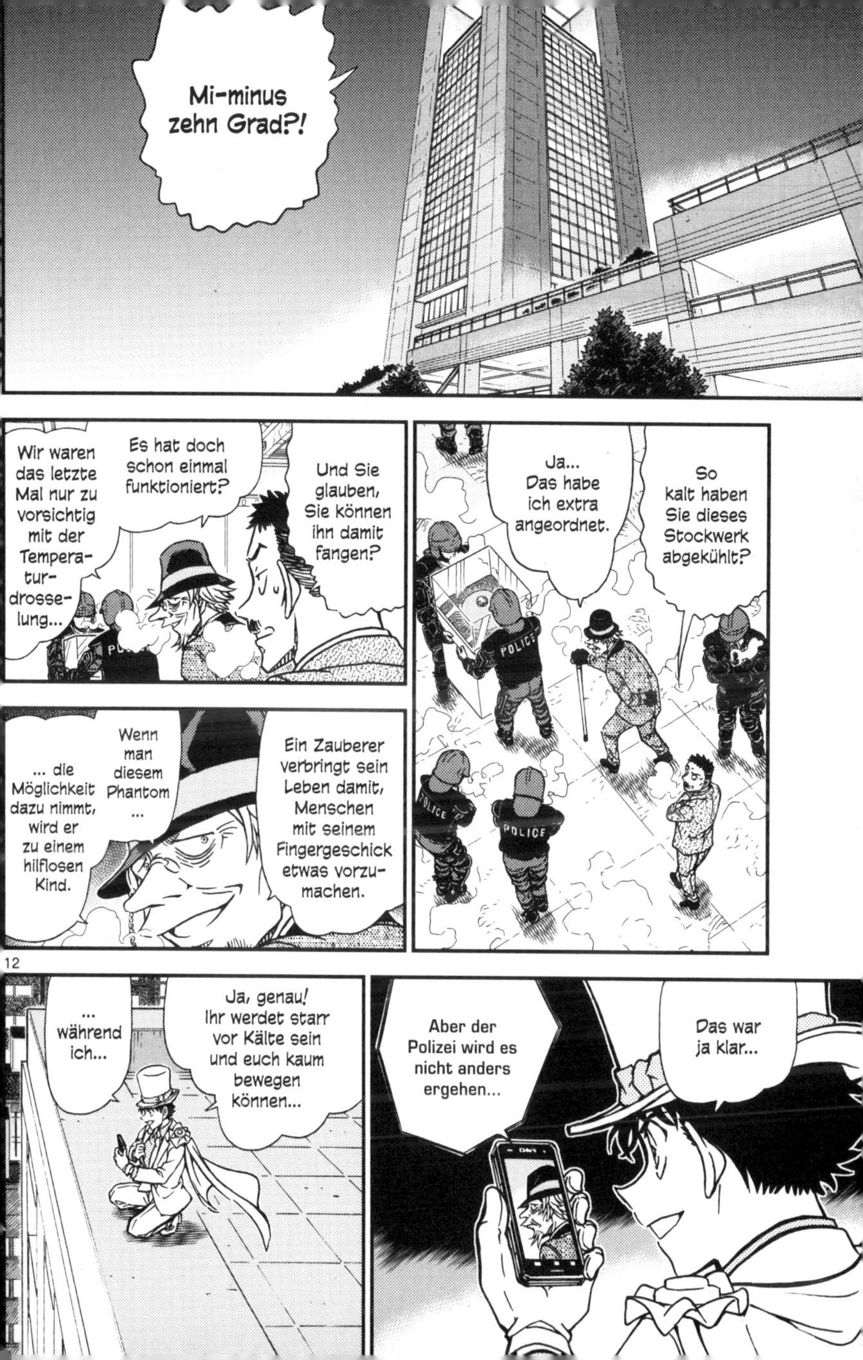

Mi-minus zehn Grad?!
So kalt haben Sie dieses Stockwerk abgekühlt?
Ja... Das habe ich extra angeordnet.
Und Sie glauben, Sie können ihn damit fangen?
Es hat doch schon einmal funktioniert?
Wir waren das letzte Mal nur zu vorsichtig mit der Temperaturdrosselung...
Ein Zauberer verbringt sein Leben damit, Menschen mit seinem Fingergeschick etwas vorzumachen.
Wenn man diesem Phantom ...
... die Möglichkeit dazu nimmt, wird er zu einem hilflosen Kind.
Das war ja klar...
Aber der Polizei wird es nicht anders ergehen...
Ja, genau! Ihr werdet starr vor Kälte sein und euch kaum bewegen können...
... während ich...

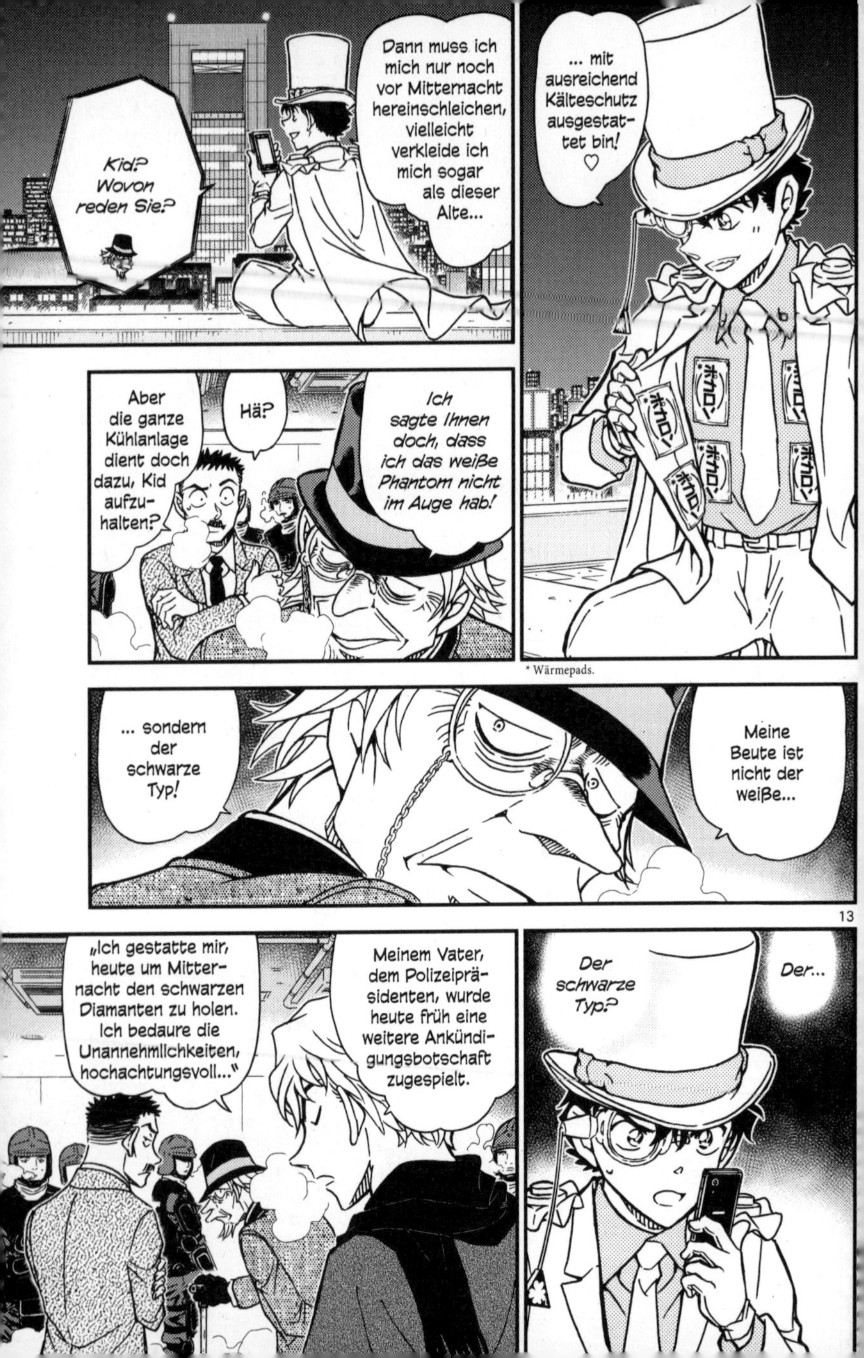
... mit ausreichend Kälteschutz ausgestattet bin! ♡
Dann muss ich mich nur noch vor Mitternacht hereinschleichen, vielleicht verkleide ich mich sogar als dieser Alte...
Kid? Wovon reden Sie?
Ich sagte Ihnen doch, dass ich das weiße Phantom nicht im Auge hab!
Hä?
Aber die ganze Kühlanlage dient doch dazu, Kid aufzuhalten?
Meine Beute ist nicht der weiße...
... sondern der schwarze Typ!
Der...
Der schwarze Typ?
Meinem Vater, dem Polizeipräsidenten, wurde heute früh eine weitere Ankündigungsbotschaft zugespielt.
„Ich gestatte mir, heute um Mitternacht den schwarzen Diamanten zu holen. Ich bedaure die Unannehmlichkeiten, hochachtungsvoll..."

* Wärmepads.

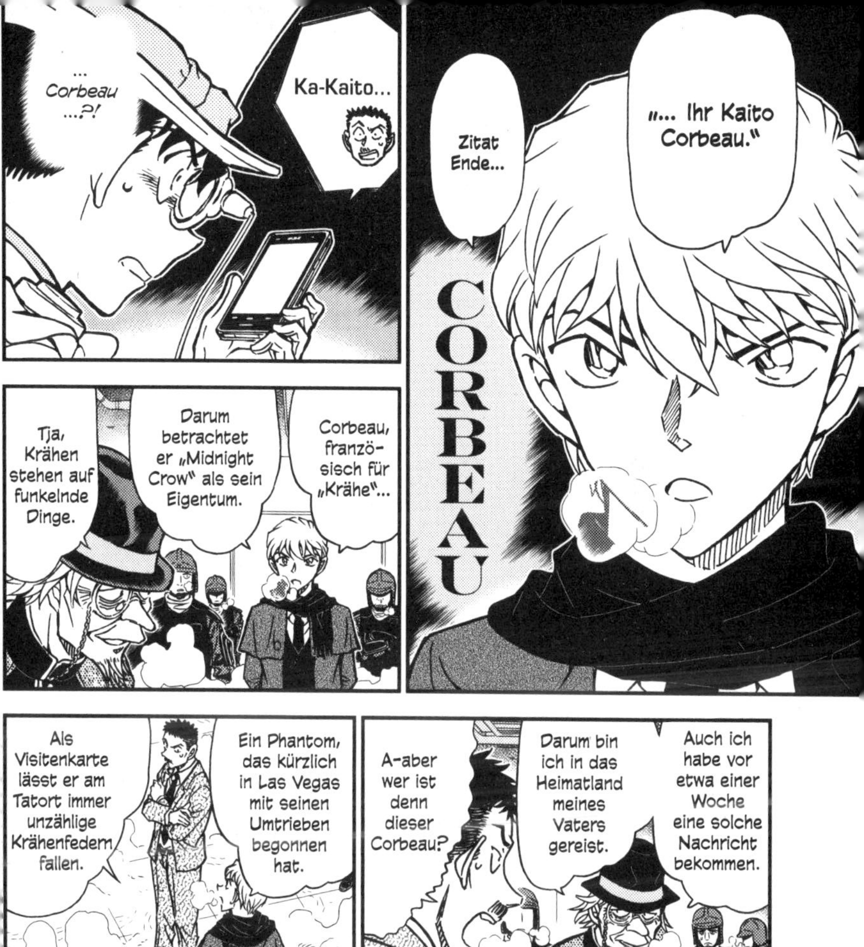
„... Ihr Kaito Corbeau.“
Zitat Ende...
CORBEAU
Ka-Kaito...
... Corbeau ...?!
Corbeau, französisch für „Krähe“...
Darum betrachtet er „Midnight Crow“ als sein Eigentum.
Tja, Krähen stehen auf funkelnde Dinge.
Auch ich habe vor etwa einer Woche eine solche Nachricht bekommen.
Darum bin ich in das Heimatland meines Vaters gereist.
A-aber wer ist denn dieser Corbeau?
Ein Phantom, das kürzlich in Las Vegas mit seinen Umtrieben begonnen hat.
Als Visitenkarte lässt er am Tatort immer unzählige Krähenfedern fallen.

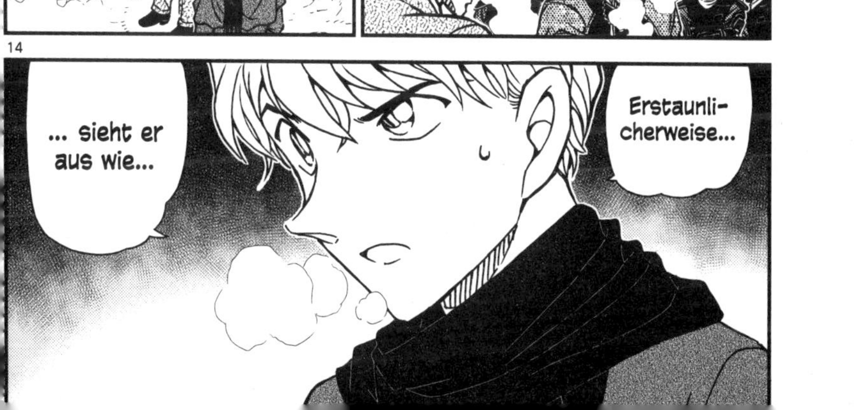
Erstaunlicherweise...
... sieht er aus wie...

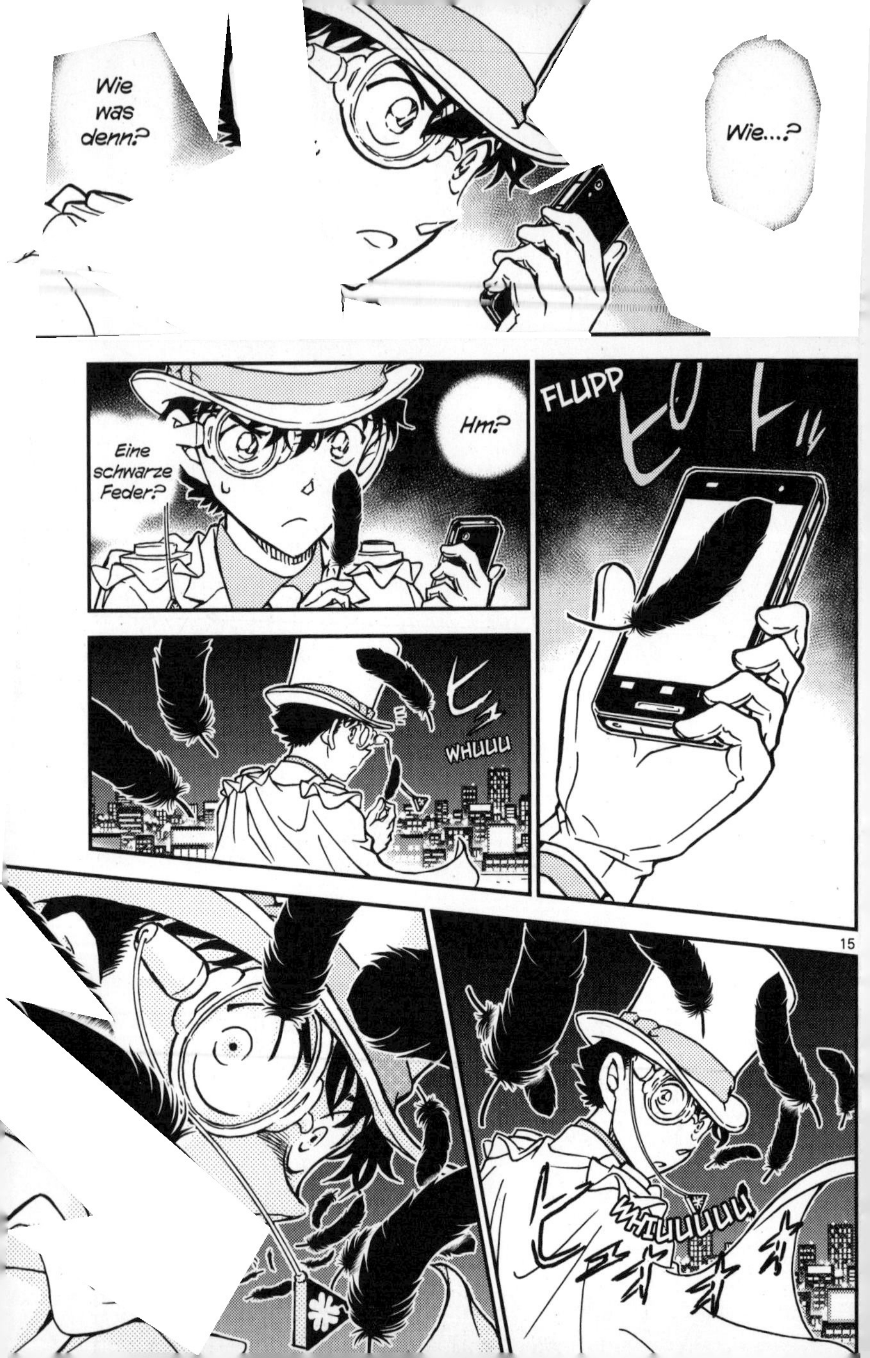
Wie...?
Wie was denn?
Hm?
Eine schwarze Feder?
FLUPP
WHUUU
WHUUUUUU

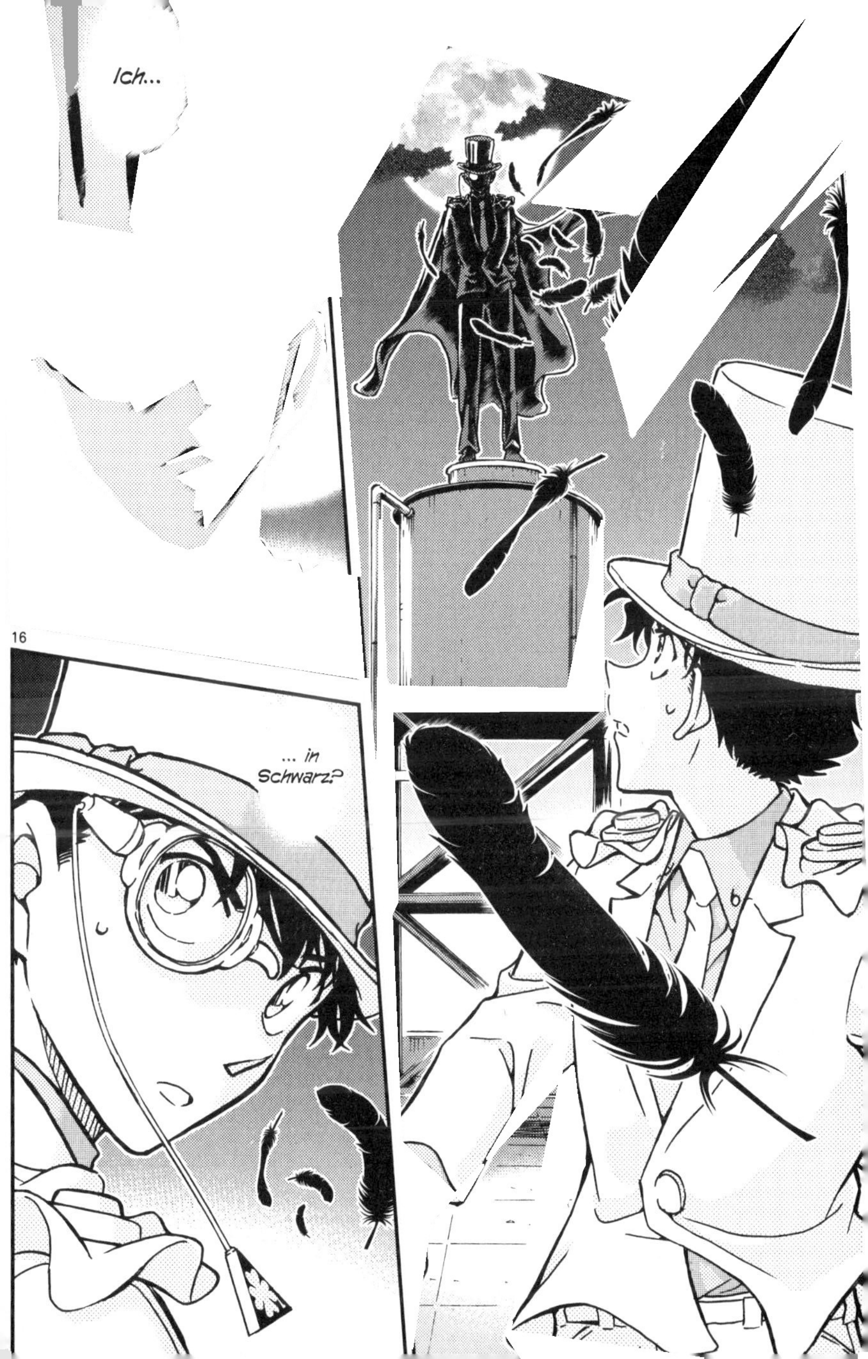
Ich...
... in Schwarz?

MIDNIGHT CROW (TEIL 2)

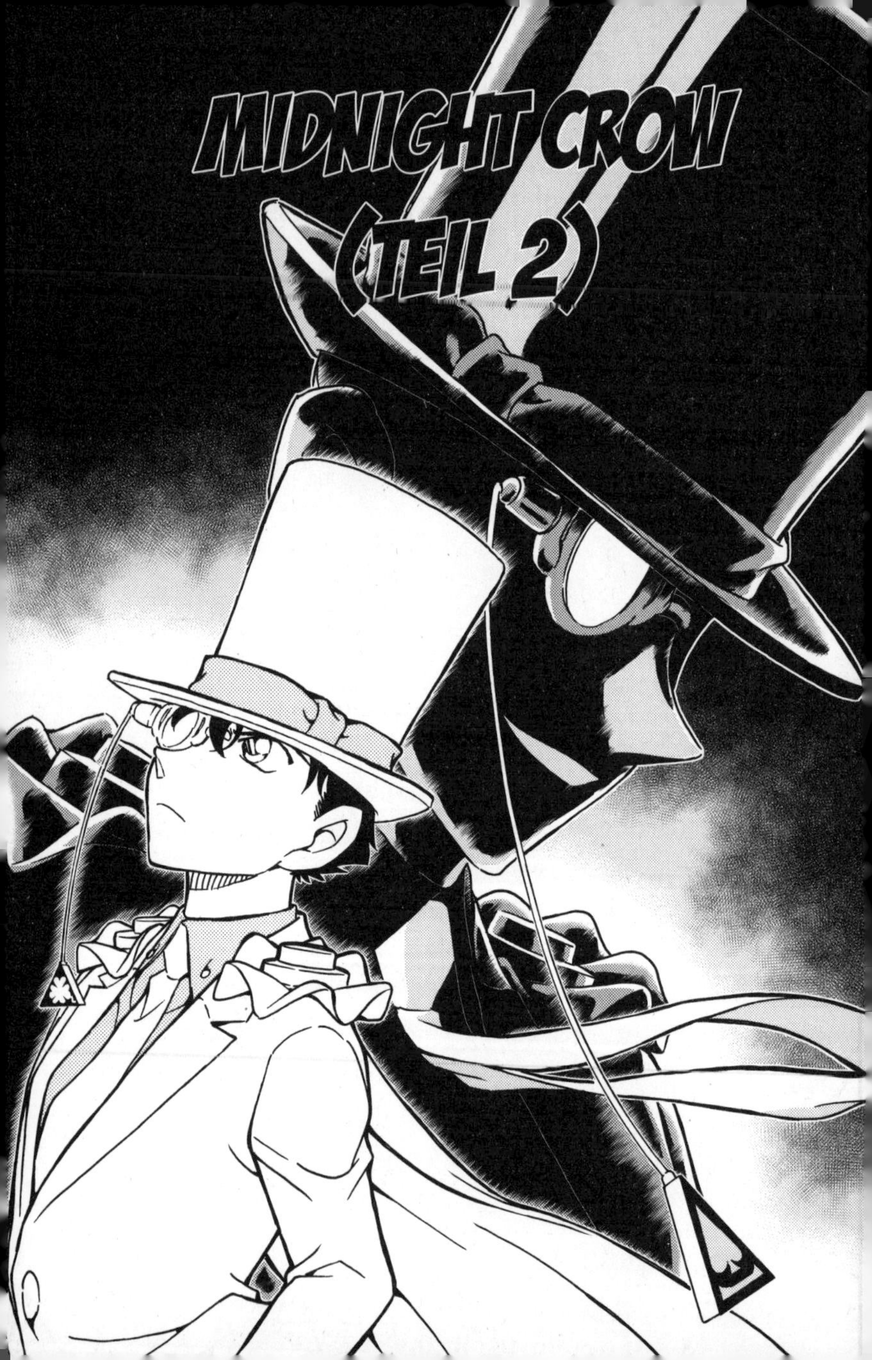

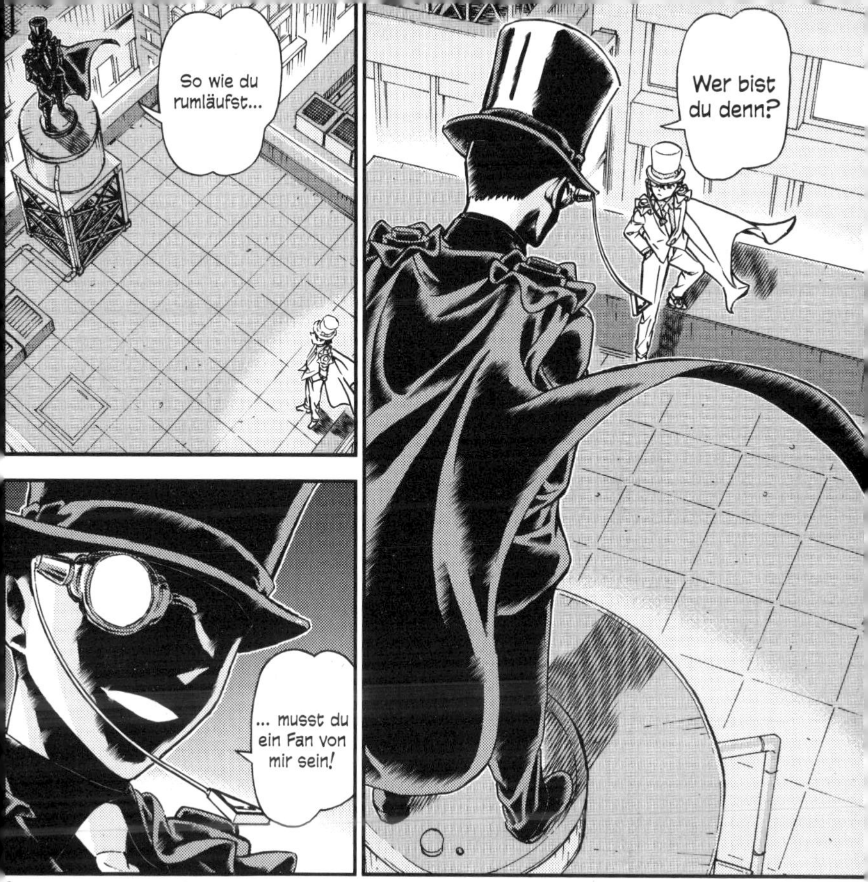

Wer bist du denn?
So wie du rumläufst...
... musst du ein Fan von mir sein!

2

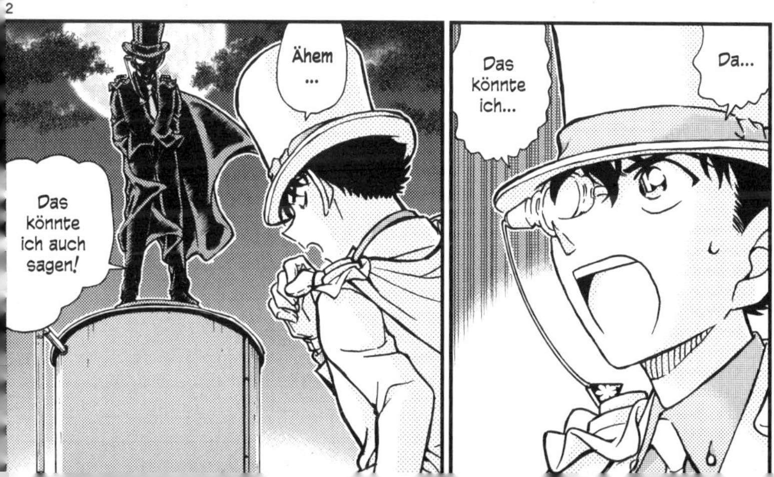

Da...
Das könnte ich...
Ähem ...
Das könnte ich auch sagen!

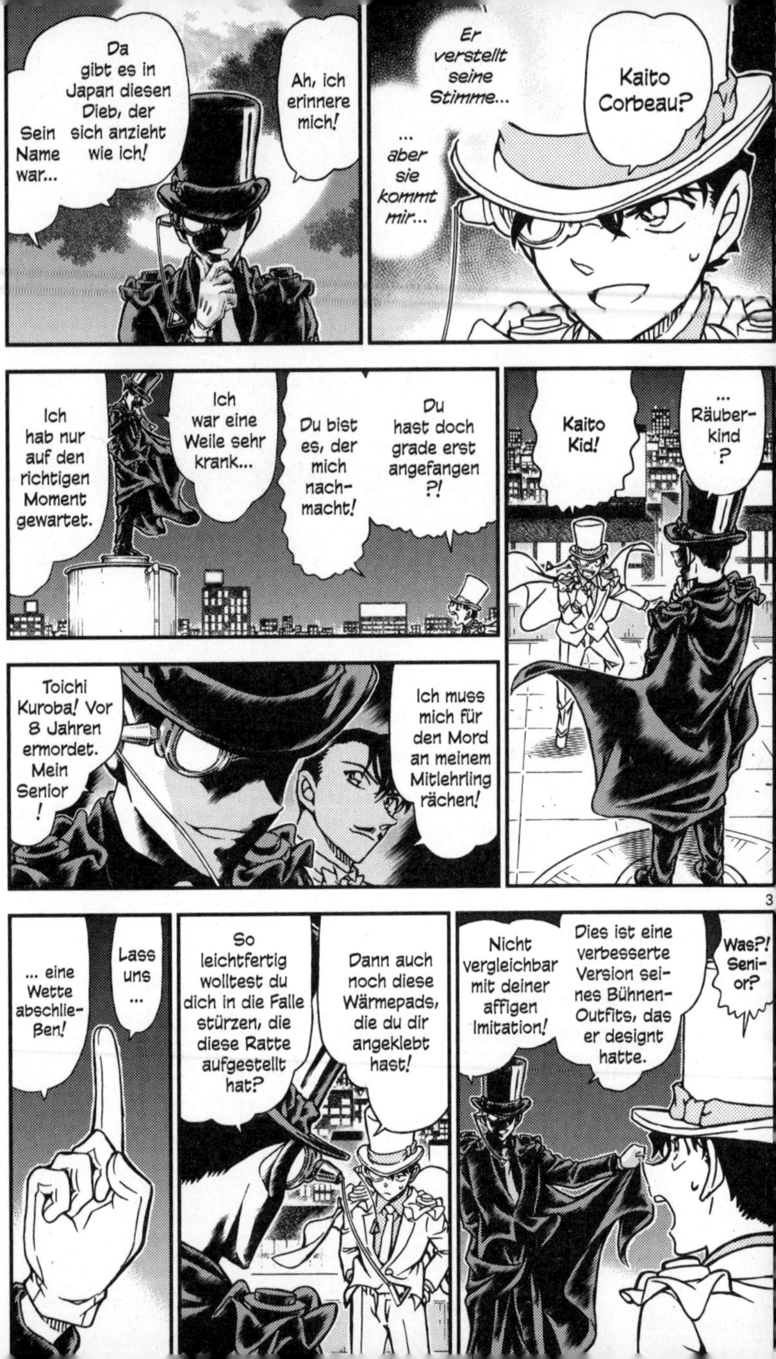
Kaito Corbeau?
Er verstellt seine Stimme...
... aber sie kommt mir...
Ah, ich erinnere mich!
Da gibt es in Japan diesen Dieb, der sich anzieht wie ich!
Sein Name war...
... Räuberkind?
Kaito Kid!
Du hast doch grade erst angefangen?!
Du bist es, der mich nachmacht!
Ich war eine Weile sehr krank...
Ich hab nur auf den richtigen Moment gewartet.
Ich muss mich für den Mord an meinem Mitlehrling rächen!
Toichi Kuroba! Vor 8 Jahren ermordet. Mein Senior!
Was?! Senior?
Dies ist eine verbesserte Version seines Bühnen-Outfits, das er designt hatte.
Nicht vergleichbar mit deiner affigen Imitation!
Dann auch noch diese Wärmepads, die du dir angeklebt hast!
So leichtfertig wolltest du dich in die Falle stürzen, die diese Ratte aufgestellt hat?
Lass uns ...
... eine Wette abschließen!

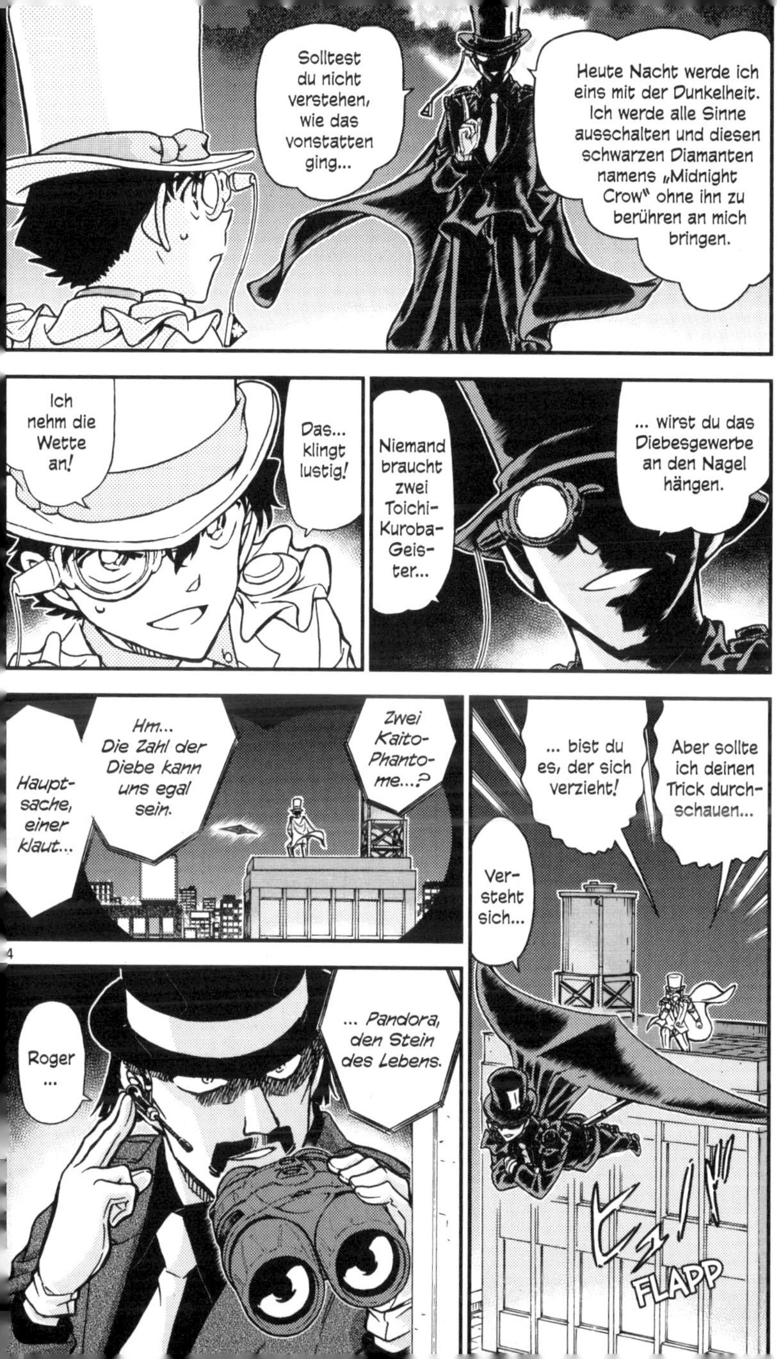

Heute Nacht werde ich eins mit der Dunkelheit. Ich werde alle Sinne ausschalten und diesen schwarzen Diamanten namens „Midnight Crow“ ohne ihn zu berühren an mich bringen.
Solltest du nicht verstehen, wie das vonstatten ging...
... wirst du das Diebesgewerbe an den Nagel hängen.
Niemand braucht zwei Toichi-Kuroba-Geister...
Das... klingt lustig!
Ich nehm die Wette an!
Aber sollte ich deinen Trick durchschauen...
... bist du es, der sich verzieht!
Versteht sich...
FLAPP
Zwei Kaito-Phantome...?
Hm... Die Zahl der Diebe kann uns egal sein.
Hauptsache, einer klaut...
... Pandora, den Stein des Lebens.
Roger ...

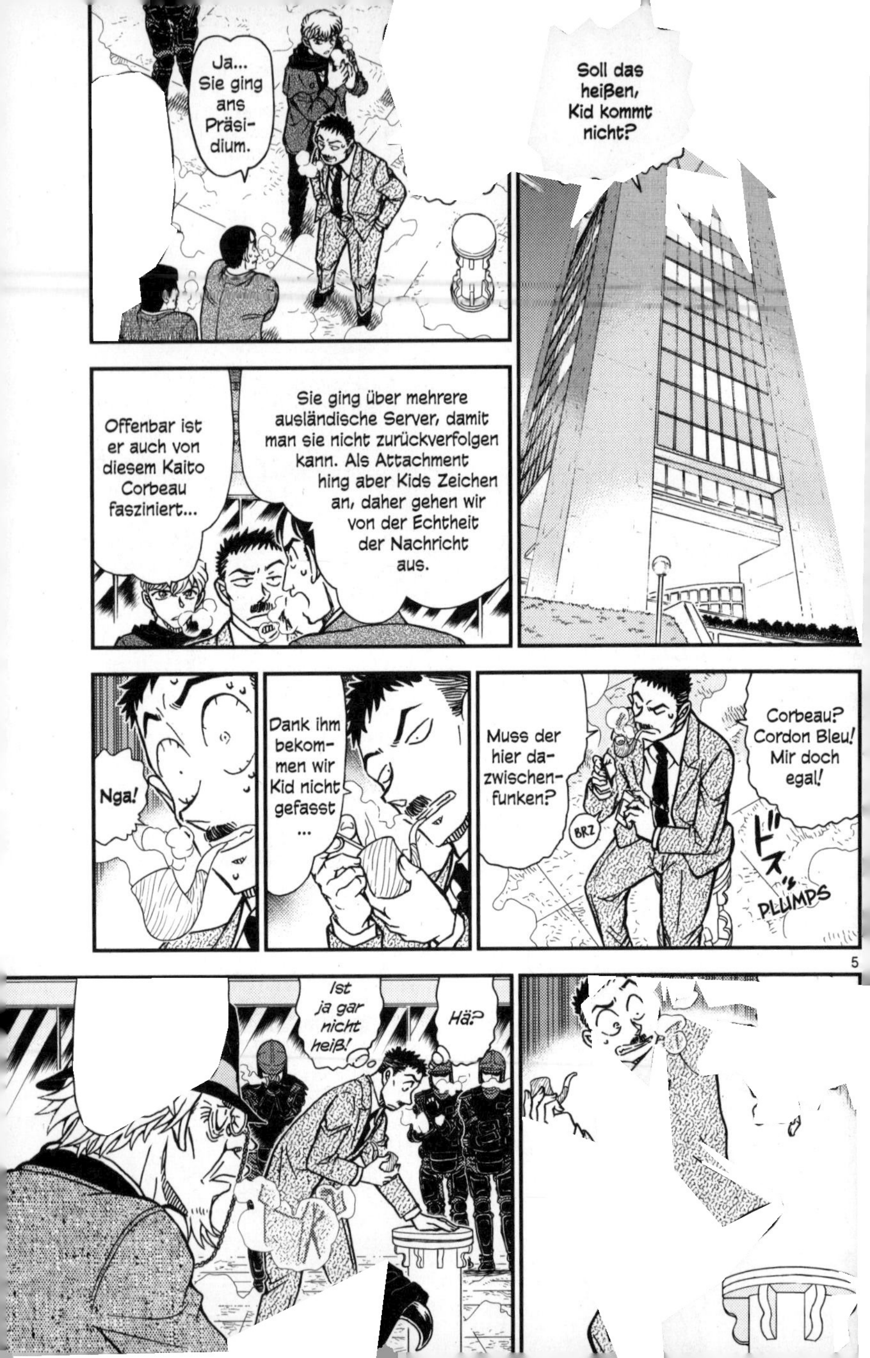

Soll das heißen, Kid kommt nicht?
Ja... Sie ging ans Präsidium.
Sie ging über mehrere ausländische Server, damit man sie nicht zurückverfolgen kann. Als Attachment hing aber Kids Zeichen an, daher gehen wir von der Echtheit der Nachricht aus.
Offenbar ist er auch von diesem Kaito Corbeau fasziniert...
Corbeau? Cordon Bleu! Mir doch egal!
PLUMPS
Muss der hier dazwischenfunken?
BRZ
Dank ihm bekommen wir Kid nicht gefasst ...
Nga!
Hä?
Ist ja gar nicht heiß!

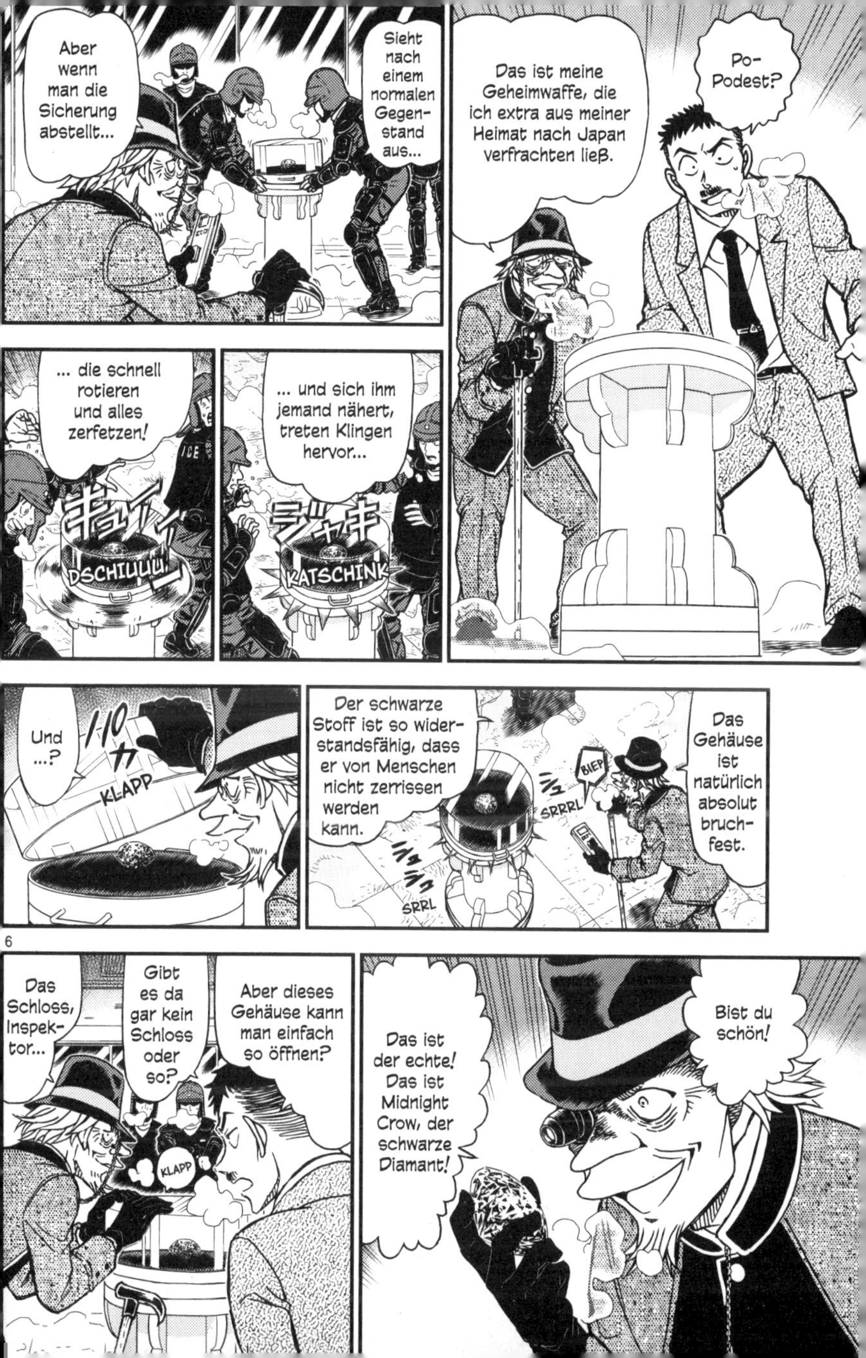
Po-Podest?
Das ist meine Geheimwaffe, die ich extra aus meiner Heimat nach Japan verfrachten ließ.
Sieht nach einem normalen Gegenstand aus...
Aber wenn man die Sicherung abstellt...
... und sich ihm jemand nähert, treten Klingen hervor...
KATSCHINK
... die schnell rotieren und alles zerfetzen!
DSCHIUUUU
Das Gehäuse ist natürlich absolut bruchfest.
Der schwarze Stoff ist so widerstandsfähig, dass er von Menschen nicht zerrissen werden kann.
BIEP
SRRRL
SRRL
Und ...?
KLAPP
Bist du schön!
Das ist der echte! Das ist Midnight Crow, der schwarze Diamant!
Aber dieses Gehäuse kann man einfach so öffnen?
Gibt es da gar kein Schloss oder so?
Das Schloss, Inspektor...
KLAPP

6

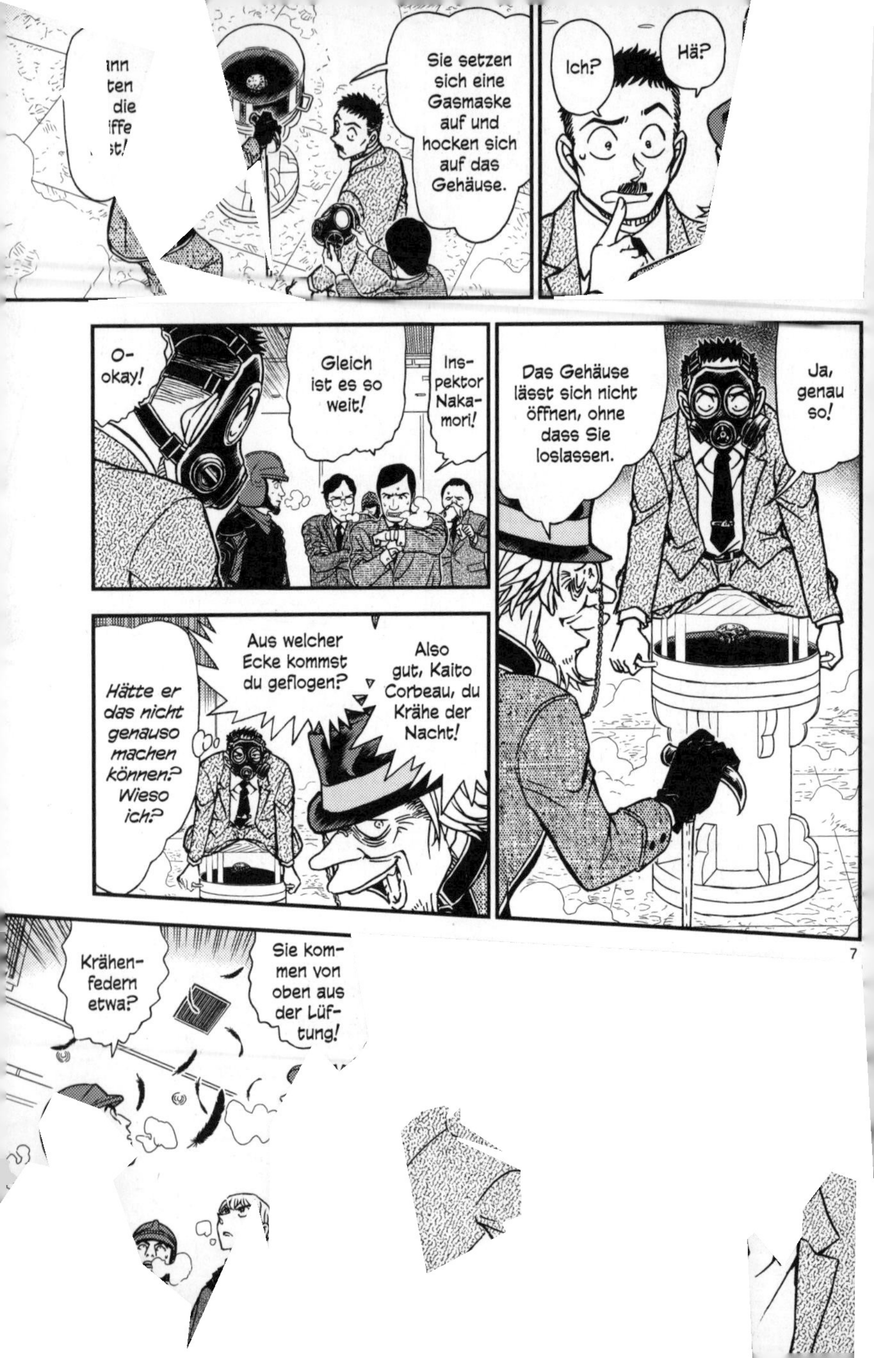
Hä?
Ich?
Sie setzen sich eine Gasmaske auf und hocken sich auf das Gehäuse.
Ja, genau so!
Das Gehäuse lässt sich nicht öffnen, ohne dass Sie loslassen.
Inspektor Nakamori!
Gleich ist es so weit!
O-okay!
Also gut, Kaito Corbeau, du Krähe der Nacht!
Aus welcher Ecke kommst du geflogen?
Hätte er das nicht genauso machen können? Wieso ich?
Sie kommen von oben aus der Lüftung!
Krähenfedern etwa?

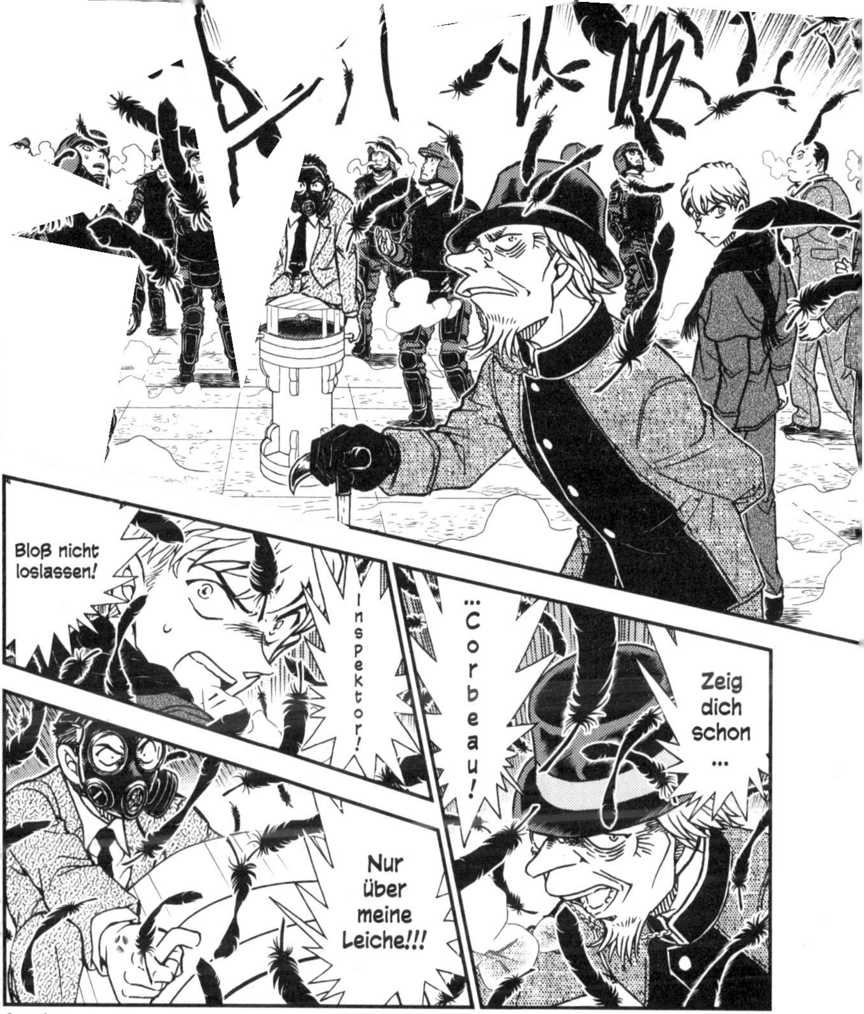
Zeig dich schon ...
...Corbeau!
Inspektor!
Bloß nicht loslassen!
Nur über meine Leiche!!!

Und

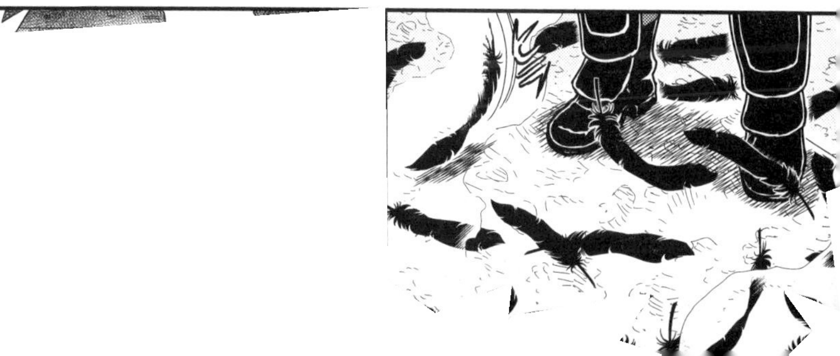

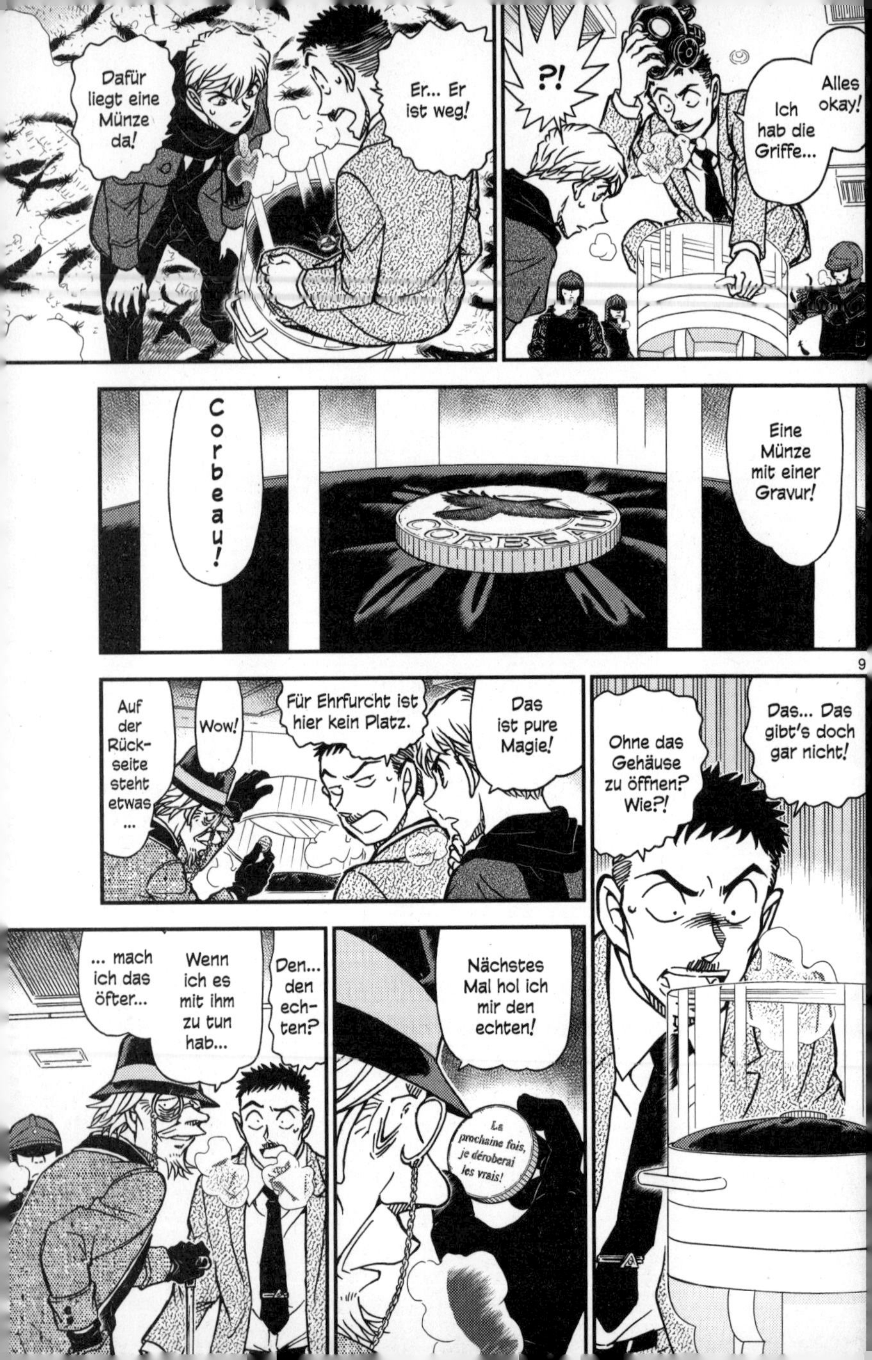
Alles okay! Ich hab die Griffe...
?!
Er... Er ist weg!
Dafür liegt eine Münze da!
Eine Münze mit einer Gravur!
CORBEAU
Corbeau!
Das... Das gibt's doch gar nicht!
Ohne das Gehäuse zu öffnen? Wie?!
Das ist pure Magie!
Für Ehrfurcht ist hier kein Platz.
Wow!
Auf der Rückseite steht etwas ...
Nächstes Mal hol ich mir den echten!
La prochaine fois, je déroberai les vrais!
Den... den echten?
Wenn ich es mit ihm zu tun hab...
... mach ich das öfter...

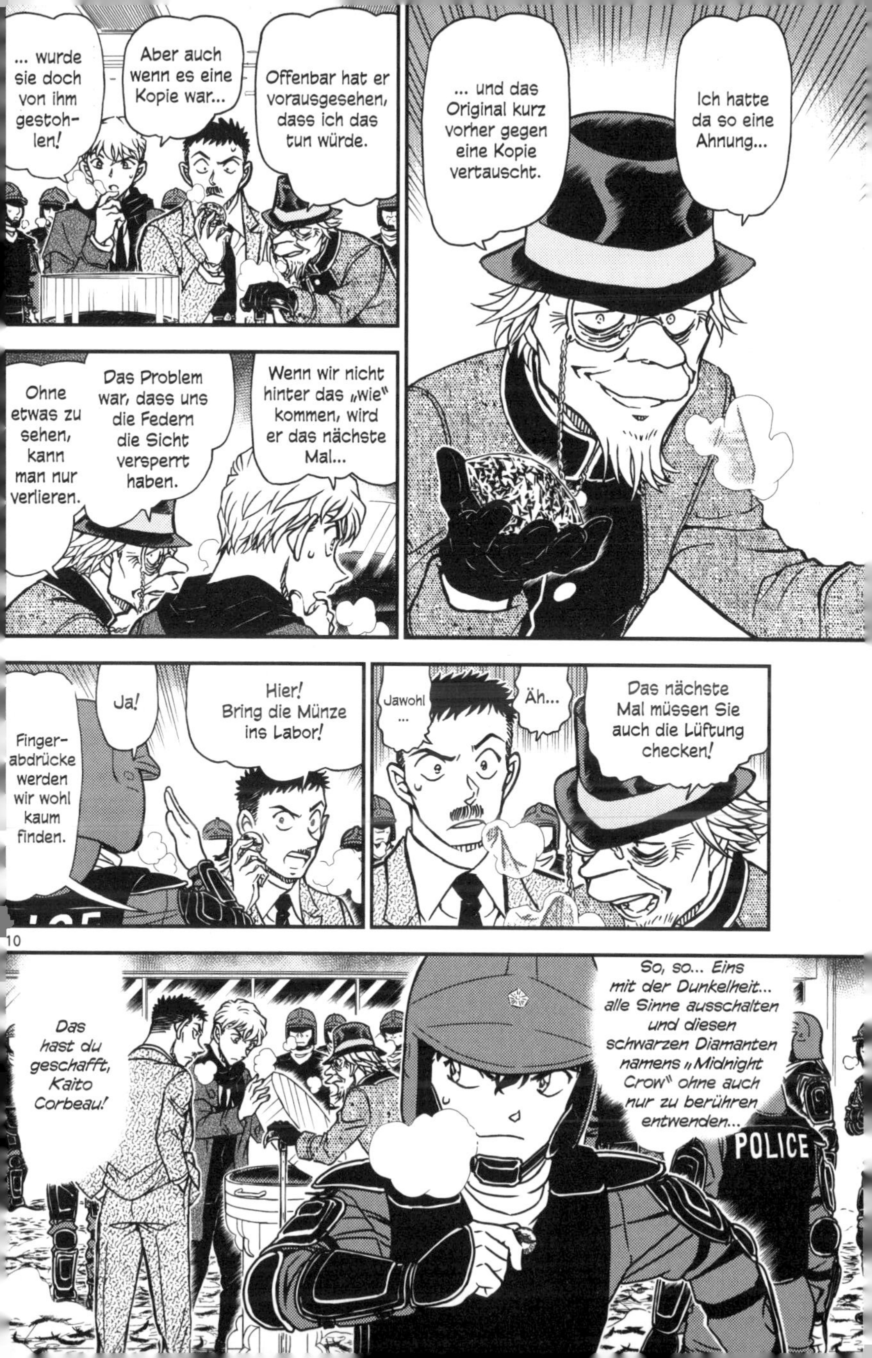
Ich hatte da so eine Ahnung...
... und das Original kurz vorher gegen eine Kopie vertauscht.
Offenbar hat er vorausgesehen, dass ich das tun würde.
Aber auch wenn es eine Kopie war...
... wurde sie doch von ihm gestohlen!
Wenn wir nicht hinter das „wie“ kommen, wird er das nächste Mal...
Das Problem war, dass uns die Federn die Sicht versperrt haben.
Ohne etwas zu sehen, kann man nur verlieren.
Das nächste Mal müssen Sie auch die Lüftung checken!
Äh...
Jawohl ...
Hier! Bring die Münze ins Labor!
Ja!
Finger-abdrücke werden wir wohl kaum finden.
10
So, so... Eins mit der Dunkelheit... alle Sinne ausschalten und diesen schwarzen Diamanten namens „Midnight Crow“ ohne auch nur zu berühren entwenden...
Das hast du geschafft, Kaito Corbeau!
POLICE

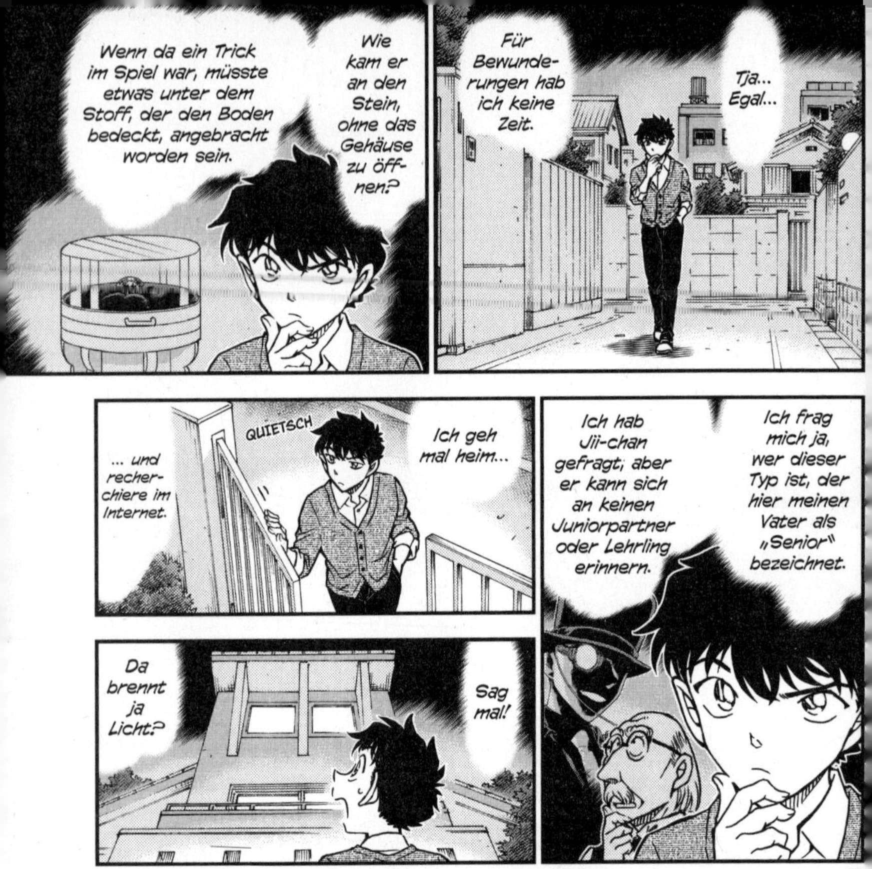

Tja... Egal...
Für Bewunderungen hab ich keine Zeit.
Wie kam er an den Stein, ohne das Gehäuse zu öffnen?
Wenn da ein Trick im Spiel war, müsste etwas unter dem Stoff, der den Boden bedeckt, angebracht worden sein.
Ich frag mich ja, wer dieser Typ ist, der hier meinen Vater als „Senior" bezeichnet.
Ich hab Jii-chan gefragt, aber er kann sich an keinen Juniorpartner oder Lehrling erinnern.
Ich geh mal heim...
QUIETSCH
... und recherchiere im Internet.
Sag mal!
Da brennt ja Licht?

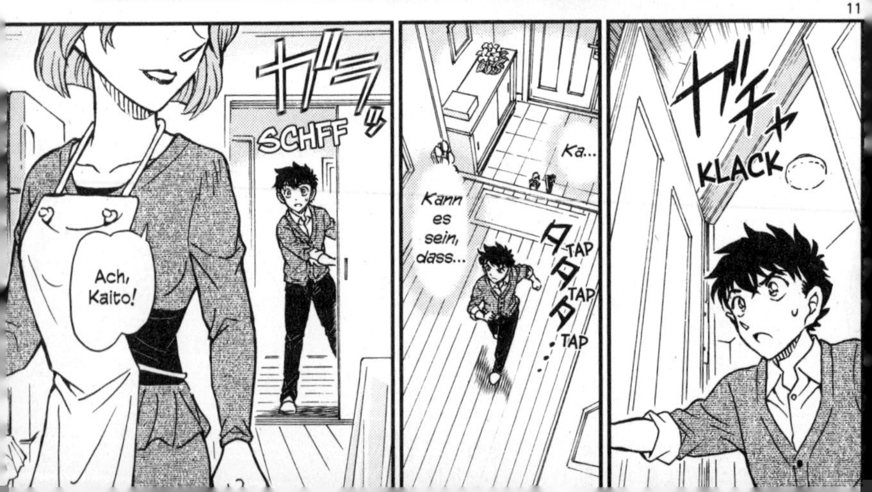

KLACK
Ka...
Kann es sein, dass...
TAP
TAP
TAP
SCHFF
Ach, Kaito!

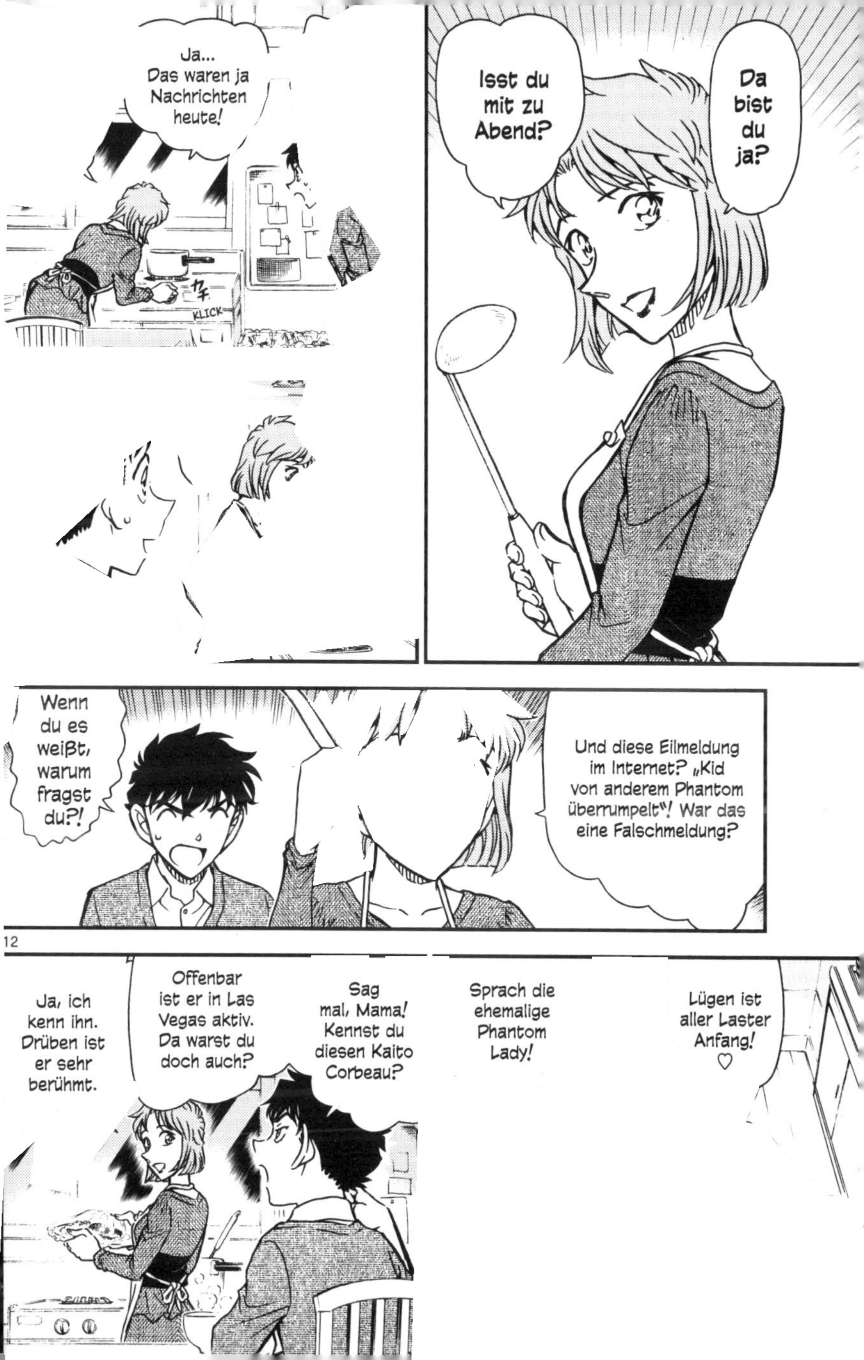
Da bist du ja?
Isst du mit zu Abend?
Ja... Das waren ja Nachrichten heute!
KLICK
Und diese Eilmeldung im Internet? „Kid von anderem Phantom überrumpelt“! War das eine Falschmeldung?
Wenn du es weißt, warum fragst du?!
Lügen ist aller Laster Anfang! ♡
Sprach die ehemalige Phantom Lady!
Sag mal, Mama! Kennst du diesen Kaito Corbeau?
Offenbar ist er in Las Vegas aktiv. Da warst du doch auch?
Ja, ich kenn ihn. Drüben ist er sehr berühmt.

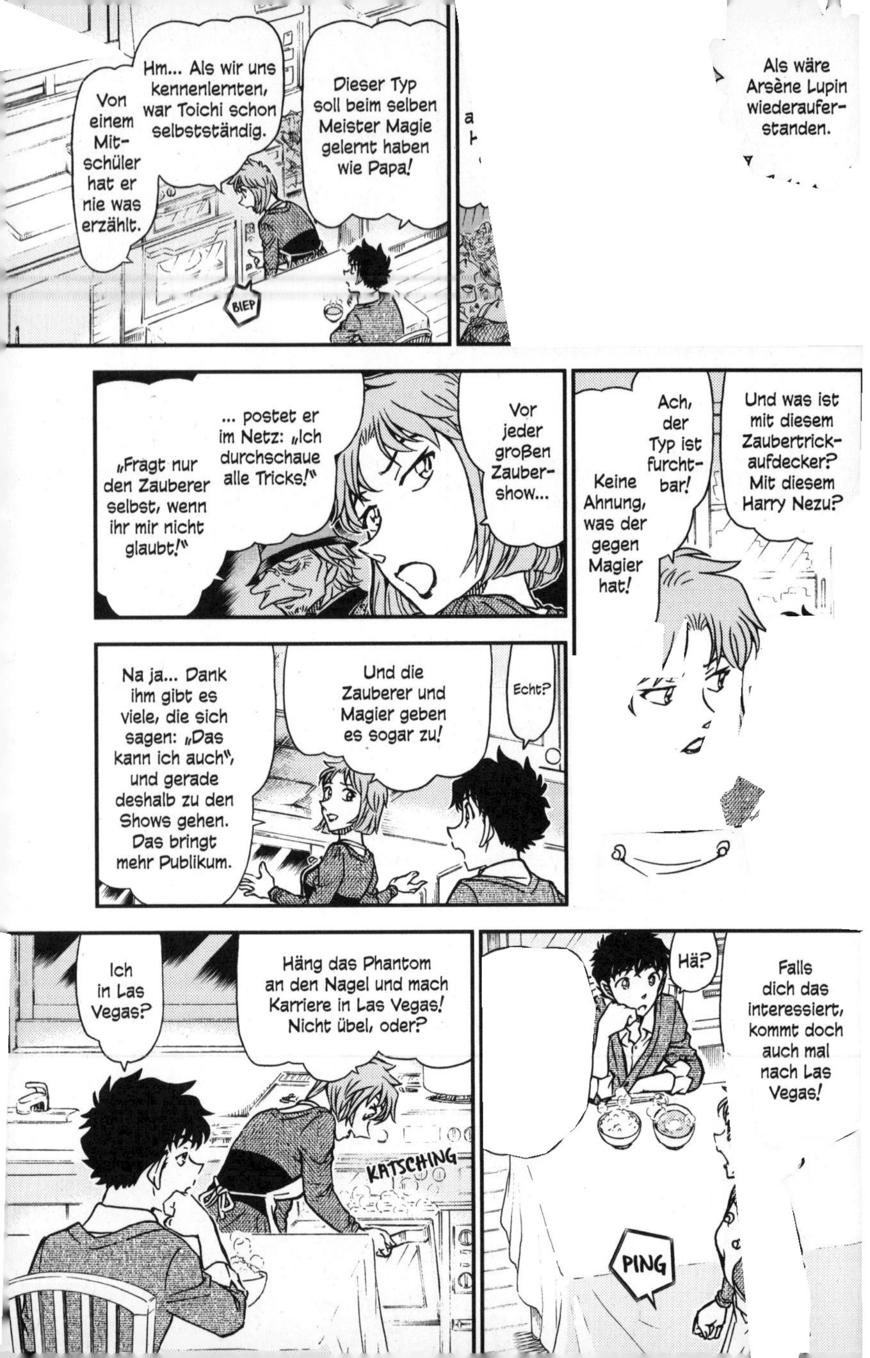
Als wäre Arsène Lupin wiederauferstanden.
Dieser Typ soll beim selben Meister Magie gelernt haben wie Papa!
Hm... Als wir uns kennenlernten, war Toichi schon selbstständig.
Von einem Mitschüler hat er nie was erzählt.
BIEP
Und was ist mit diesem Zaubertrickaufdecker? Mit diesem Harry Nezu?
Ach, der Typ ist furchtbar!
Keine Ahnung, was der gegen Magier hat!
Vor jeder großen Zaubershow...
... postet er im Netz: „Ich durchschaue alle Tricks!“
„Fragt nur den Zauberer selbst, wenn ihr mir nicht glaubt!“
Echt?
Und die Zauberer und Magier geben es sogar zu!
Na ja... Dank ihm gibt es viele, die sich sagen: „Das kann ich auch“, und gerade deshalb zu den Shows gehen. Das bringt mehr Publikum.
Falls dich das interessiert, kommt doch auch mal nach Las Vegas!
Hä?
PING
Häng das Phantom an den Nagel und mach Karriere in Las Vegas! Nicht übel, oder?
Ich in Las Vegas?
KATSCHING

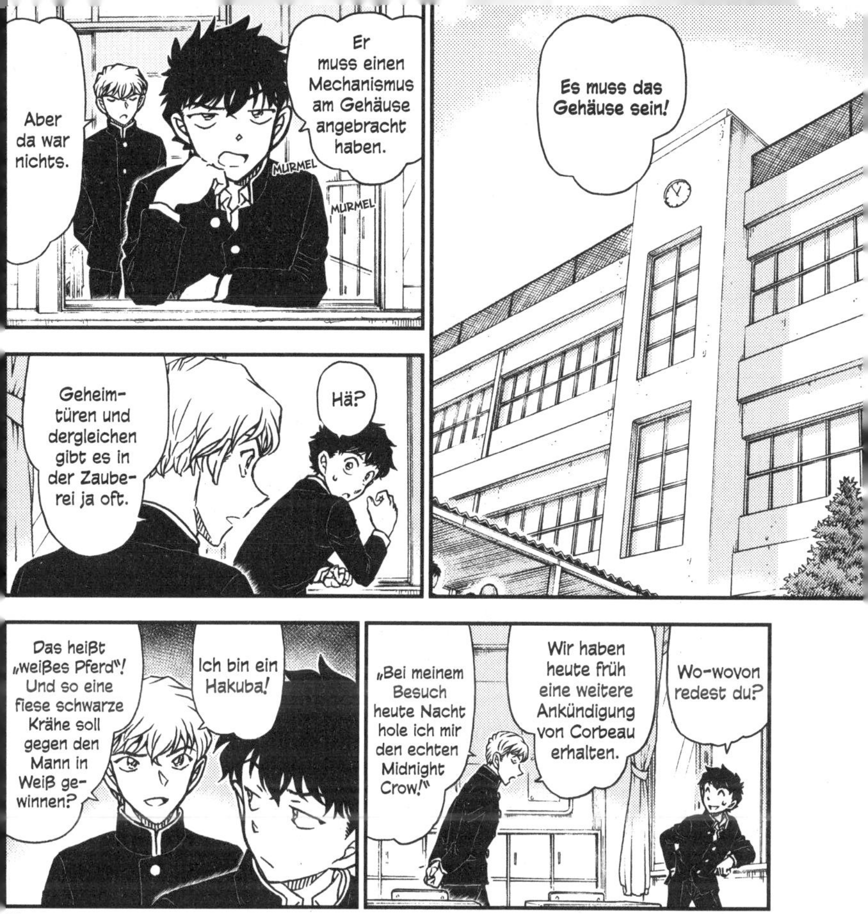
Es muss das Gehäuse sein!
Er muss einen Mechanismus am Gehäuse angebracht haben.
MURMEL
MURMEL
Aber da war nichts.
Hä?
Geheimtüren und dergleichen gibt es in der Zauberei ja oft.
Wo-wovon redest du?
Wir haben heute früh eine weitere Ankündigung von Corbeau erhalten.
„Bei meinem Besuch heute Nacht hole ich mir den echten Midnight Crow!“
Ich bin ein Hakuba!
Das heißt „weißes Pferd“! Und so eine fiese schwarze Krähe soll gegen den Mann in Weiß gewinnen?

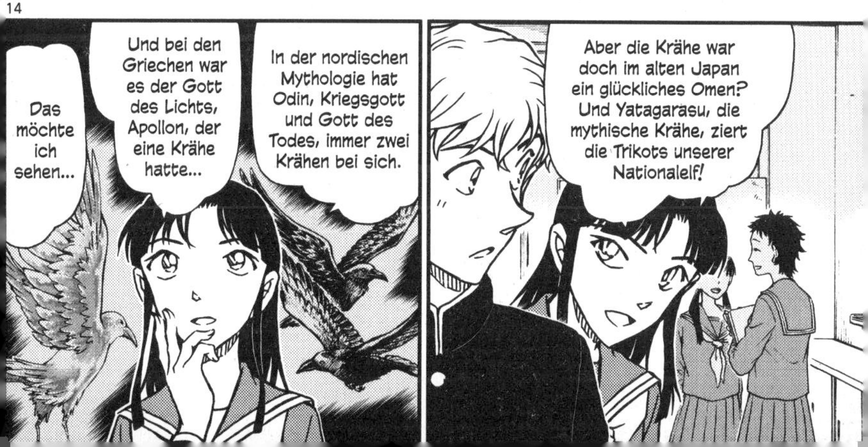
Aber die Krähe war doch im alten Japan ein glückliches Omen? Und Yatagarasu, die mythische Krähe, ziert die Trikots unserer Nationalelf!
In der nordischen Mythologie hat Odin, Kriegsgott und Gott des Todes, immer zwei Krähen bei sich.
Und bei den Griechen war es der Gott des Lichts, Apollon, der eine Krähe hatte...
Das möchte ich sehen...

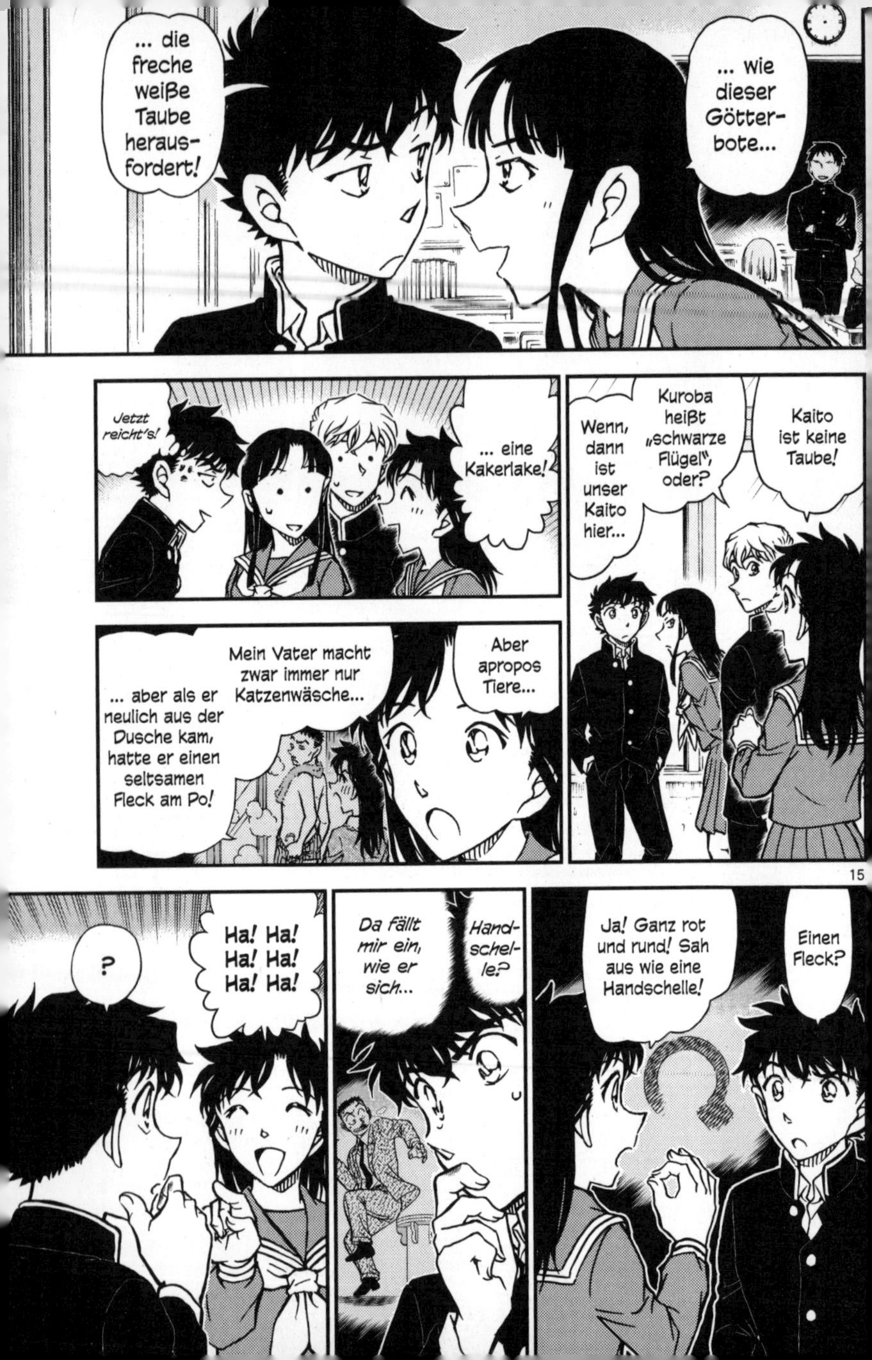
... wie dieser Götterbote...
... die freche weiße Taube herausfordert!
Kaito ist keine Taube!
Kuroba heißt „schwarze Flügel", oder?
Wenn, dann ist unser Kaito hier...
... eine Kakerlake!
Jetzt reicht's!
Aber apropos Tiere...
Mein Vater macht zwar immer nur Katzenwäsche...
... aber als er neulich aus der Dusche kam, hatte er einen seltsamen Fleck am Po!
Einen Fleck?
Ja! Ganz rot und rund! Sah aus wie eine Handschelle!
Handschelle?
Da fällt mir ein, wie er sich...
Ha! Ha! Ha! Ha! Ha! Ha!
?

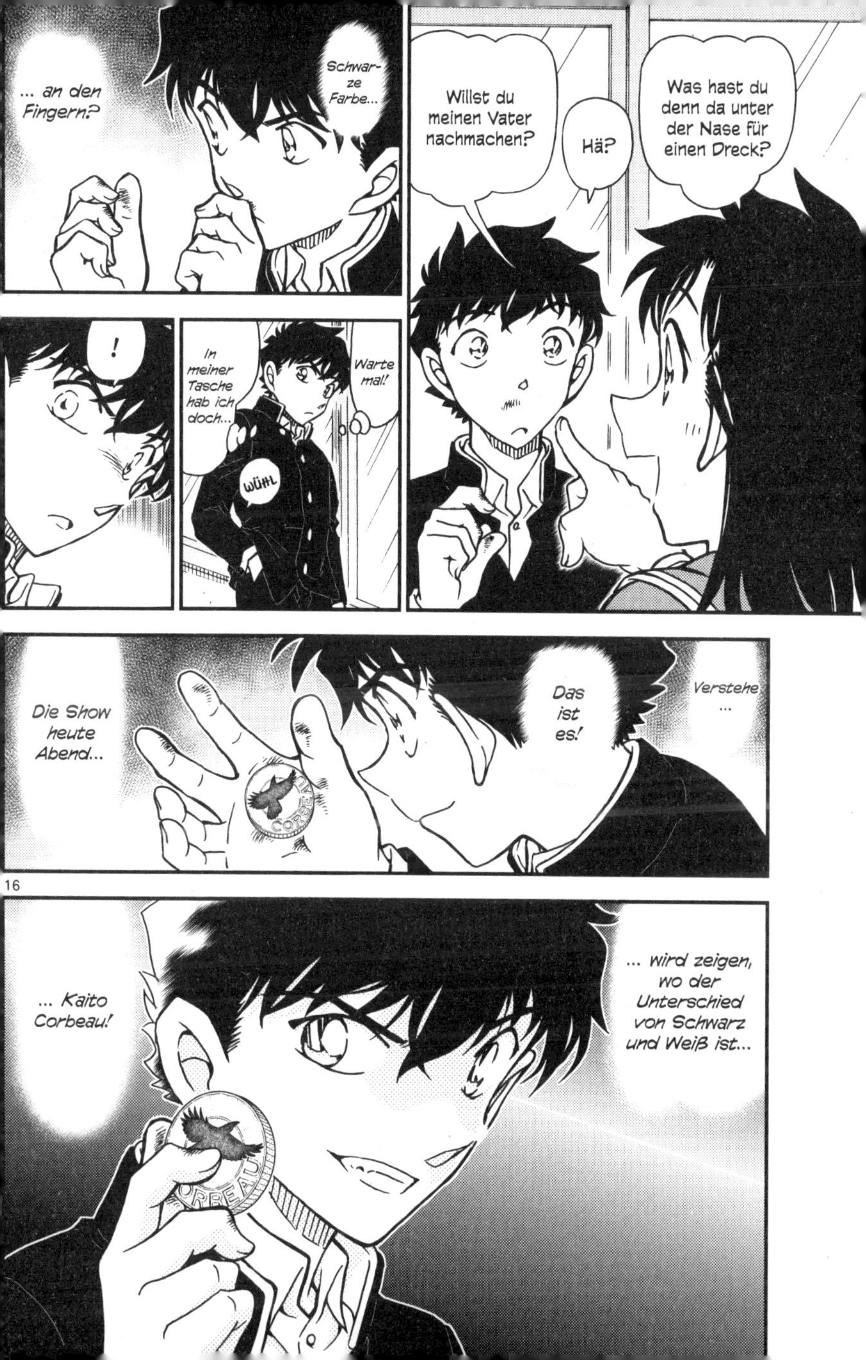

Was hast du denn da unter der Nase für einen Dreck?
Hä?
Willst du meinen Vater nachmachen?
Schwarze Farbe...
... an den Fingern?
Warte mal!
In meiner Tasche hab ich doch...
WÜHL
!
Verstehe ...
Das ist es!
Die Show heute Abend...
CORBEAU
... wird zeigen, wo der Unterschied von Schwarz und Weiß ist...
... Kaito Corbeau!
CORBEAU

16

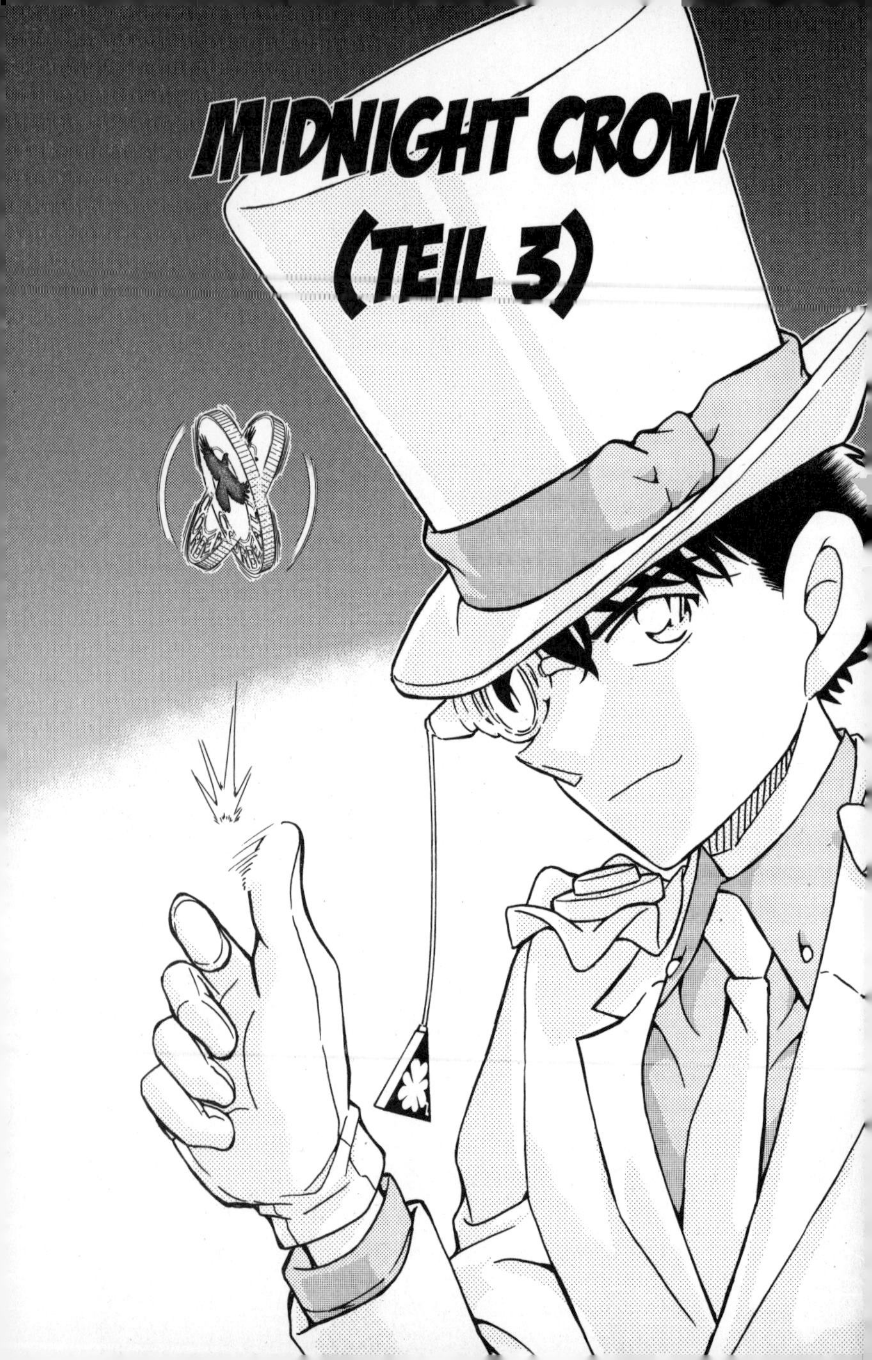
MIDNIGHT CROW
(TEIL 3)

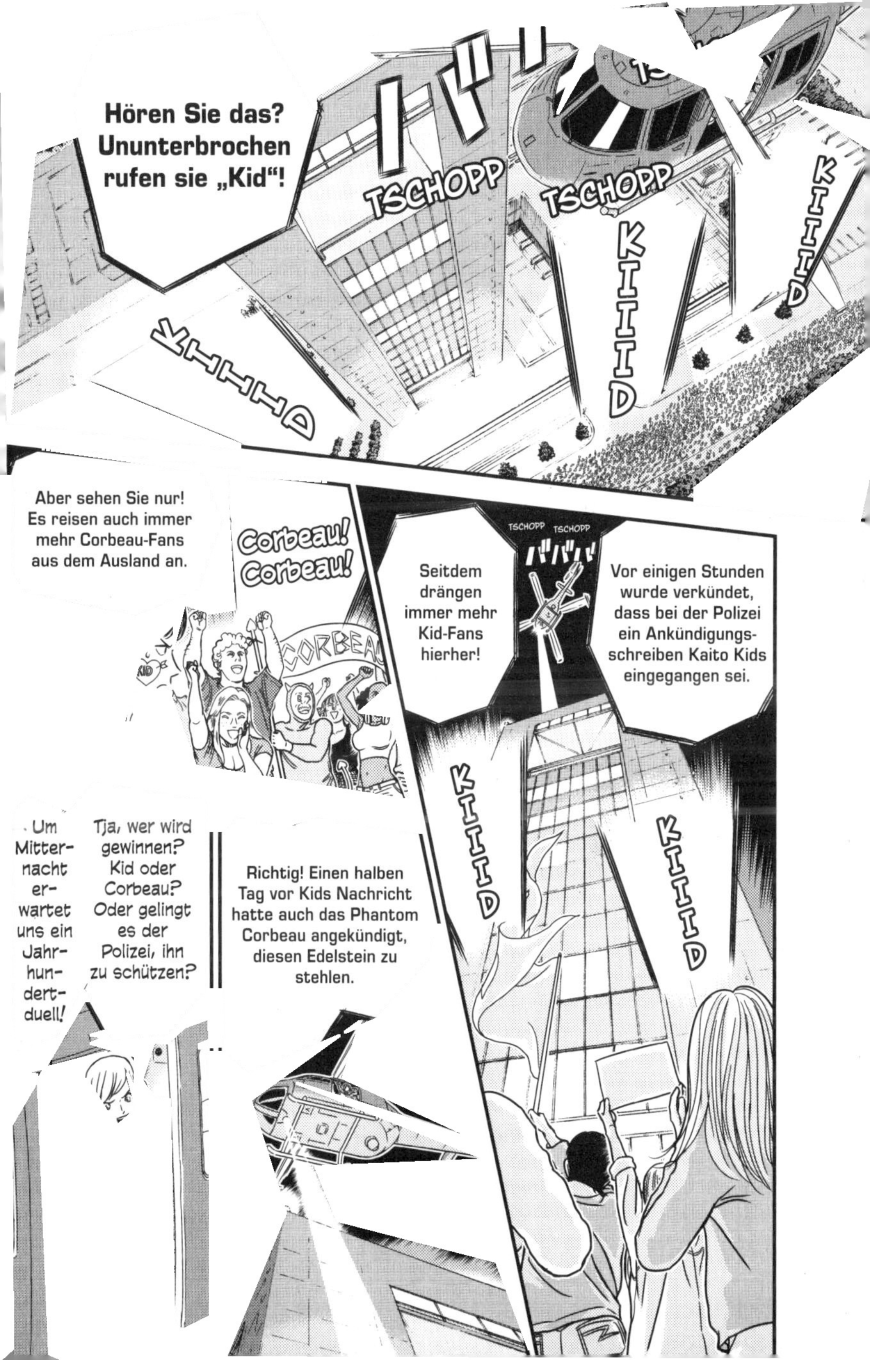
Hören Sie das? Ununterbrochen rufen sie „Kid“!
TSCHOPP
TSCHOPP
KIIIID
KIIIID
KIIIID
Vor einigen Stunden wurde verkündet, dass bei der Polizei ein Ankündigungs-schreiben Kaito Kids eingegangen sei.
TSCHOPP TSCHOPP
Seitdem drängen immer mehr Kid-Fans hierher!
Aber sehen Sie nur! Es reisen auch immer mehr Corbeau-Fans aus dem Ausland an.
Corbeau! Corbeau!
KIIIID
KIIIID
Richtig! Einen halben Tag vor Kids Nachricht hatte auch das Phantom Corbeau angekündigt, diesen Edelstein zu stehlen.
Tja, wer wird gewinnen? Kid oder Corbeau? Oder gelingt es der Polizei, ihn zu schützen?
Um Mitter-nacht er-wartet uns ein Jahr-hun-dert-duell!

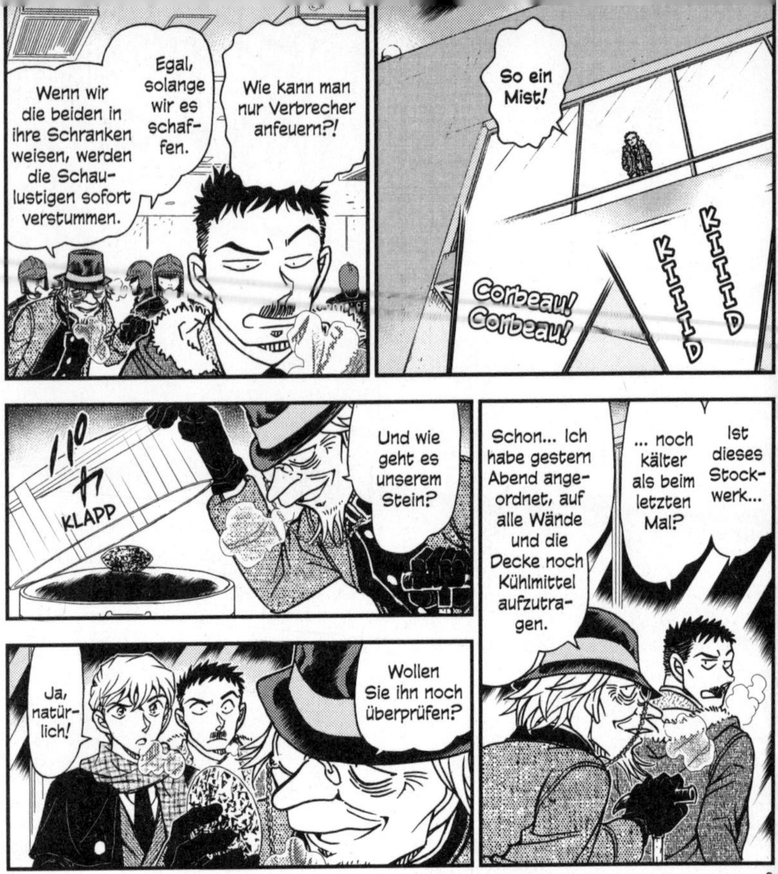
So ein Mist!
Corbeau! Corbeau!
KIIIID
KIIID
Wie kann man nur Verbrecher anfeuern?!
Egal, solange wir es schaffen.
Wenn wir die beiden in ihre Schranken weisen, werden die Schaulustigen sofort verstummen.
Ist dieses Stockwerk...
... noch kälter als beim letzten Mal?
Schon... Ich habe gestern Abend angeordnet, auf alle Wände und die Decke noch Kühlmittel aufzutragen.
Und wie geht es unserem Stein?
KLAPP
Wollen Sie ihn noch überprüfen?
Ja, natürlich!

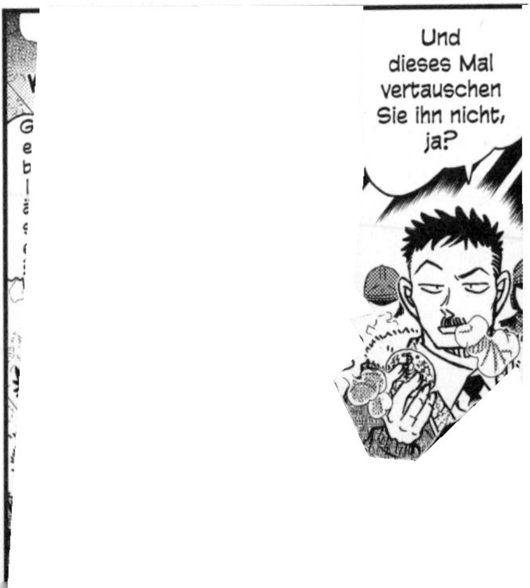
Und dieses Mal vertauschen Sie ihn nicht, ja?

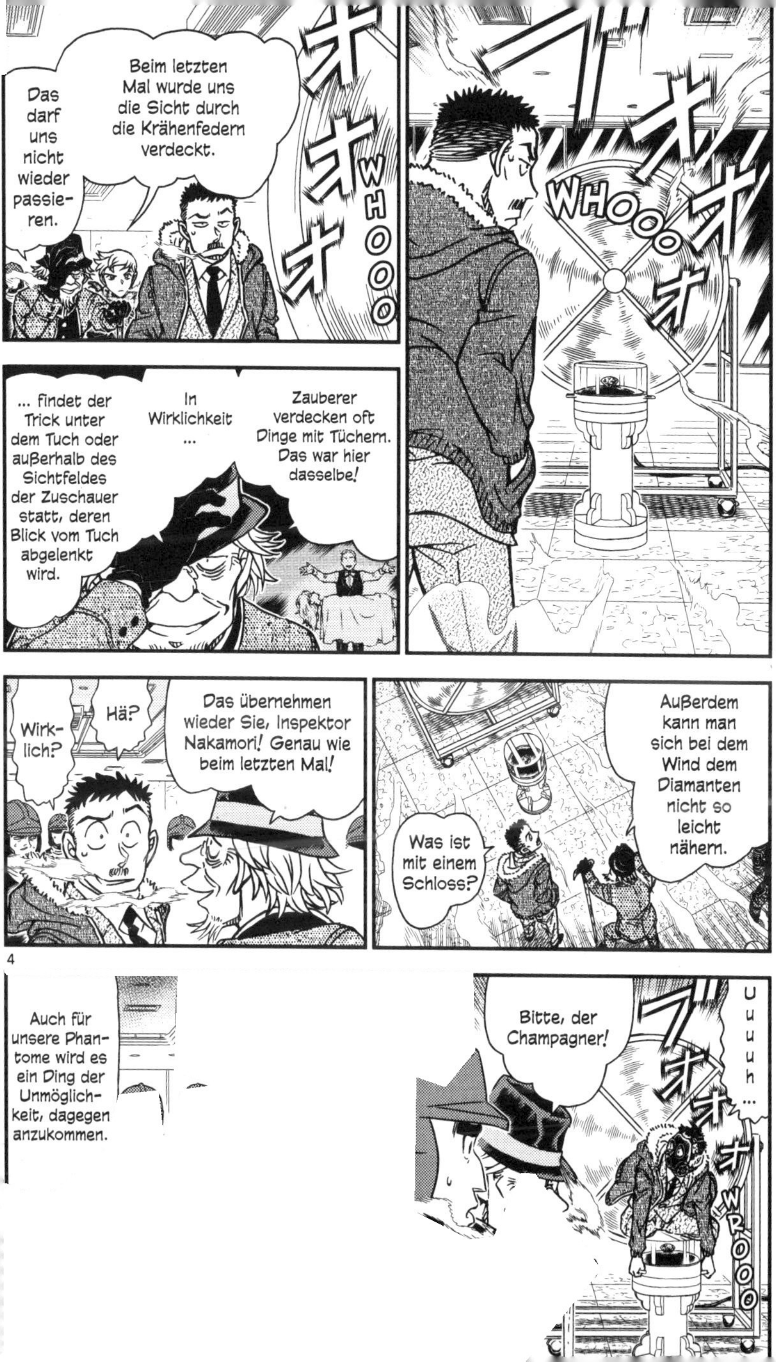
WHOOO
WHOOO
Beim letzten Mal wurde uns die Sicht durch die Krähenfedern verdeckt.
Das darf uns nicht wieder passieren.
Zauberer verdecken oft Dinge mit Tüchern. Das war hier dasselbe!
In Wirklichkeit ...
... findet der Trick unter dem Tuch oder außerhalb des Sichtfeldes der Zuschauer statt, deren Blick vom Tuch abgelenkt wird.
Außerdem kann man sich bei dem Wind dem Diamanten nicht so leicht nähern.
Was ist mit einem Schloss?
Das übernehmen wieder Sie, Inspektor Nakamori! Genau wie beim letzten Mal!
Hä?
Wirklich?
Uuuuh ...
Bitte, der Champagner!
WROOOO
Auch für unsere Phantome wird es ein Ding der Unmöglichkeit, dagegen anzukommen.

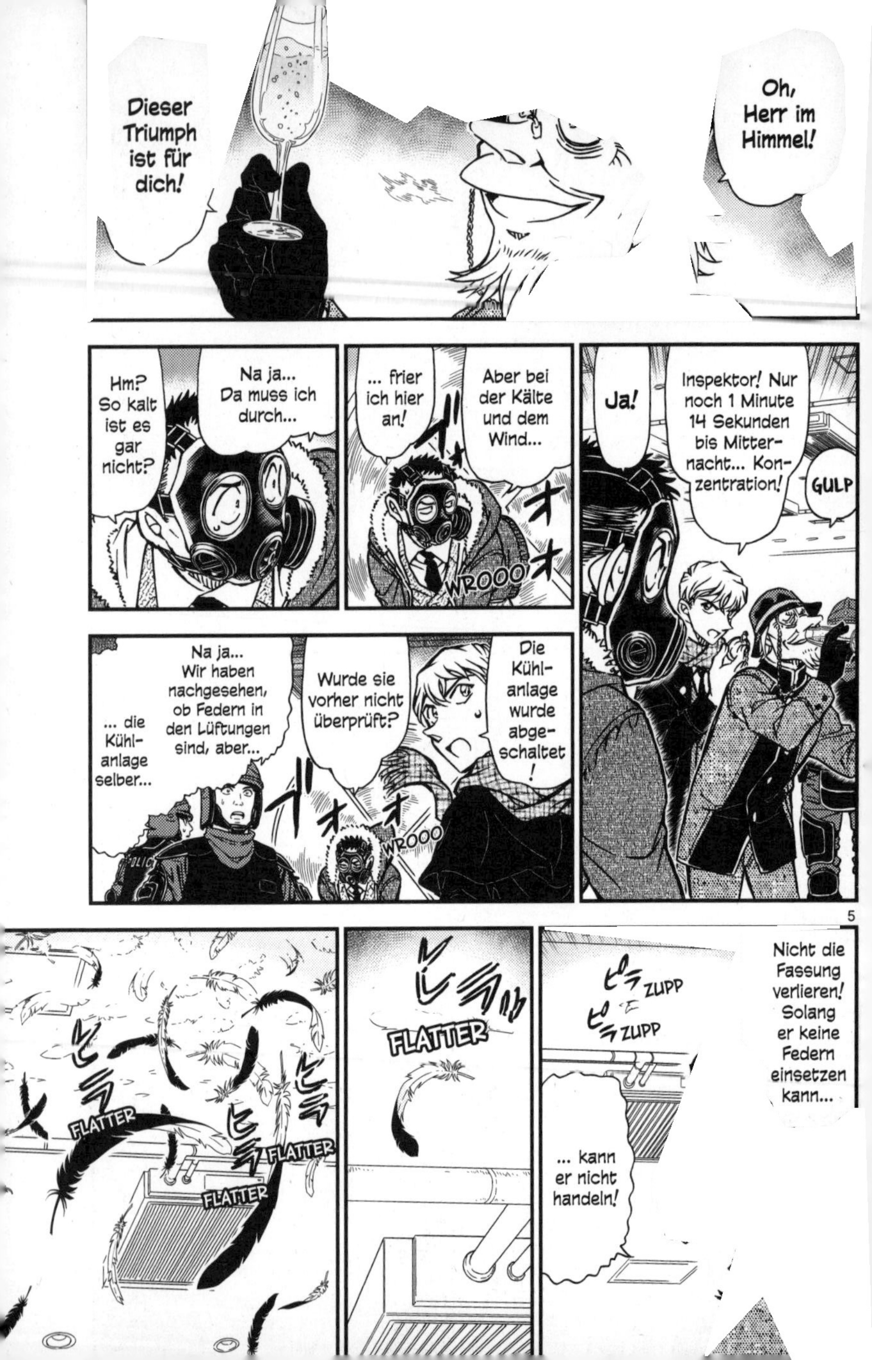

Oh, Herr im Himmel!
Dieser Triumph ist für dich!
Inspektor! Nur noch 1 Minute 14 Sekunden bis Mitter-nacht... Kon-zentration!
Ja!
GULP
Aber bei der Kälte und dem Wind...
... frier ich hier an!
WROOO
Na ja... Da muss ich durch...
Hm? So kalt ist es gar nicht?
Die Kühl-anlage wurde abge-schaltet!
Wurde sie vorher nicht überprüft?
Na ja... Wir haben nachgesehen, ob Federn in den Lüftungen sind, aber...
... die Kühl-anlage selber...
WROOO
Nicht die Fassung verlieren! Solang er keine Federn einsetzen kann...
ZUPP
ZUPP
... kann er nicht handeln!
FLATTER
FLATTER
FLATTER
FLATTER

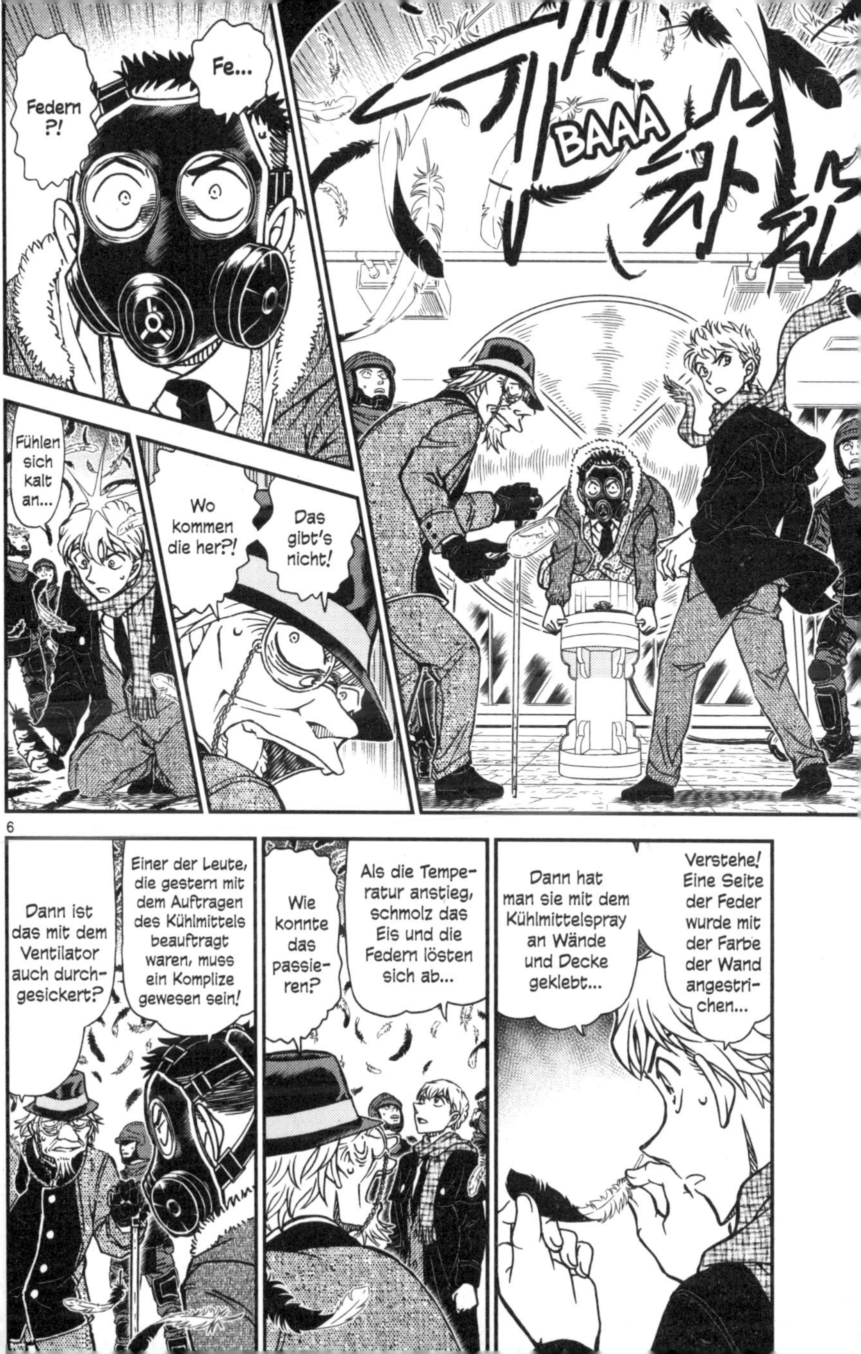
BAAA
Fe...
Federn ?!
Das gibt's nicht!
Wo kommen die her?!
Fühlen sich kalt an...
Verstehe! Eine Seite der Feder wurde mit der Farbe der Wand angestrichen...
Dann hat man sie mit dem Kühlmittelspray an Wände und Decke geklebt...
Als die Temperatur anstieg, schmolz das Eis und die Federn lösten sich ab...
Wie konnte das passieren?
Einer der Leute, die gestern mit dem Auftragen des Kühlmittels beauftragt waren, muss ein Komplize gewesen sein!
Dann ist das mit dem Ventilator auch durchgesickert?

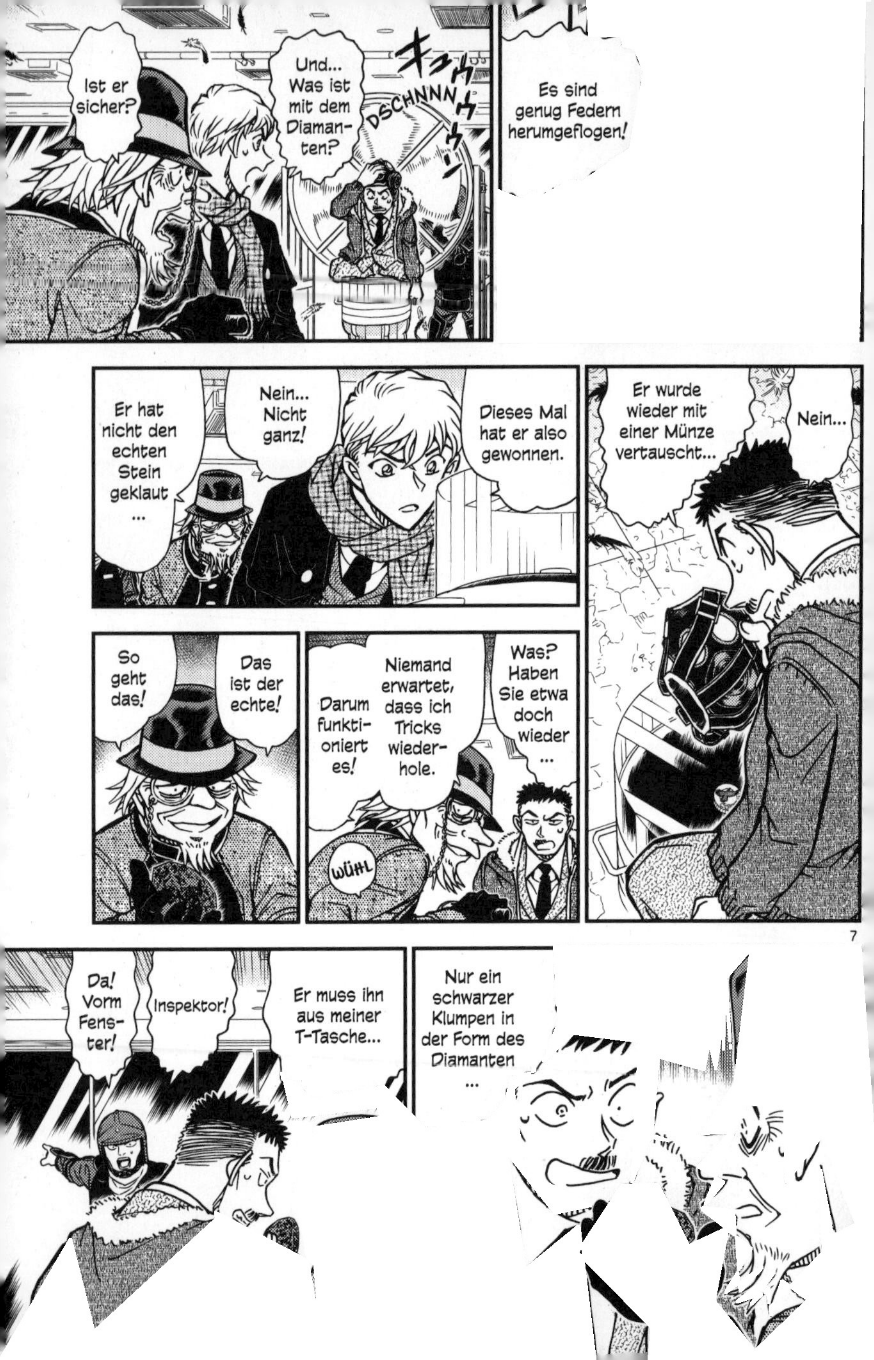
Es sind genug Federn herumgeflogen!
Und... Was ist mit dem Diamanten?
DSCHNNN
Ist er sicher?
Nein...
Er wurde wieder mit einer Münze vertauscht...
Dieses Mal hat er also gewonnen.
Nein... Nicht ganz!
Er hat nicht den echten Stein geklaut ...
Was? Haben Sie etwa doch wieder ...
Niemand erwartet, dass ich Tricks wiederhole.
Darum funktioniert es!
WÜHL
Das ist der echte!
So geht das!
Nur ein schwarzer Klumpen in der Form des Diamanten ...
Er muss ihn aus meiner T-Tasche...
Inspektor!
Da! Vorm Fenster!

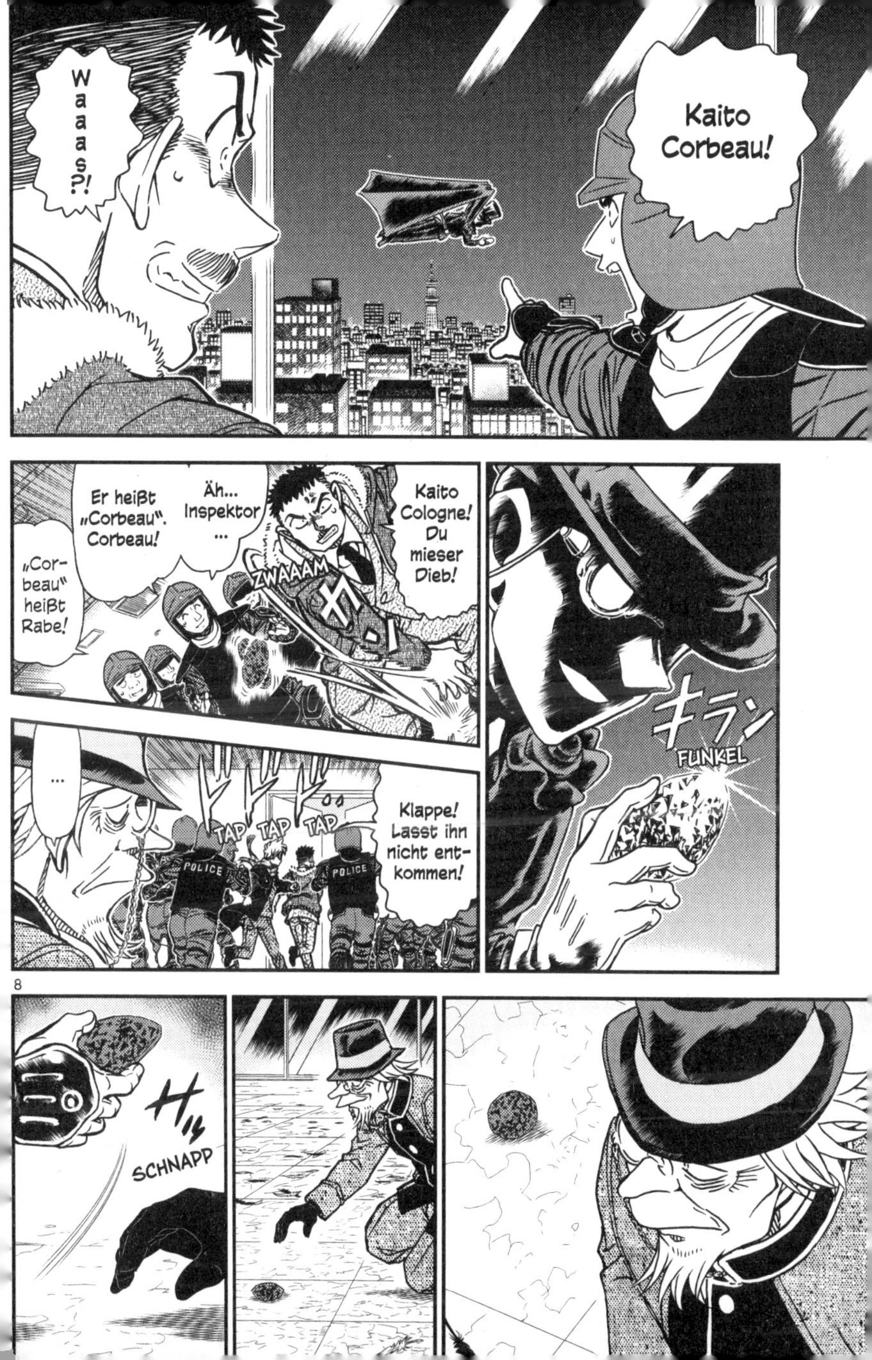
Kaito Corbeau!
Waaaas?!
キラン
FUNKEL
Kaito Cologne! Du mieser Dieb!
Äh... Inspektor ...
Er heißt „Corbeau". Corbeau!
„Corbeau" heißt Rabe!
ZWAAAM
Klappe! Lasst ihn nicht entkommen!
TAP TAP TAP
...
SCHNAPP

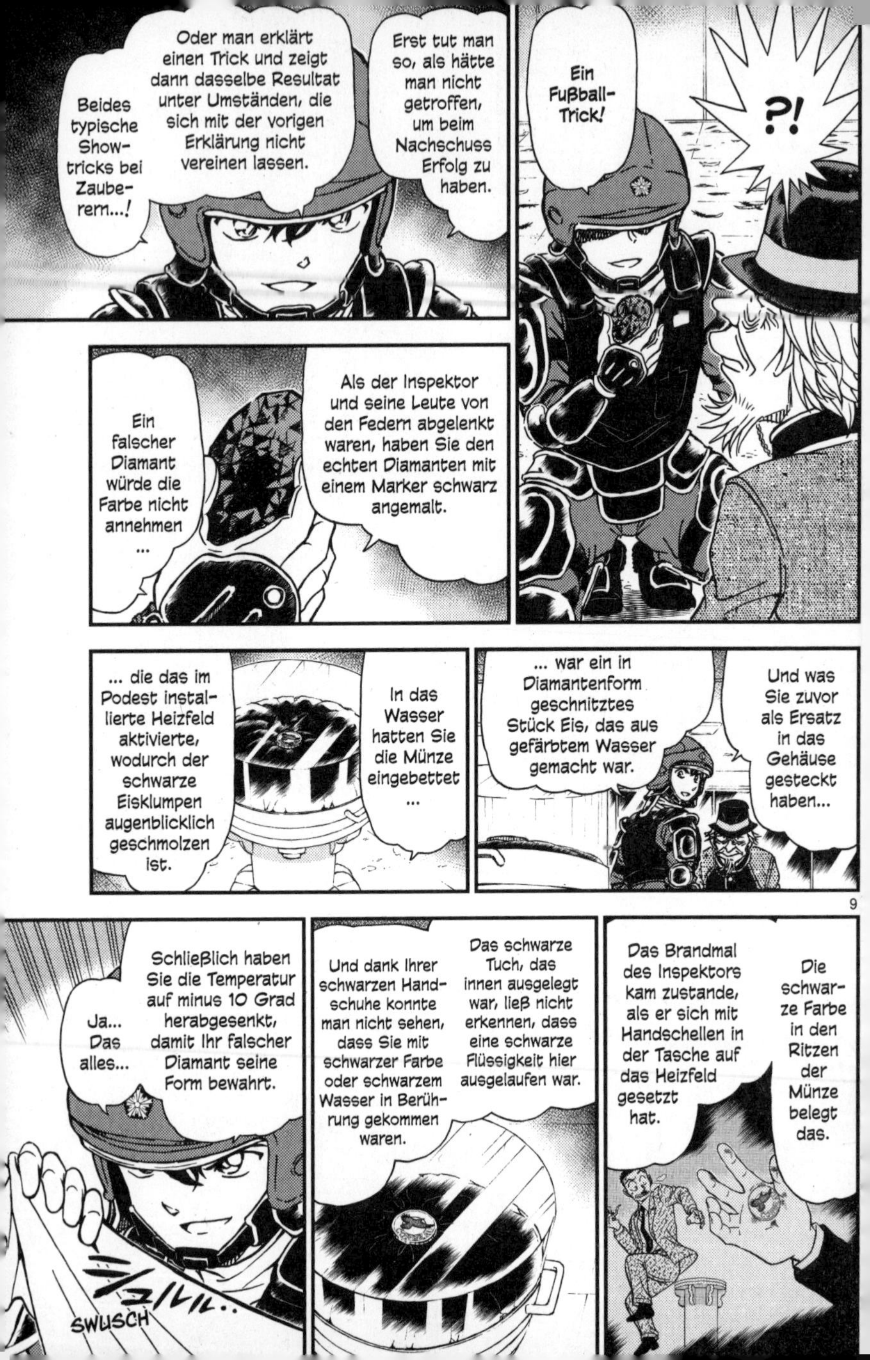
?!
Ein Fußball-Trick!
Erst tut man so, als hätte man nicht getroffen, um beim Nachschuss Erfolg zu haben.
Oder man erklärt einen Trick und zeigt dann dasselbe Resultat unter Umständen, die sich mit der vorigen Erklärung nicht vereinen lassen.
Beides typische Show-tricks bei Zaube-rern...!
Als der Inspektor und seine Leute von den Federn abgelenkt waren, haben Sie den echten Diamanten mit einem Marker schwarz angemalt.
Ein falscher Diamant würde die Farbe nicht annehmen ...
Und was Sie zuvor als Ersatz in das Gehäuse gesteckt haben...
... war ein in Diamantenform geschnitztes Stück Eis, das aus gefärbtem Wasser gemacht war.
In das Wasser hatten Sie die Münze eingebettet ...
... die das im Podest instal-lierte Heizfeld aktivierte, wodurch der schwarze Eisklumpen augenblicklich geschmolzen ist.
9
Die schwar-ze Farbe in den Ritzen der Münze belegt das.
Das Brandmal des Inspektors kam zustande, als er sich mit Handschellen in der Tasche auf das Heizfeld gesetzt hat.
Das schwarze Tuch, das innen ausgelegt war, ließ nicht erkennen, dass eine schwarze Flüssigkeit hier ausgelaufen war.
Und dank Ihrer schwarzen Hand-schuhe konnte man nicht sehen, dass Sie mit schwarzer Farbe oder schwarzem Wasser in Berüh-rung gekommen waren.
Schließlich haben Sie die Temperatur auf minus 10 Grad herabgesenkt, damit Ihr falscher Diamant seine Form bewahrt.
Ja... Das alles...
SWUSCH

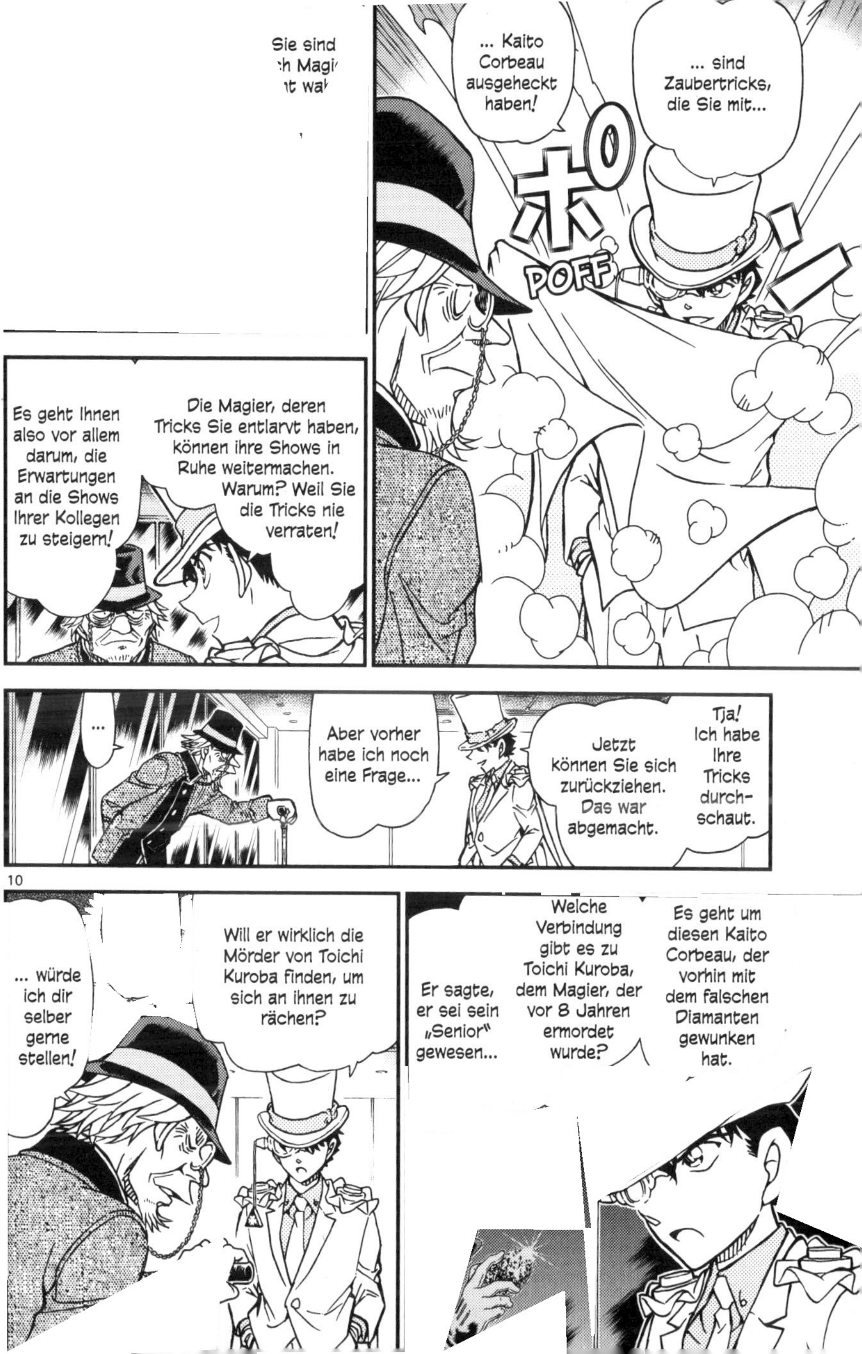
... sind Zaubertricks, die Sie mit...
... Kaito Corbeau ausgeheckt haben!
POFF
Sie sind
:h Magi
ıt wa
Die Magier, deren Tricks Sie entlarvt haben, können ihre Shows in Ruhe weitermachen. Warum? Weil Sie die Tricks nie verraten!
Es geht Ihnen also vor allem darum, die Erwartungen an die Shows Ihrer Kollegen zu steigern!
Tja! Ich habe Ihre Tricks durchschaut.
Jetzt können Sie sich zurückziehen. Das war abgemacht.
Aber vorher habe ich noch eine Frage...
...
Es geht um diesen Kaito Corbeau, der vorhin mit dem falschen Diamanten gewunken hat.
Welche Verbindung gibt es zu Toichi Kuroba, dem Magier, der vor 8 Jahren ermordet wurde?
Er sagte, er sei sein „Senior" gewesen...
Will er wirklich die Mörder von Toichi Kuroba finden, um sich an ihnen zu rächen?
... würde ich dir selber gerne stellen!

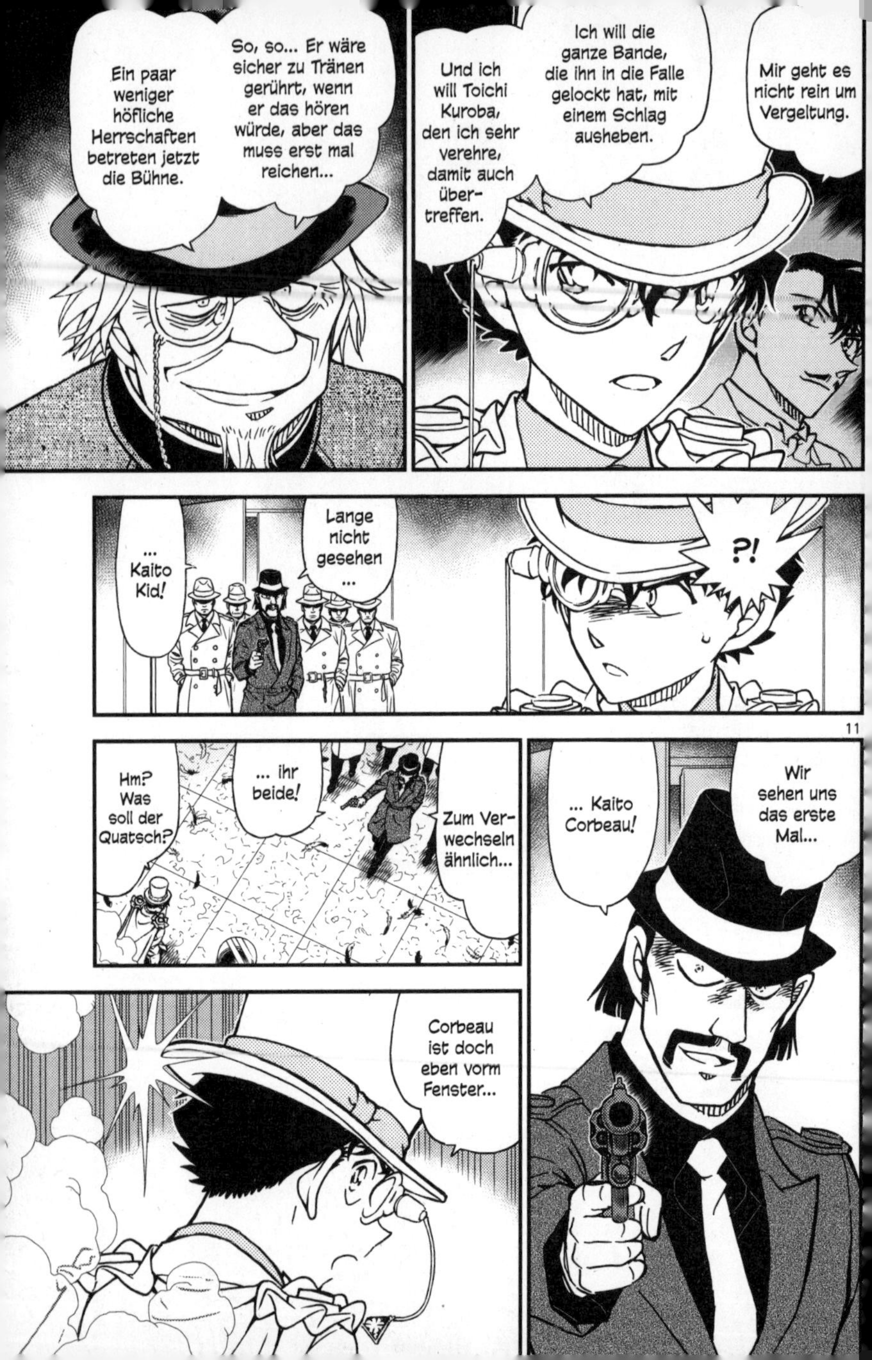
Mir geht es nicht rein um Vergeltung.
Ich will die ganze Bande, die ihn in die Falle gelockt hat, mit einem Schlag ausheben.
Und ich will Toichi Kuroba, den ich sehr verehre, damit auch über-treffen.
So, so... Er wäre sicher zu Tränen gerührt, wenn er das hören würde, aber das muss erst mal reichen...
Ein paar weniger höfliche Herrschaften betreten jetzt die Bühne.
?!
Lange nicht gesehen ...
... Kaito Kid!
Wir sehen uns das erste Mal...
... Kaito Corbeau!
Zum Verwechseln ähnlich...
... ihr beide!
Hm? Was soll der Quatsch?
Corbeau ist doch eben vorm Fenster...
11

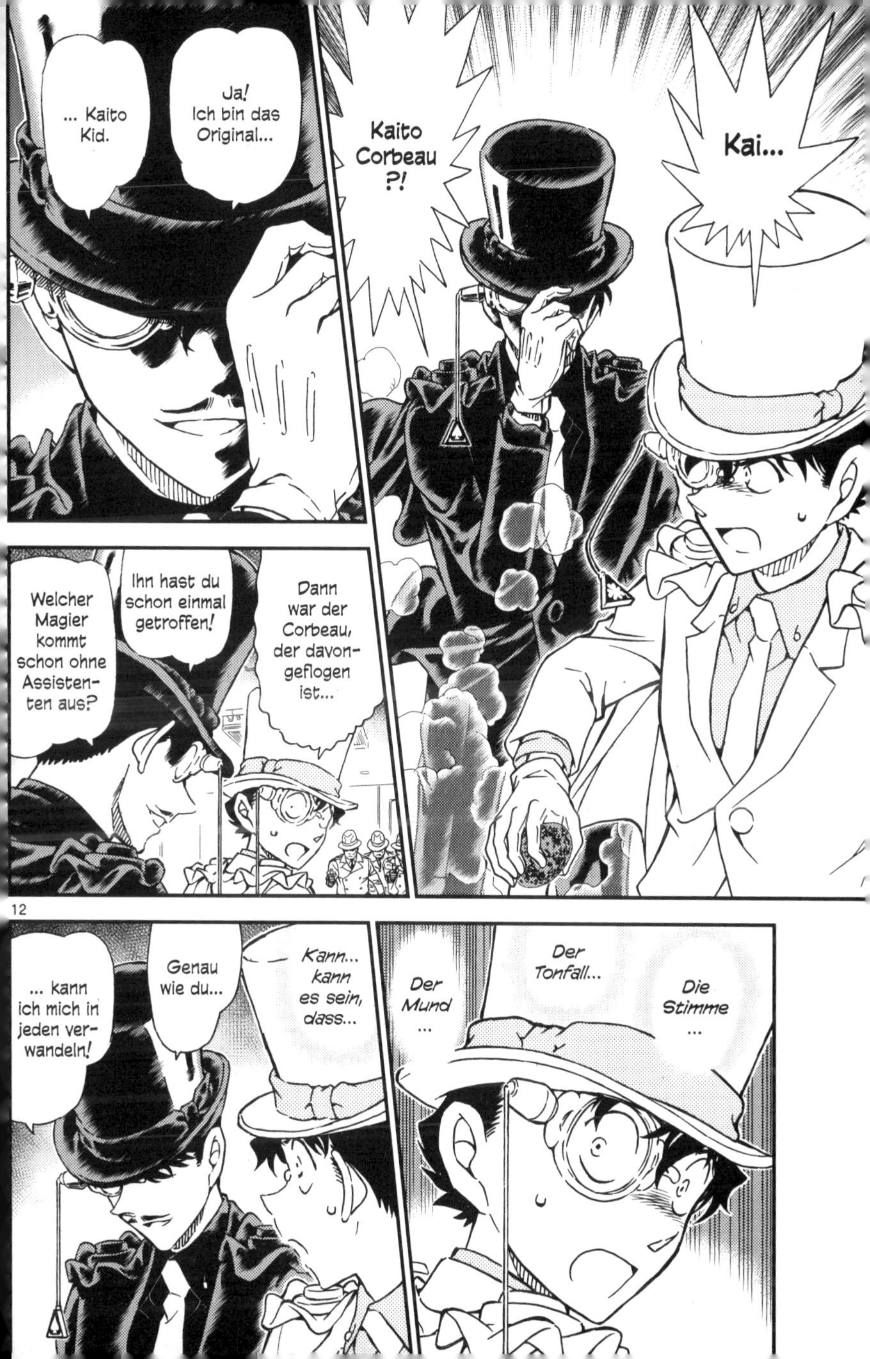
Kai...
Kaito Corbeau ?!
Ja! Ich bin das Original...
... Kaito Kid.
Dann war der Corbeau, der davongeflogen ist...
Ihn hast du schon einmal getroffen!
Welcher Magier kommt schon ohne Assistenten aus?
Die Stimme ...
Der Tonfall...
Der Mund ...
Kann... kann es sein, dass...
Genau wie du...
... kann ich mich in jeden verwandeln!

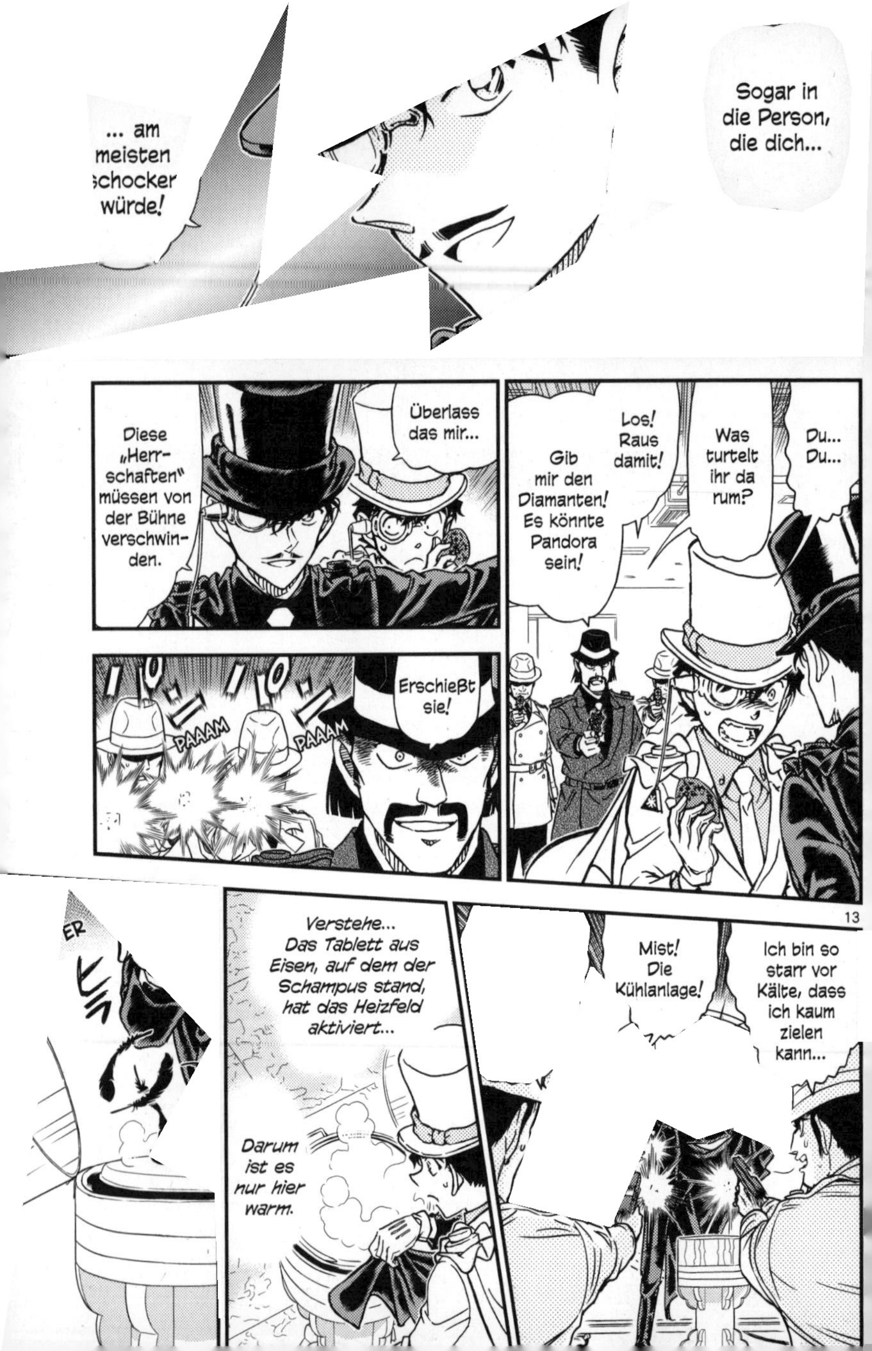
Sogar in die Person, die dich...
... am meisten schocker würde!
Du... Du...
Was turtelt ihr da rum?
Los! Raus damit!
Gib mir den Diamanten! Es könnte Pandora sein!
Überlass das mir...
Diese „Herrschaften" müssen von der Bühne verschwinden.
Erschießt sie!
PAAAM
PAAAM
Ich bin so starr vor Kälte, dass ich kaum zielen kann...
Mist! Die Kühlanlage!
Verstehe... Das Tablett aus Eisen, auf dem der Schampus stand, hat das Heizfeld aktiviert...
Darum ist es nur hier warm.

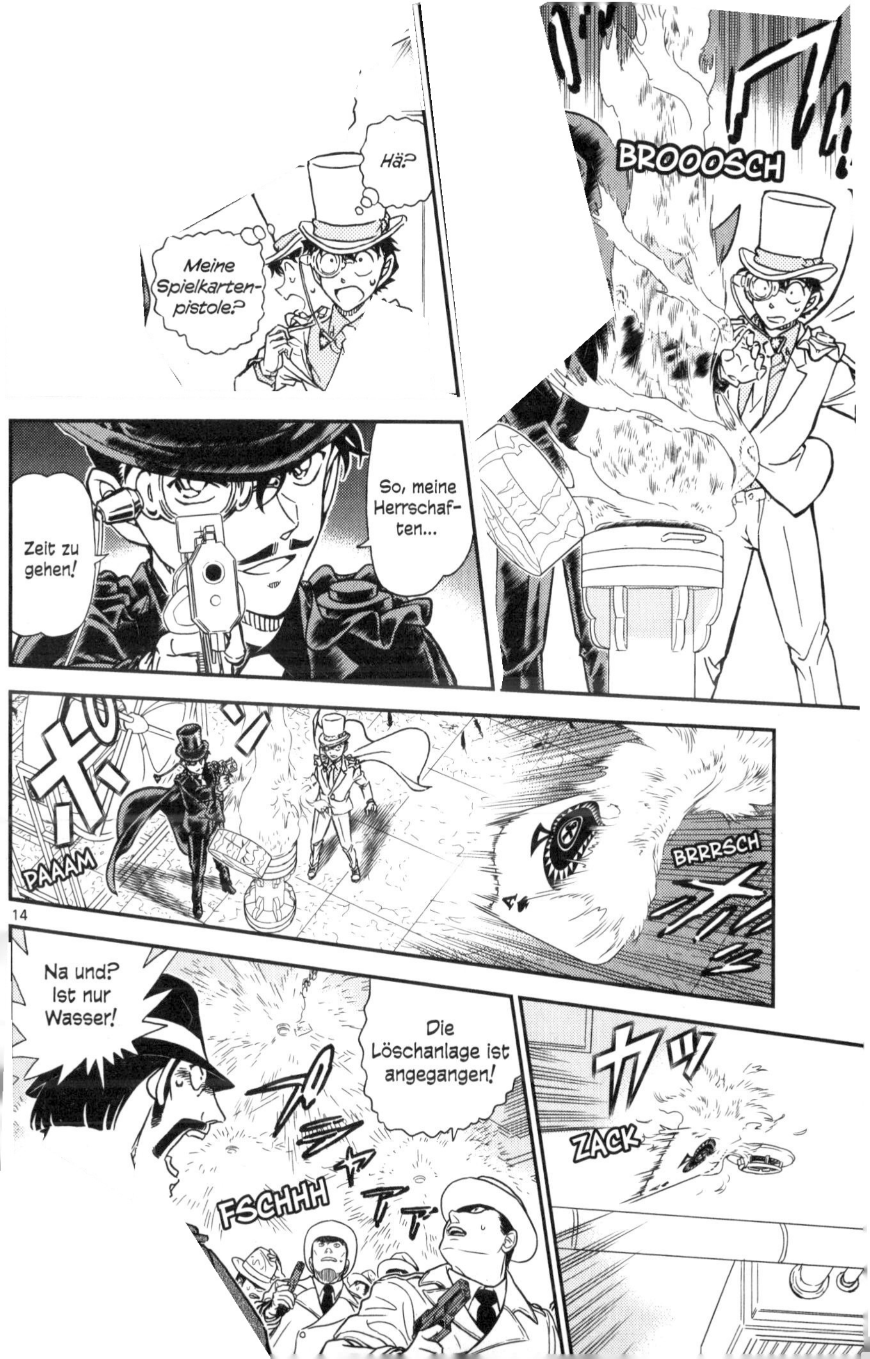
BROOOSCH
Hä?
Meine Spielkartenpistole?
So, meine Herrschaften...
Zeit zu gehen!
BRRRSCH
PAAAM
ZACK
Die Löschanlage ist angegangen!
FSCHHH
Na und? Ist nur Wasser!

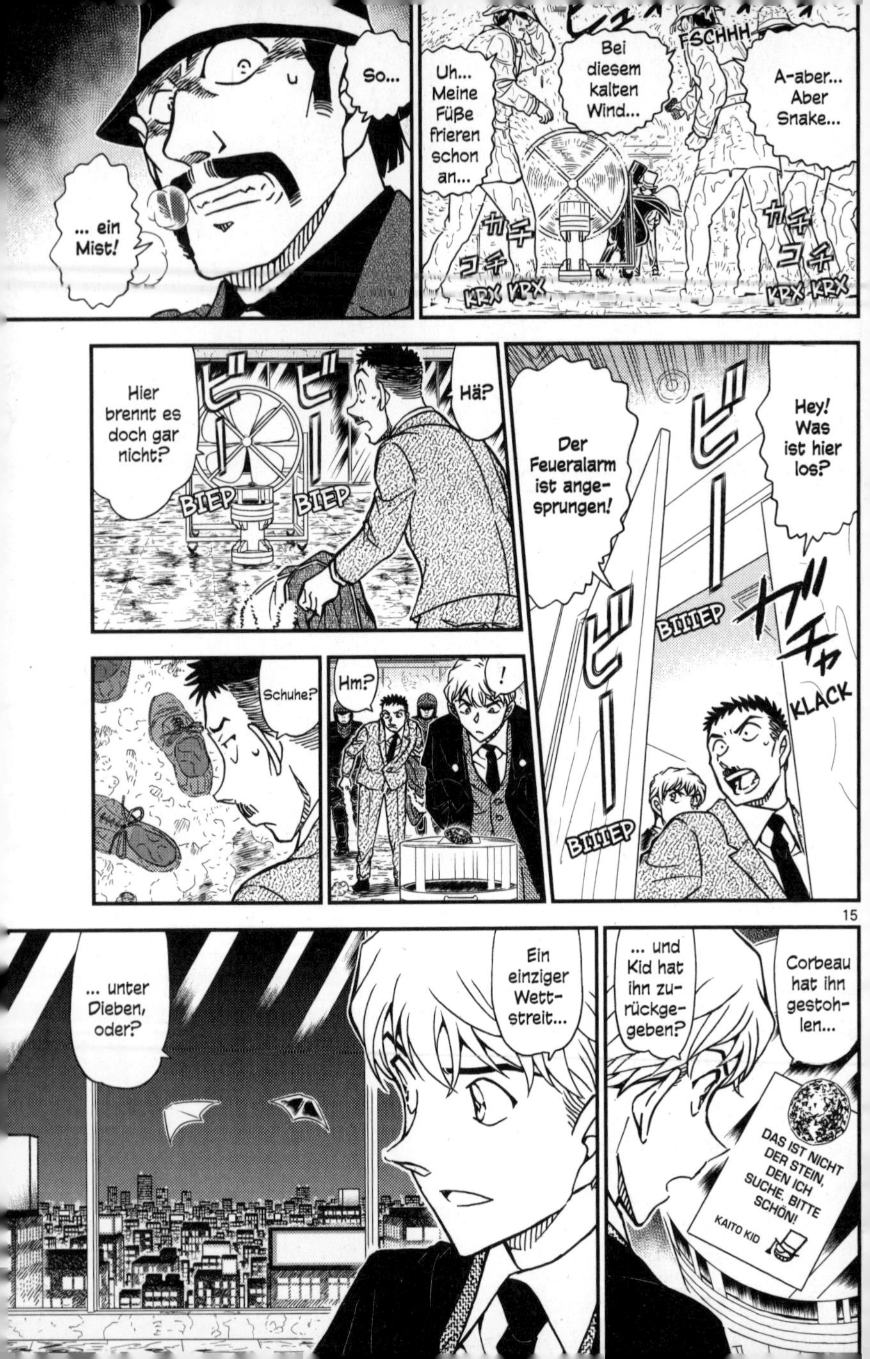

A-aber... Aber Snake...
FSCHHH
Bei diesem kalten Wind...
Uh... Meine Füße frieren schon an...
KRX KRX
KRX KRX
So...
... ein Mist!
Hey! Was ist hier los?
Der Feueralarm ist angesprungen!
BIIIEP
BIIIEP
KLACK
Hä?
Hier brennt es doch gar nicht?
BIEP
BIEP
!
Hm?
Schuhe?
Corbeau hat ihn gestohlen...
... und Kid hat ihn zurückgegeben?
DAS IST NICHT DER STEIN, DEN ICH SUCHE. BITTE SCHÖN!
KAITO KID
Ein einziger Wettstreit...
... unter Dieben, oder?

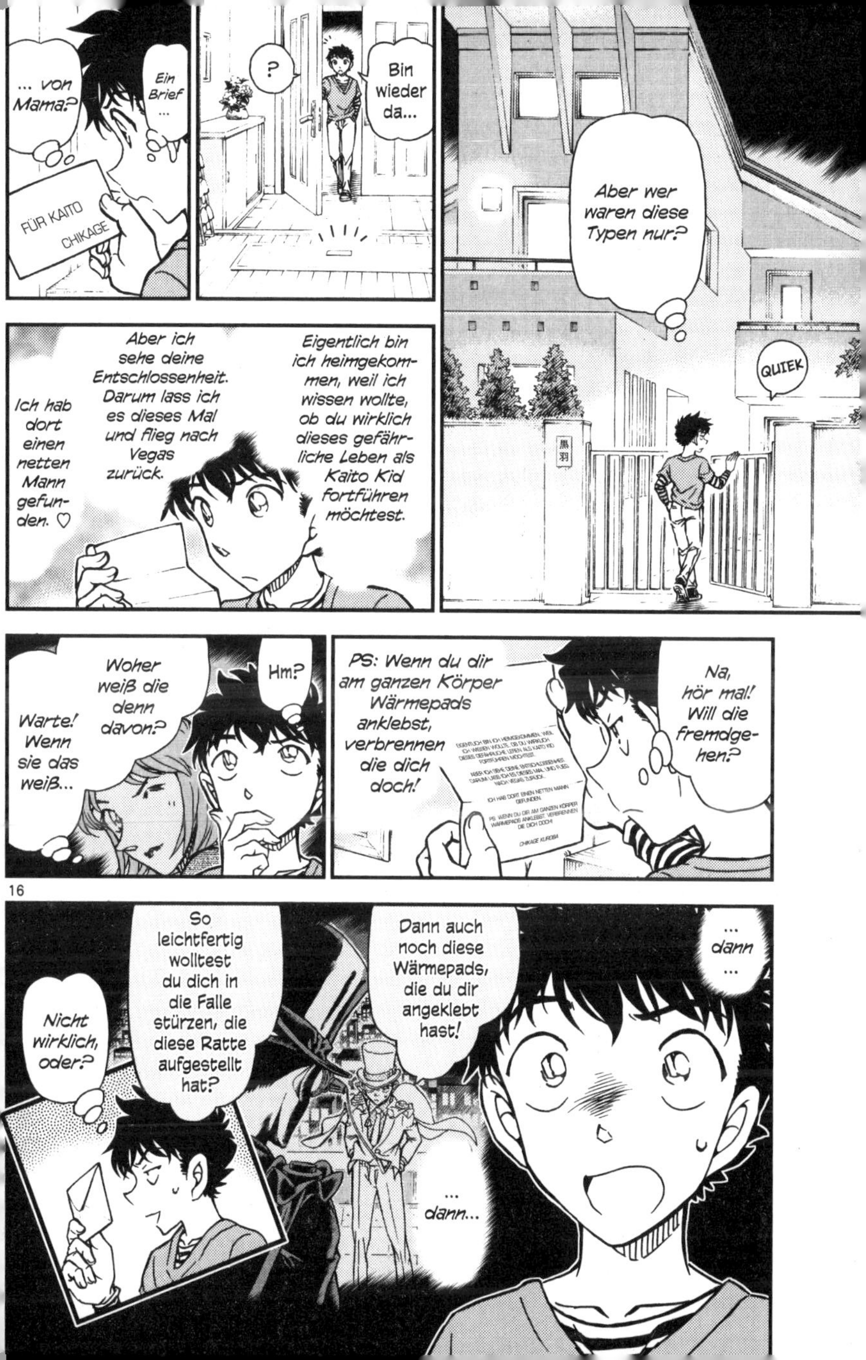

Aber wer waren diese Typen nur?
QUIEK
Bin wieder da...
?
Ein Brief ...
... von Mama?
FÜR KAITO
CHIKAGE
Eigentlich bin ich heimgekommen, weil ich wissen wollte, ob du wirklich dieses gefährliche Leben als Kaito Kid fortführen möchtest.
Aber ich sehe deine Entschlossenheit. Darum lass ich es dieses Mal und flieg nach Vegas zurück.
Ich hab dort einen netten Mann gefunden. ♡
Na, hör mal! Will die fremdgehen?
PS: Wenn du dir am ganzen Körper Wärmepads anklebst, verbrennen die dich doch!
Hm?
Woher weiß die denn davon?
Warte! Wenn sie das weiß...
... dann ...
Dann auch noch diese Wärmepads, die du dir angeklebt hast!
... dann...
So leichtfertig wolltest du dich in die Falle stürzen, die diese Ratte aufgestellt hat?
Nicht wirklich, oder?

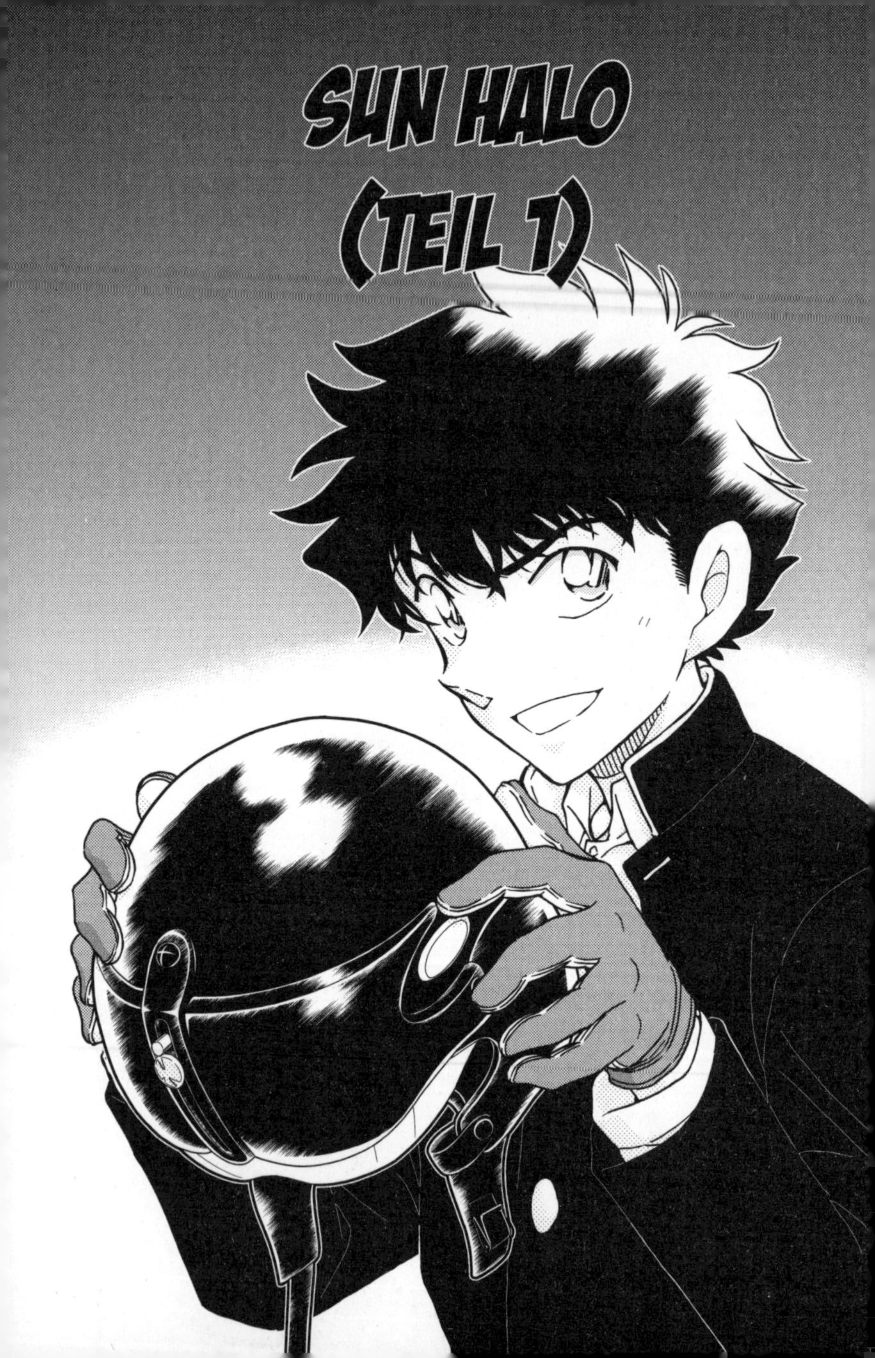
SUN HALO
(TEIL 1)

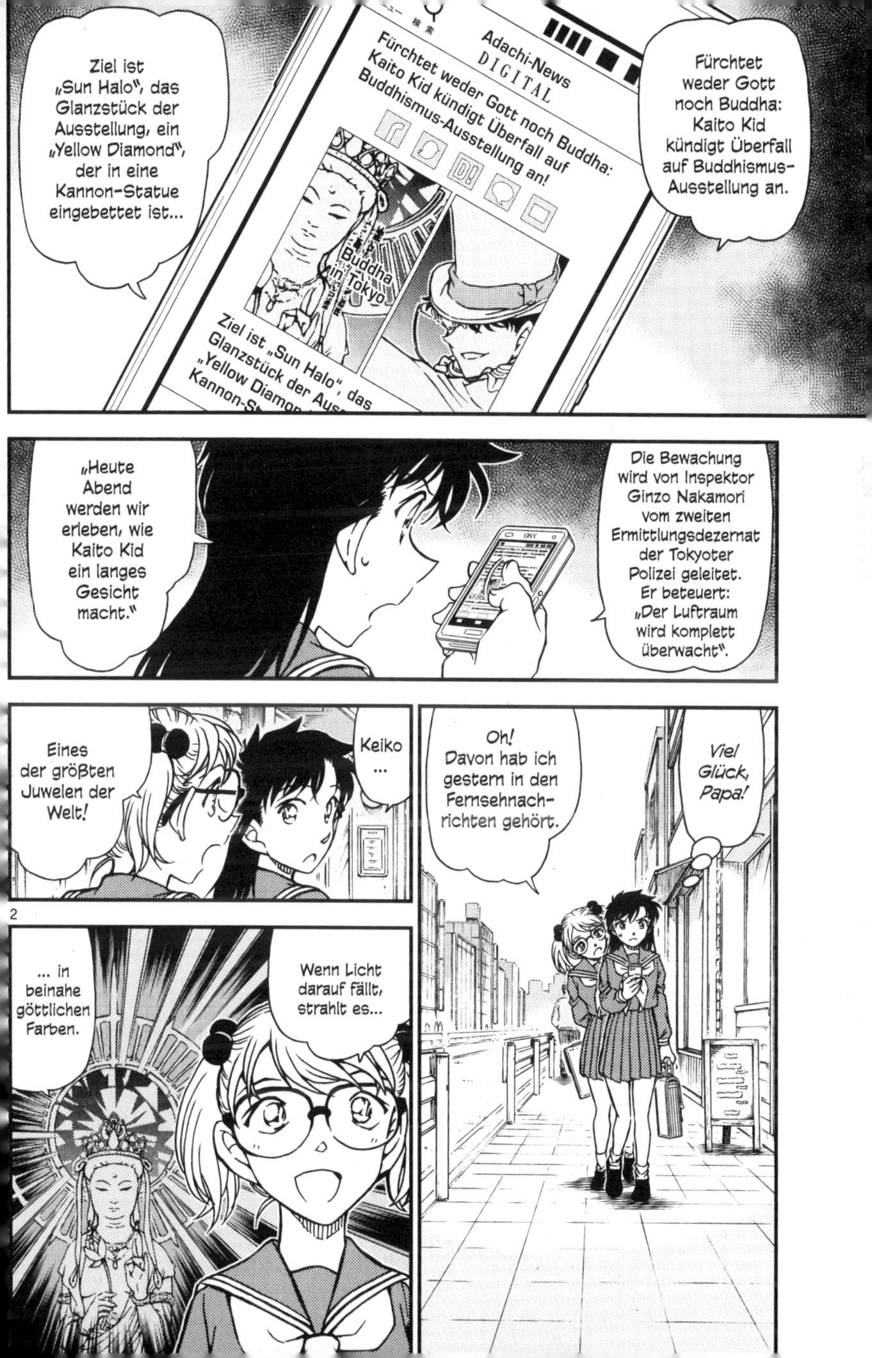
Adachi-News
DIGITAL
Fürchtet weder Gott noch Buddha: Kaito Kid kündigt Überfall auf Buddhismus-Ausstellung an!
Buddha in Tokyo
Fürchtet weder Gott noch Buddha: Kaito Kid kündigt Überfall auf Buddhismus-Ausstellung an.
Ziel ist „Sun Halo", das Glanzstück der Ausstellung, ein „Yellow Diamond", der in eine Kannon-Statue eingebettet ist...
Die Bewachung wird von Inspektor Ginzo Nakamori vom zweiten Ermittlungsdezernat der Tokyoter Polizei geleitet. Er beteuert: „Der Luftraum wird komplett überwacht".
„Heute Abend werden wir erleben, wie Kaito Kid ein langes Gesicht macht."
Viel Glück, Papa!
Oh! Davon hab ich gestern in den Fernsehnachrichten gehört.
Keiko ...
Eines der größten Juwelen der Welt!
Wenn Licht darauf fällt, strahlt es...
... in beinahe göttlichen Farben.

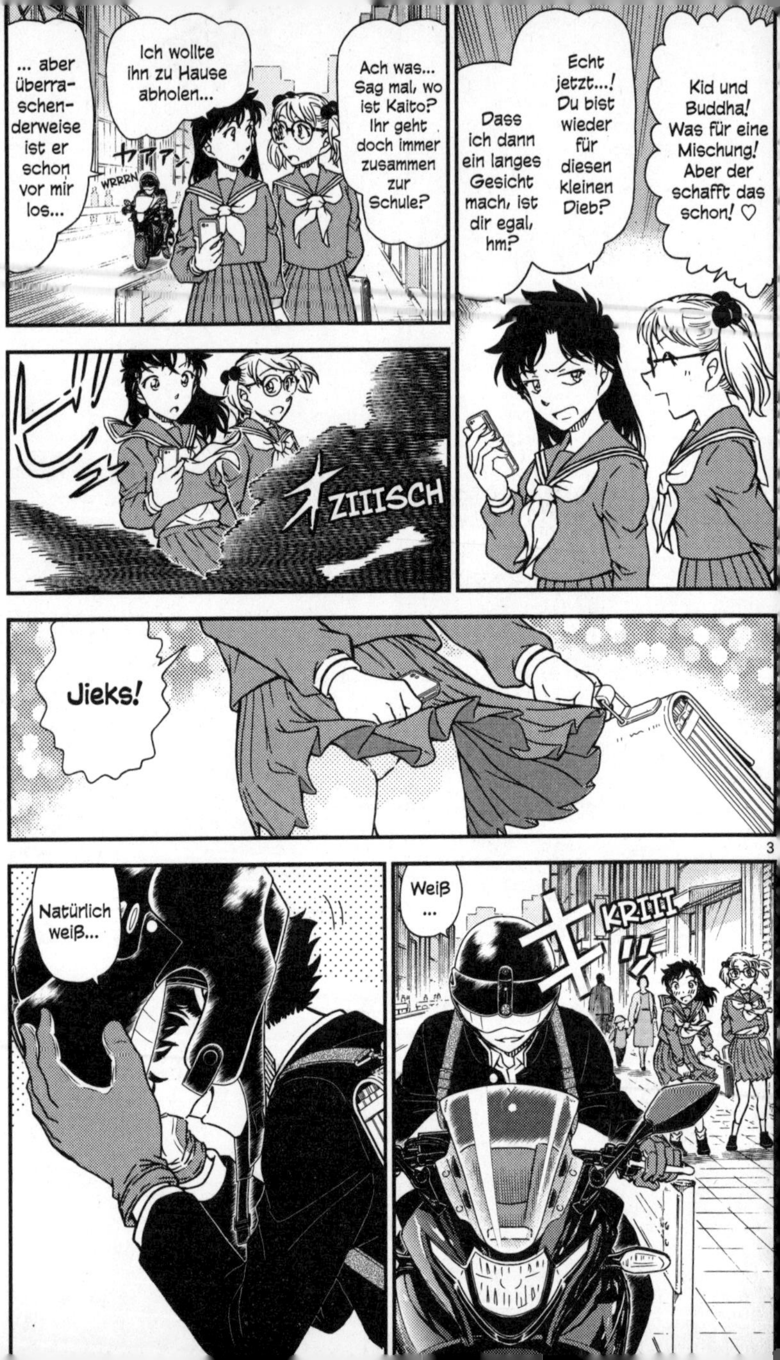
Kid und Buddha! Was für eine Mischung! Aber der schafft das schon! ♡
Echt jetzt...! Du bist wieder für diesen kleinen Dieb?
Dass ich dann ein langes Gesicht mach, ist dir egal, hm?
Ach was... Sag mal, wo ist Kaito? Ihr geht doch immer zusammen zur Schule?
Ich wollte ihn zu Hause abholen...
... aber überraschenderweise ist er schon vor mir los...
WRRRN
ZIIISCH
Jieks!
Weiß ...
KRIII
Natürlich weiß...

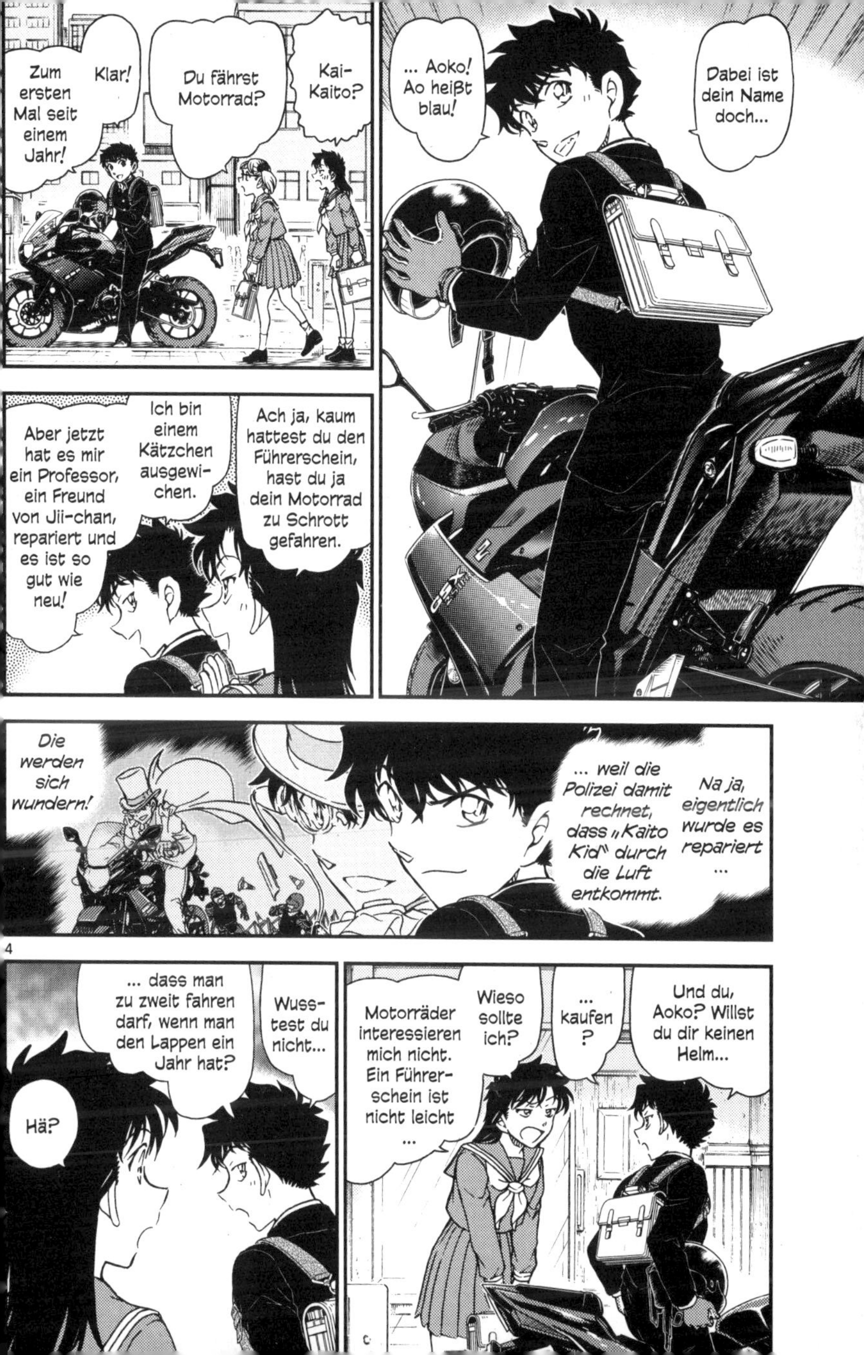

Dabei ist dein Name doch...
... Aoko! Ao heißt blau!
Kai-Kaito?
Du fährst Motorrad?
Klar!
Zum ersten Mal seit einem Jahr!
Ach ja, kaum hattest du den Führerschein, hast du ja dein Motorrad zu Schrott gefahren.
Ich bin einem Kätzchen ausgewichen.
Aber jetzt hat es mir ein Professor, ein Freund von Jii-chan, repariert und es ist so gut wie neu!
Na ja, eigentlich wurde es repariert ...
... weil die Polizei damit rechnet, dass „Kaito Kid" durch die Luft entkommt.
Die werden sich wundern!
Und du, Aoko? Willst du dir keinen Helm...
... kaufen?
Wieso sollte ich?
Motorräder interessieren mich nicht. Ein Führerschein ist nicht leicht ...
Wuss-test du nicht...
... dass man zu zweit fahren darf, wenn man den Lappen ein Jahr hat?
Hä?

4

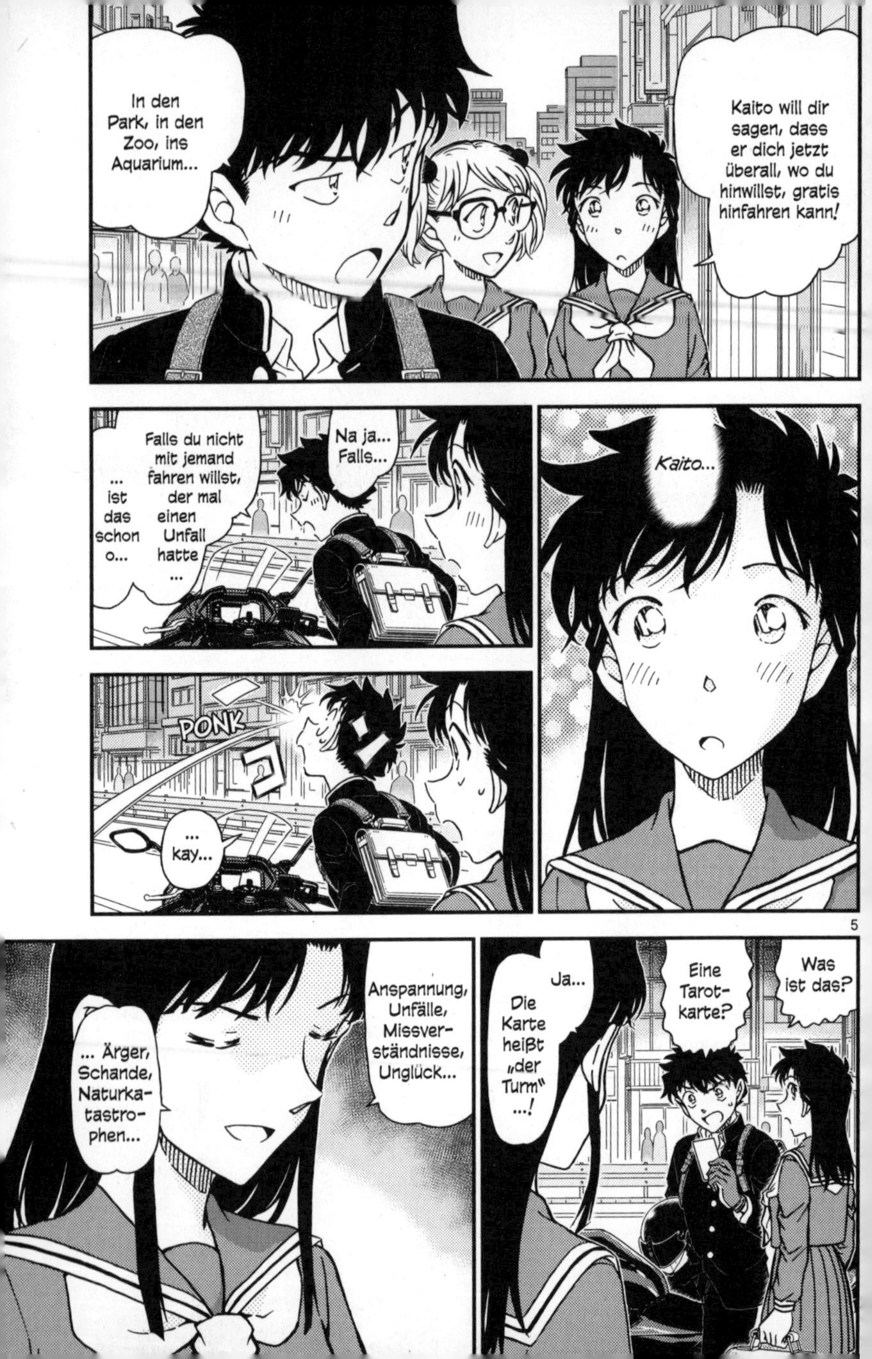
Kaito will dir sagen, dass er dich jetzt überall, wo du hinwillst, gratis hinfahren kann!
In den Park, in den Zoo, ins Aquarium...
Kaito...
Na ja... Falls...
Falls du nicht mit jemand fahren willst, der mal einen Unfall hatte ...
... ist das schon o...
PONK
... kay...
Was ist das?
Eine Tarot-karte?
Ja...
Die Karte heißt „der Turm“ ...!
Anspannung, Unfälle, Missverständnisse, Unglück...
... Ärger, Schande, Naturkatastrophen...

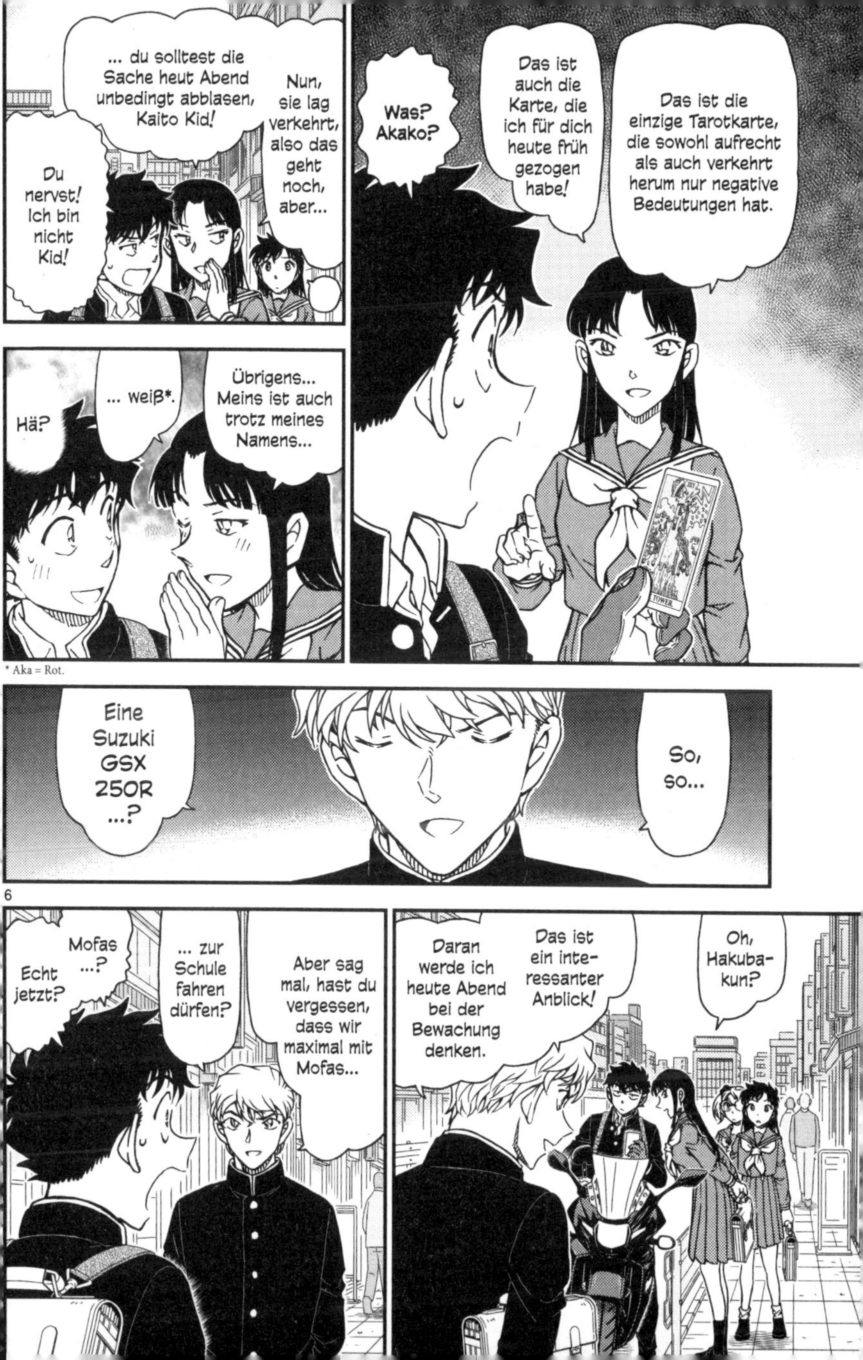
Das ist die einzige Tarotkarte, die sowohl aufrecht als auch verkehrt herum nur negative Bedeutungen hat.
Das ist auch die Karte, die ich für dich heute früh gezogen habe!
Was? Akako?
TOWER.
Nun, sie lag verkehrt, also das geht noch, aber...
... du solltest die Sache heut Abend unbedingt abblasen, Kaito Kid!
Du nervst! Ich bin nicht Kid!
Übrigens... Meins ist auch trotz meines Namens...
... weiß*.
Hä?
So, so...
Eine Suzuki GSX 250R ...?
Oh, Hakuba-kun?
Das ist ein interessanter Anblick!
Daran werde ich heute Abend bei der Bewachung denken.
Aber sag mal, hast du vergessen, dass wir maximal mit Mofas...
... zur Schule fahren dürfen?
Mofas ...?
Echt jetzt?

* Aka = Rot.

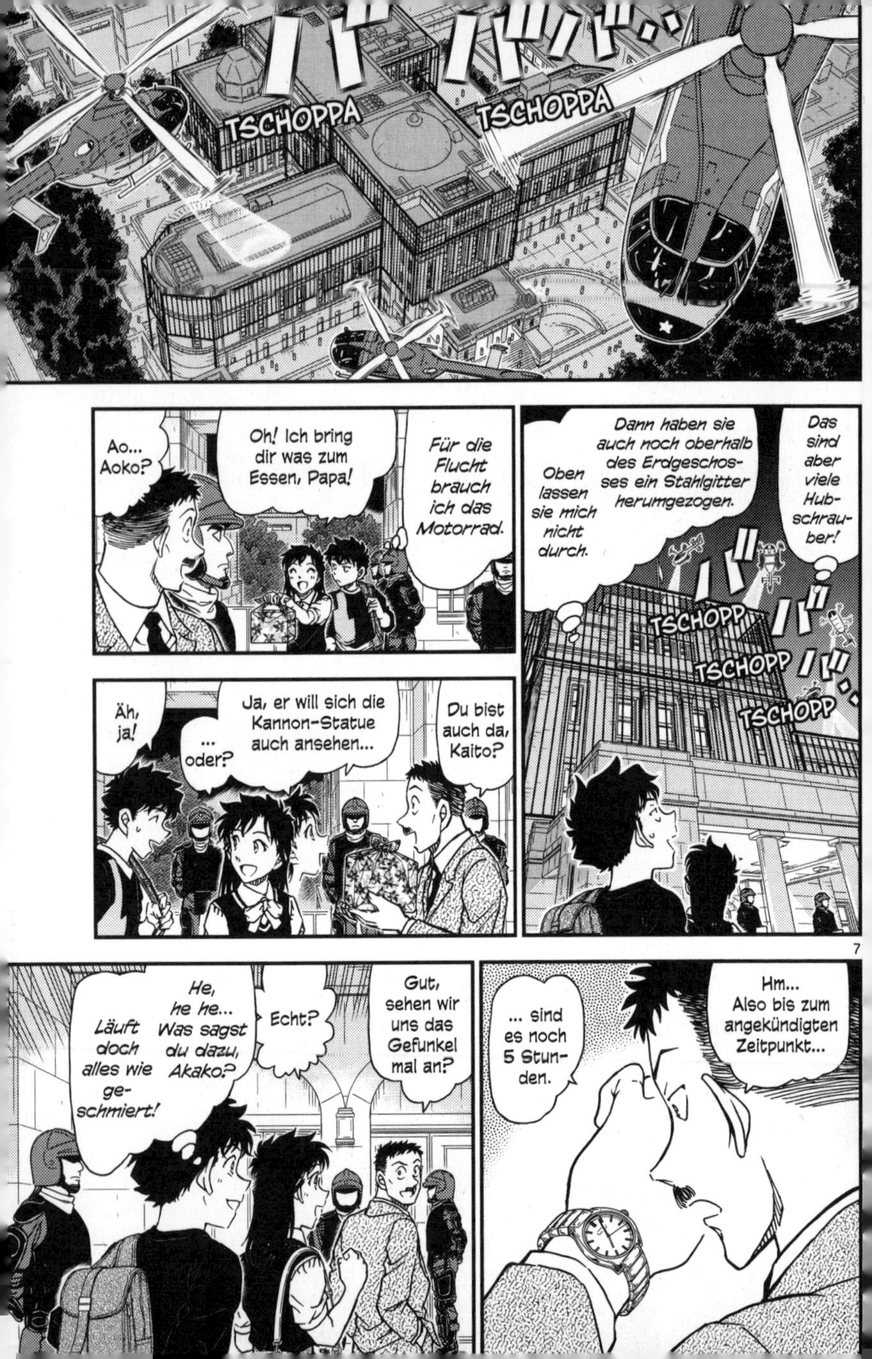
TSCHOPPA
TSCHOPPA
Das sind aber viele Hubschrauber!
Dann haben sie auch noch oberhalb des Erdgeschosses ein Stahlgitter herumgezogen.
Oben lassen sie mich nicht durch.
TSCHOPP
TSCHOPP
TSCHOPP
Für die Flucht brauch ich das Motorrad.
Oh! Ich bring dir was zum Essen, Papa!
Ao... Aoko?
Du bist auch da, Kaito?
Ja, er will sich die Kannon-Statue auch ansehen...
... oder?
Äh, ja!
Hm... Also bis zum angekündigten Zeitpunkt...
... sind es noch 5 Stunden.
Gut, sehen wir uns das Gefunkel mal an?
Echt?
He, he he... Was sagst du dazu, Akako?
Läuft doch alles wie geschmiert!

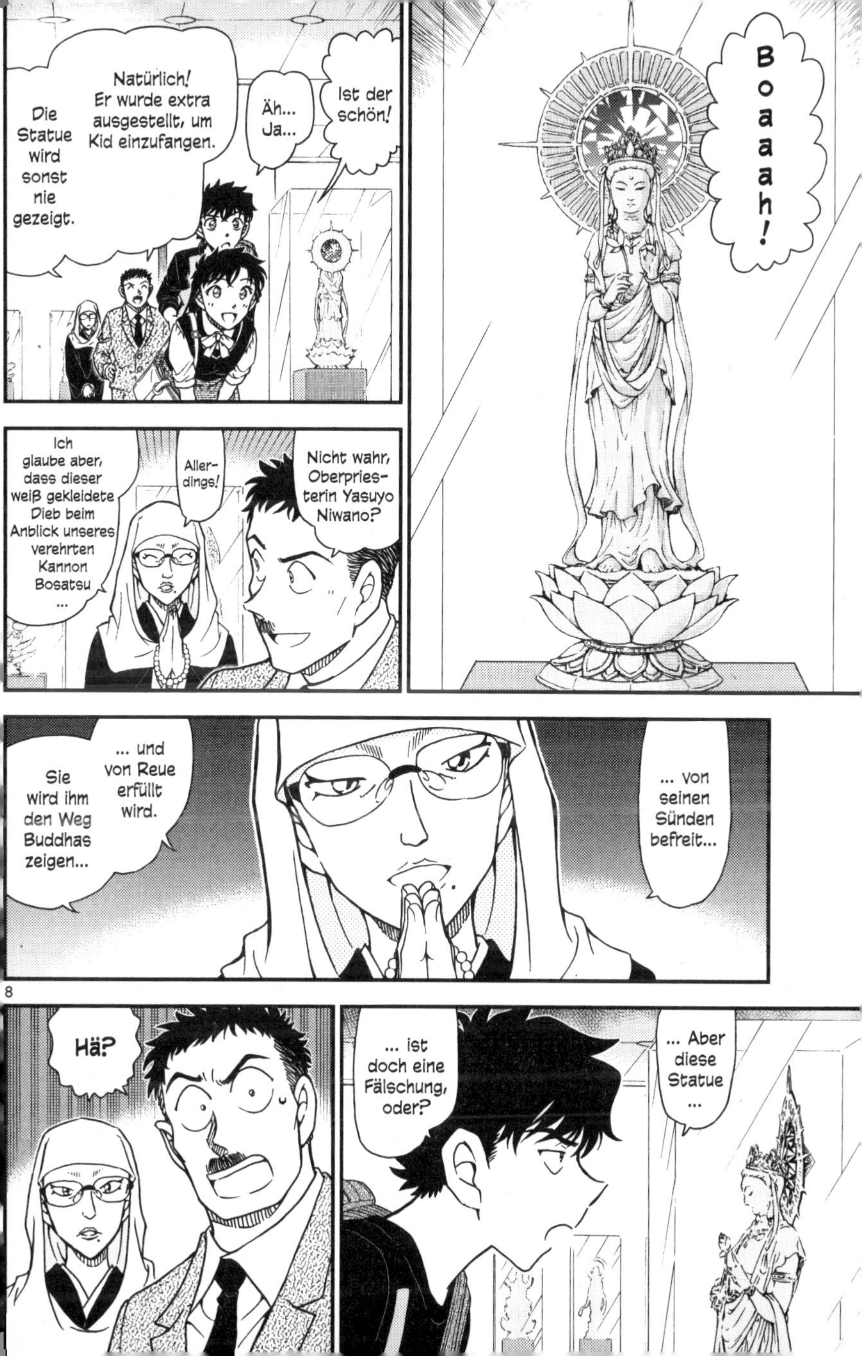

Boaaah!
Ist der schön!
Äh... Ja...
Natürlich! Er wurde extra ausgestellt, um Kid einzufangen.
Die Statue wird sonst nie gezeigt.
Nicht wahr, Oberpriesterin Yasuyo Niwano?
Allerdings!
Ich glaube aber, dass dieser weiß gekleidete Dieb beim Anblick unseres verehrten Kannon Bosatsu ...
... von seinen Sünden befreit...
... und von Reue erfüllt wird.
Sie wird ihm den Weg Buddhas zeigen...
... Aber diese Statue ...
... ist doch eine Fälschung, oder?
Hä?

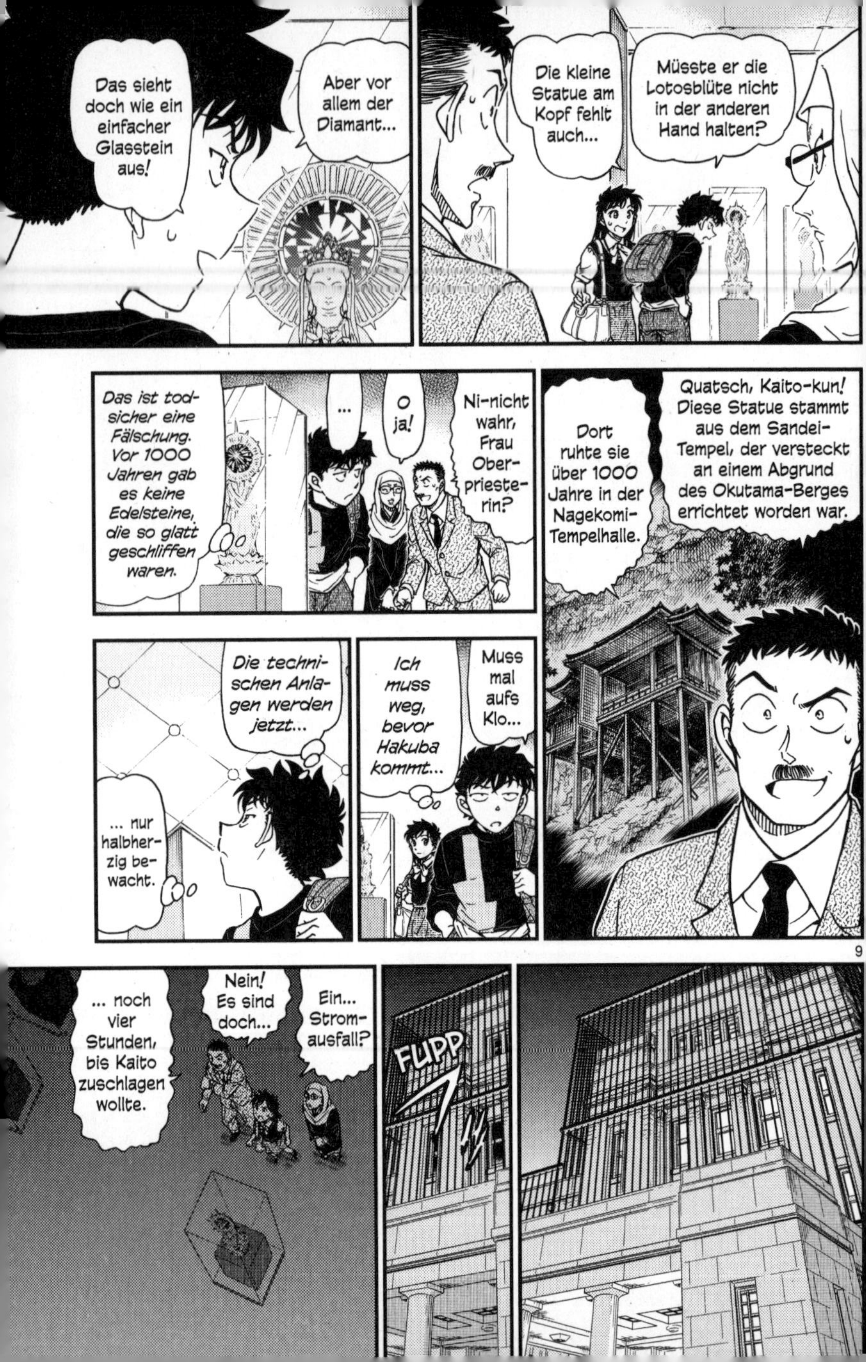
Müsste er die Lotosblüte nicht in der anderen Hand halten?
Die kleine Statue am Kopf fehlt auch...
Aber vor allem der Diamant...
Das sieht doch wie ein einfacher Glasstein aus!
Quatsch, Kaito-kun! Diese Statue stammt aus dem Sandei-Tempel, der versteckt an einem Abgrund des Okutama-Berges errichtet worden war.
Dort ruhte sie über 1000 Jahre in der Nagekomi-Tempelhalle.
Ni-nicht wahr, Frau Ober-priesterin?
O ja!
...
Das ist todsicher eine Fälschung. Vor 1000 Jahren gab es keine Edelsteine, die so glatt geschliffen waren.
Muss mal aufs Klo...
Ich muss weg, bevor Hakuba kommt...
Die technischen Anlagen werden jetzt...
... nur halbherzig bewacht.
FUPP
Ein... Stromausfall?
Nein! Es sind doch...
... noch vier Stunden, bis Kaito zuschlagen wollte.

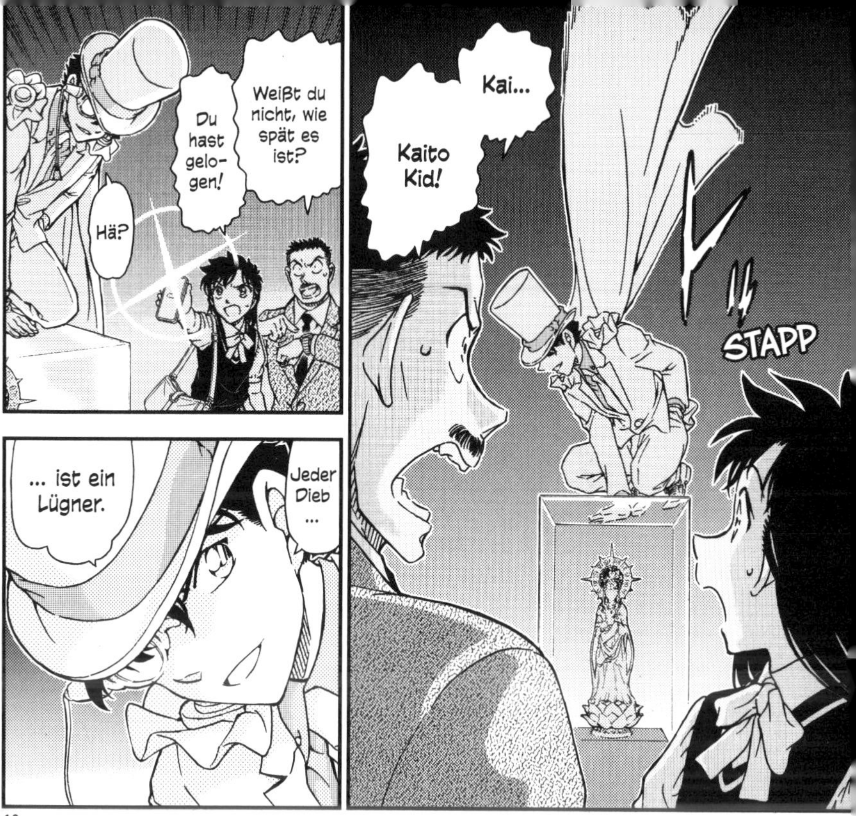
Kai...
Kaito Kid!
STAPP
Weißt du nicht, wie spät es ist?
Du hast gelogen!
Hä?
Jeder Dieb ...
... ist ein Lügner.

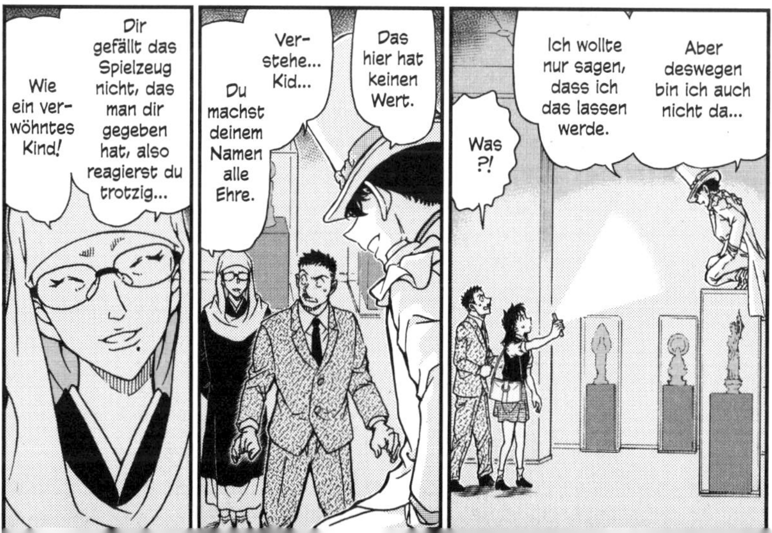
Aber deswegen bin ich auch nicht da...
Ich wollte nur sagen, dass ich das lassen werde.
Was ?!
Das hier hat keinen Wert.
Verstehe... Kid...
Du machst deinem Namen alle Ehre.
Dir gefällt das Spielzeug nicht, das man dir gegeben hat, also reagierst du trotzig...
Wie ein verwöhntes Kind!

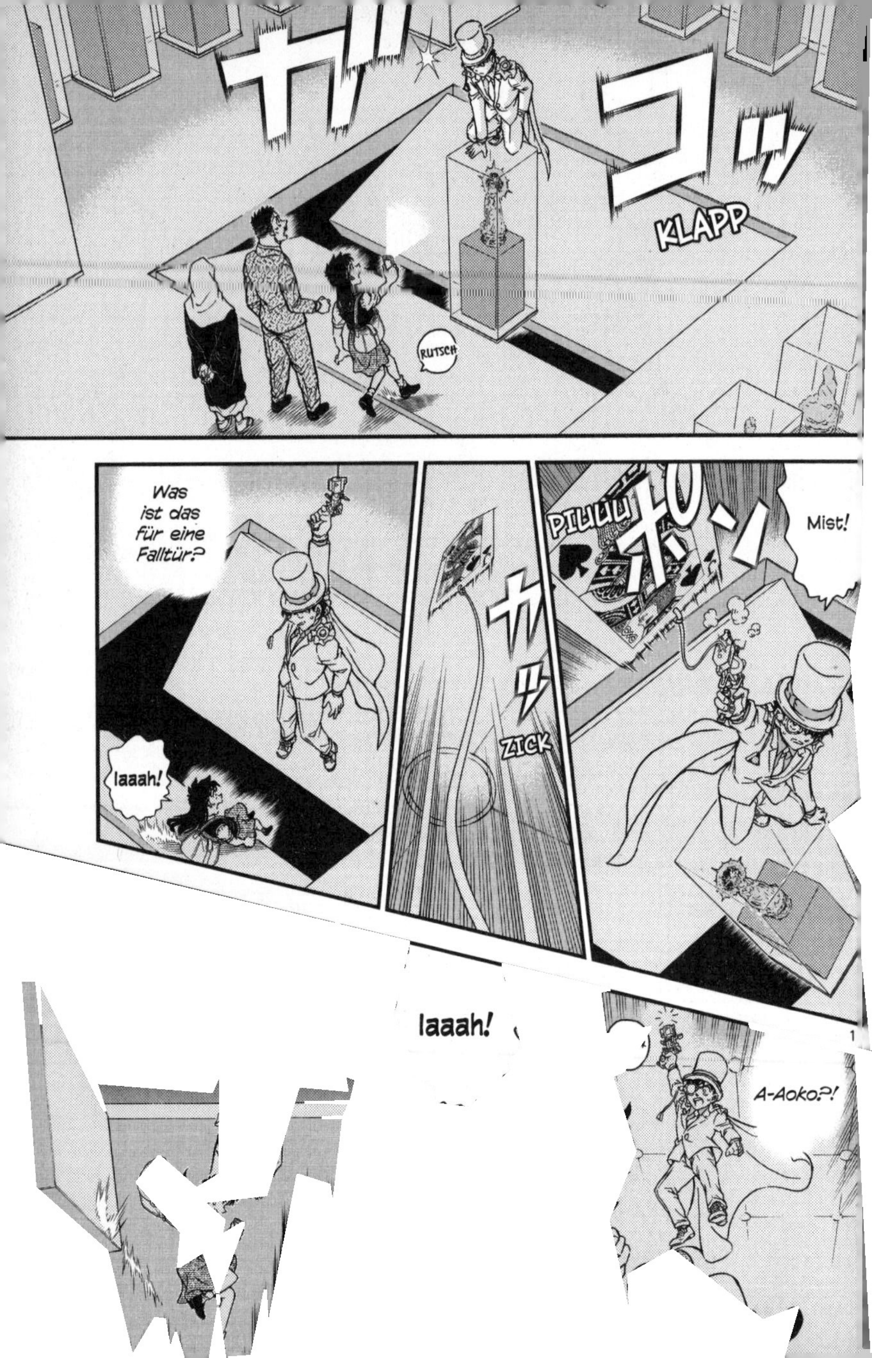
KLAPP
RUTSCH
Mist!
PIUUUU
ZICK
Was ist das für eine Falltür?
Iaaah!
A-Aoko?!
Iaaah!

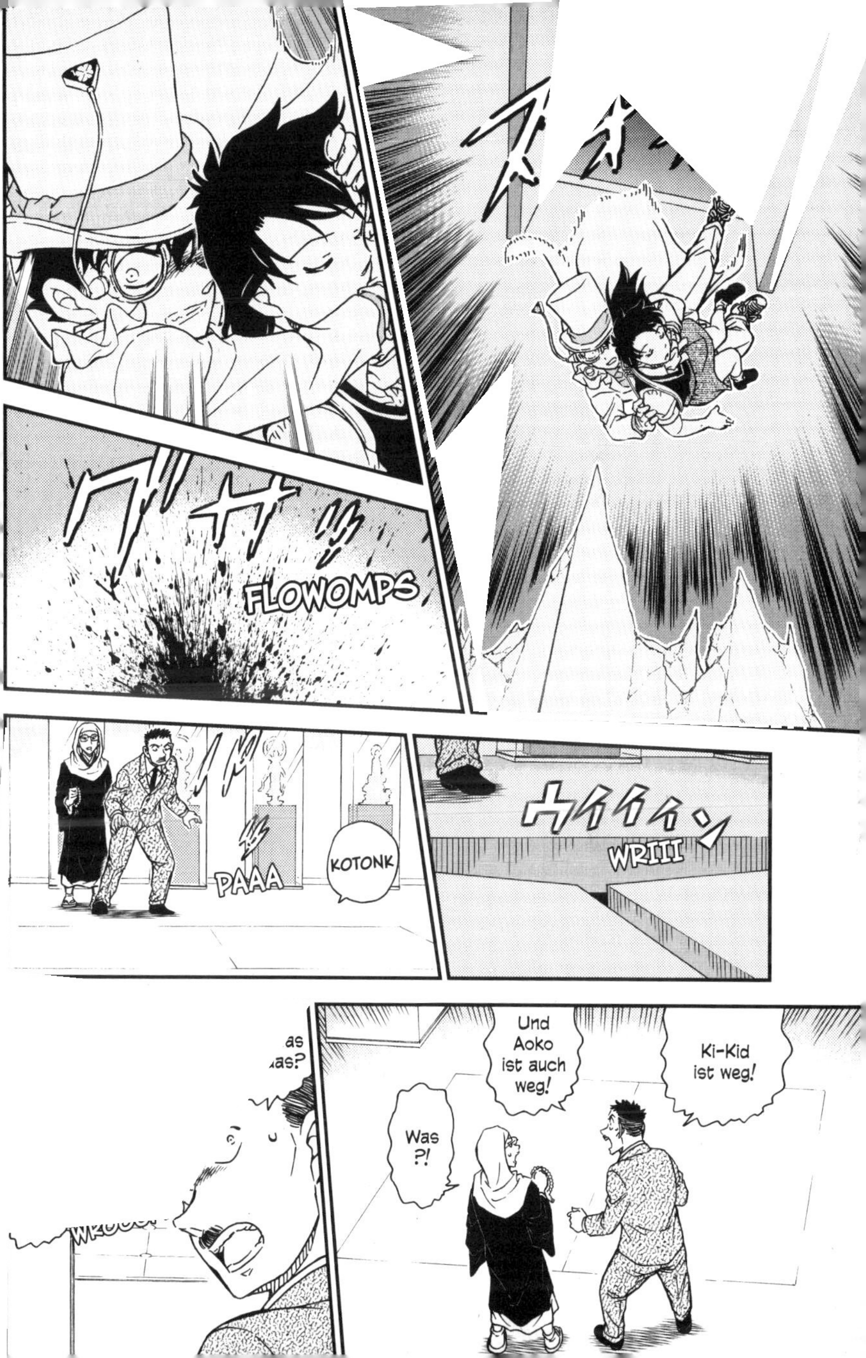

FLOWOMPS
ウイイイン
WRIII
PAAA
KOTONK
Ki-Kid ist weg!
Und Aoko ist auch weg!
Was ?!

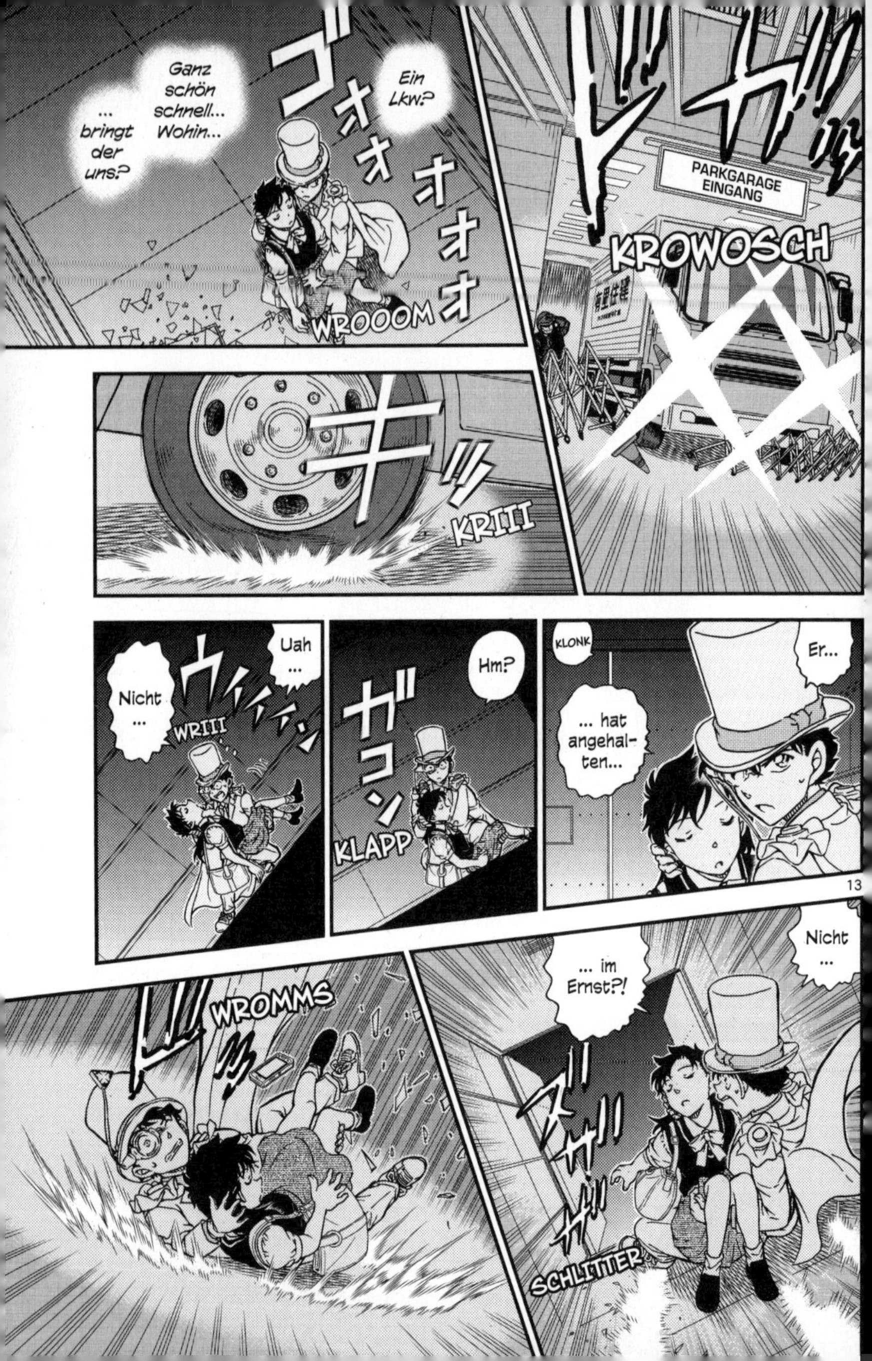
PARKGARAGE EINGANG
KROWOSCH
Ein Lkw?
Ganz schön schnell... Wohin...
... bringt der uns?
WROOOM
KRIII
KLONK
Er...
... hat angehal-ten...
Hm?
KLAPP
Uah ...
Nicht ...
WRIII
Nicht ...
... im Ernst?!
SCHLITTER
WROMMS

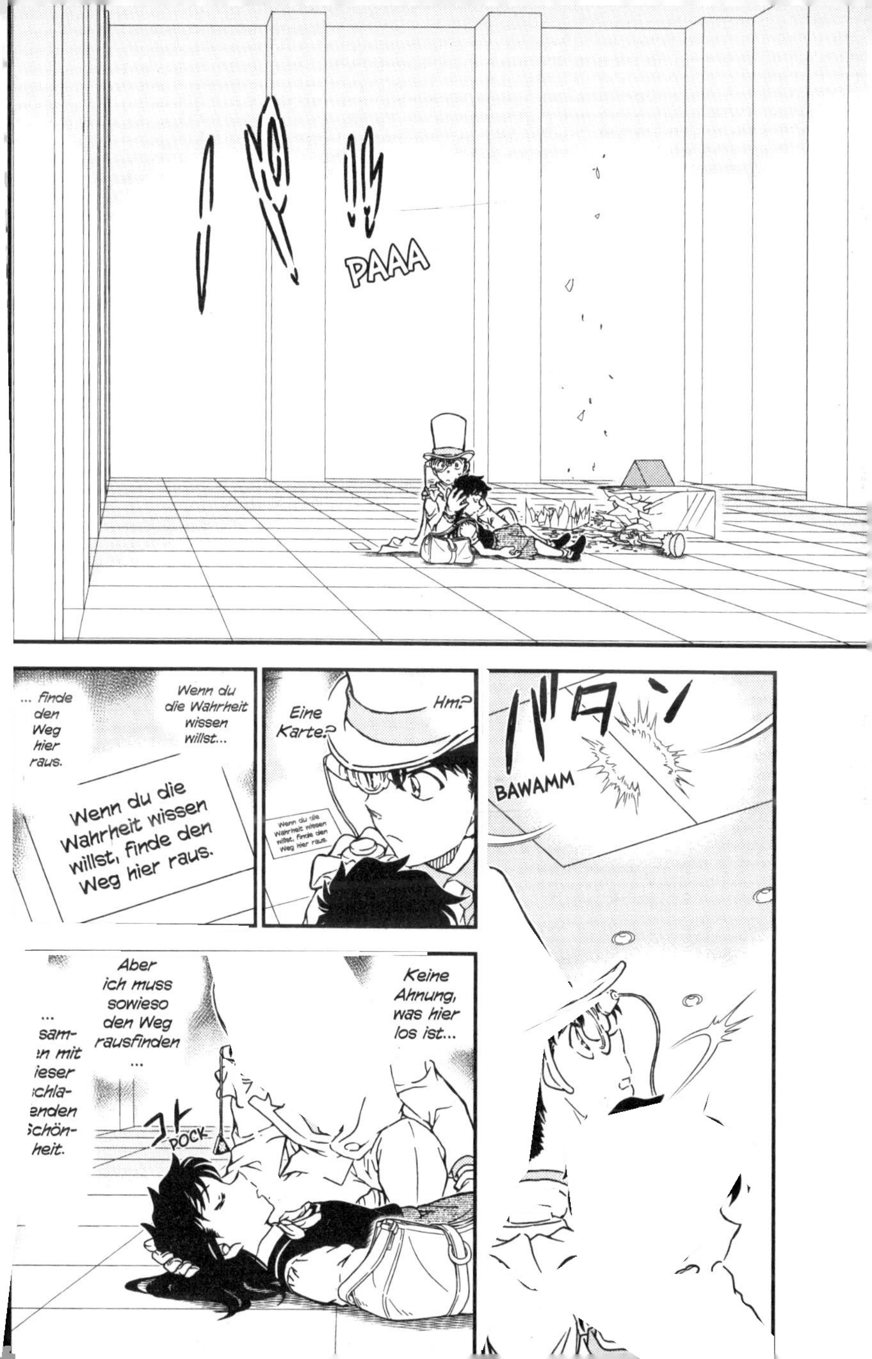

PAAA
Wenn du die Wahrheit wissen willst...
... finde den Weg hier raus.
Wenn du die Wahrheit wissen willst, finde den Weg hier raus.
Hm?
Eine Karte?
Wenn du die Wahrheit wissen willst, finde den Weg hier raus.
BAWAMM
Keine Ahnung, was hier los ist...
Aber ich muss sowieso den Weg rausfinden ...
... sam-
en mit
ieser
chla-
enden
Schön-
heit.
POCK

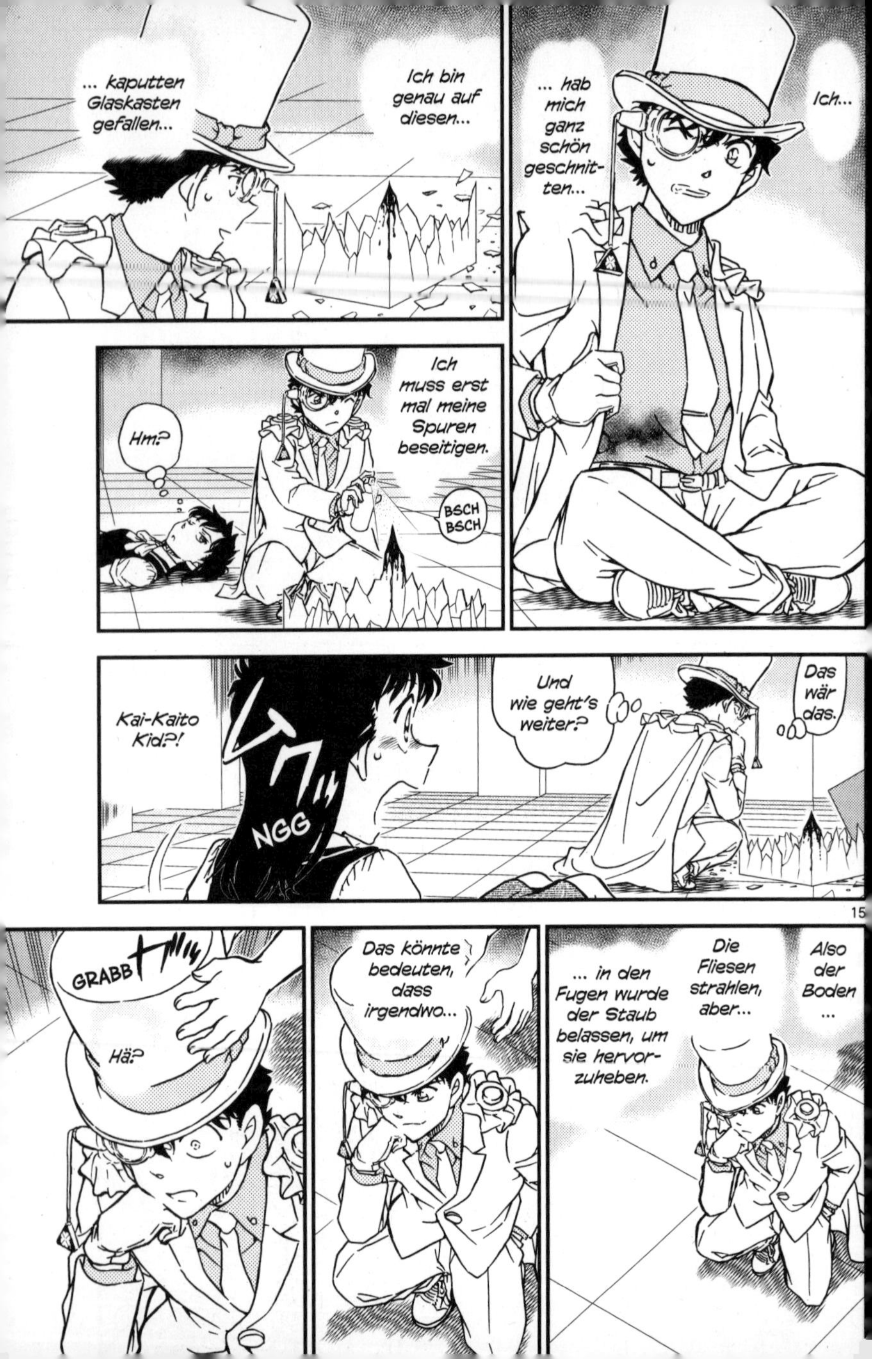
Ich...
... hab mich ganz schön geschnitten...
Ich bin genau auf diesen...
... kaputten Glaskasten gefallen...
Ich muss erst mal meine Spuren beseitigen.
Hm?
BSCH BSCH
Das wär das.
Und wie geht's weiter?
Kai-Kaito Kid?!
NGG
Also der Boden ...
Die Fliesen strahlen, aber...
... in den Fugen wurde der Staub belassen, um sie hervorzuheben.
Das könnte bedeuten, dass irgendwo...
GRABB
Hä?

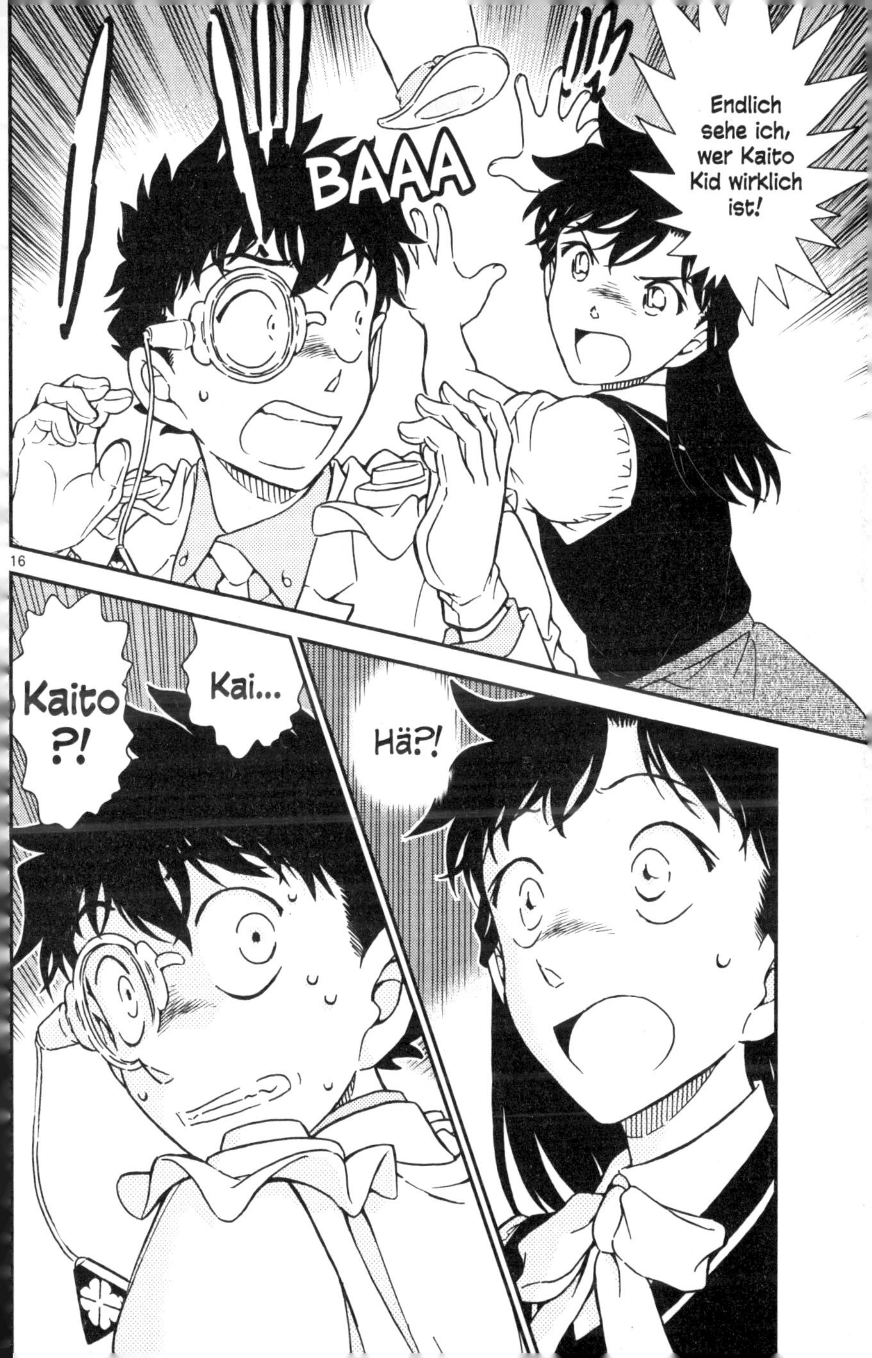
Endlich sehe ich, wer Kaito Kid wirklich ist!
BAAA
!!!
Hä?!
Kai...
Kaito ?!

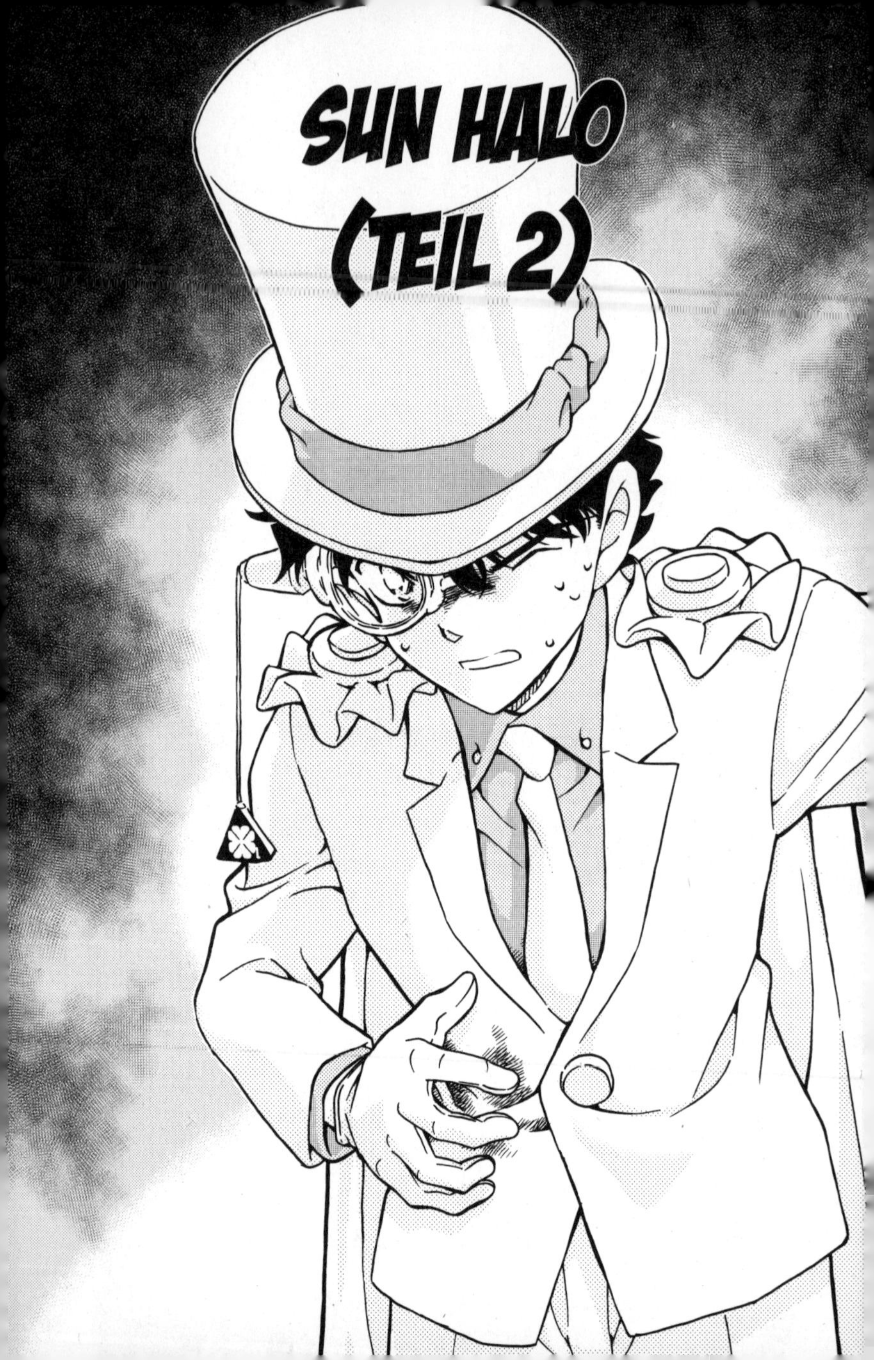
SUN HALO
(TEIL 2)

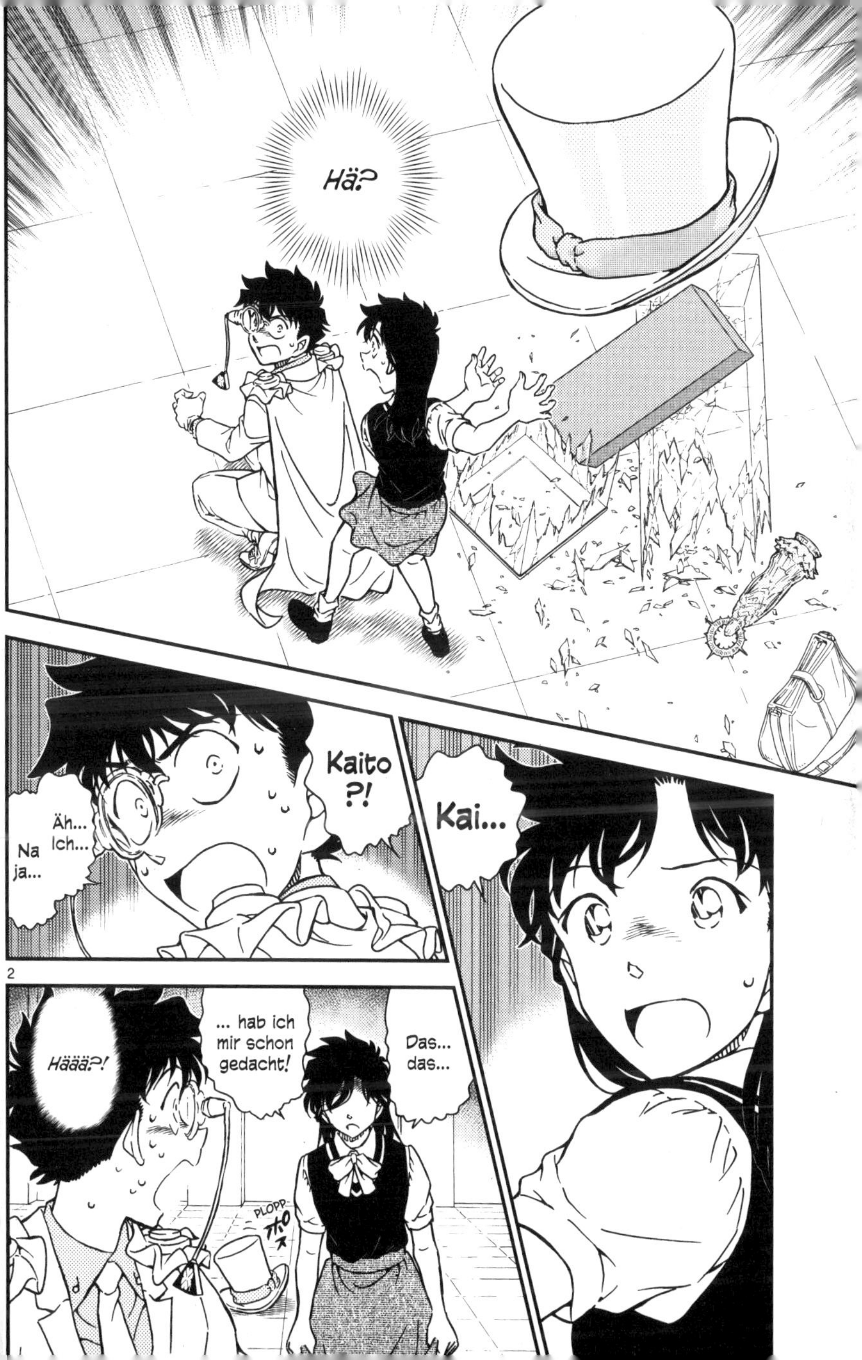

Hä?
Kaito ?!
Äh... Ich...
Na ja...
Kai...
Das... das...
... hab ich mir schon gedacht!
Hääää?!
PLOPP

2

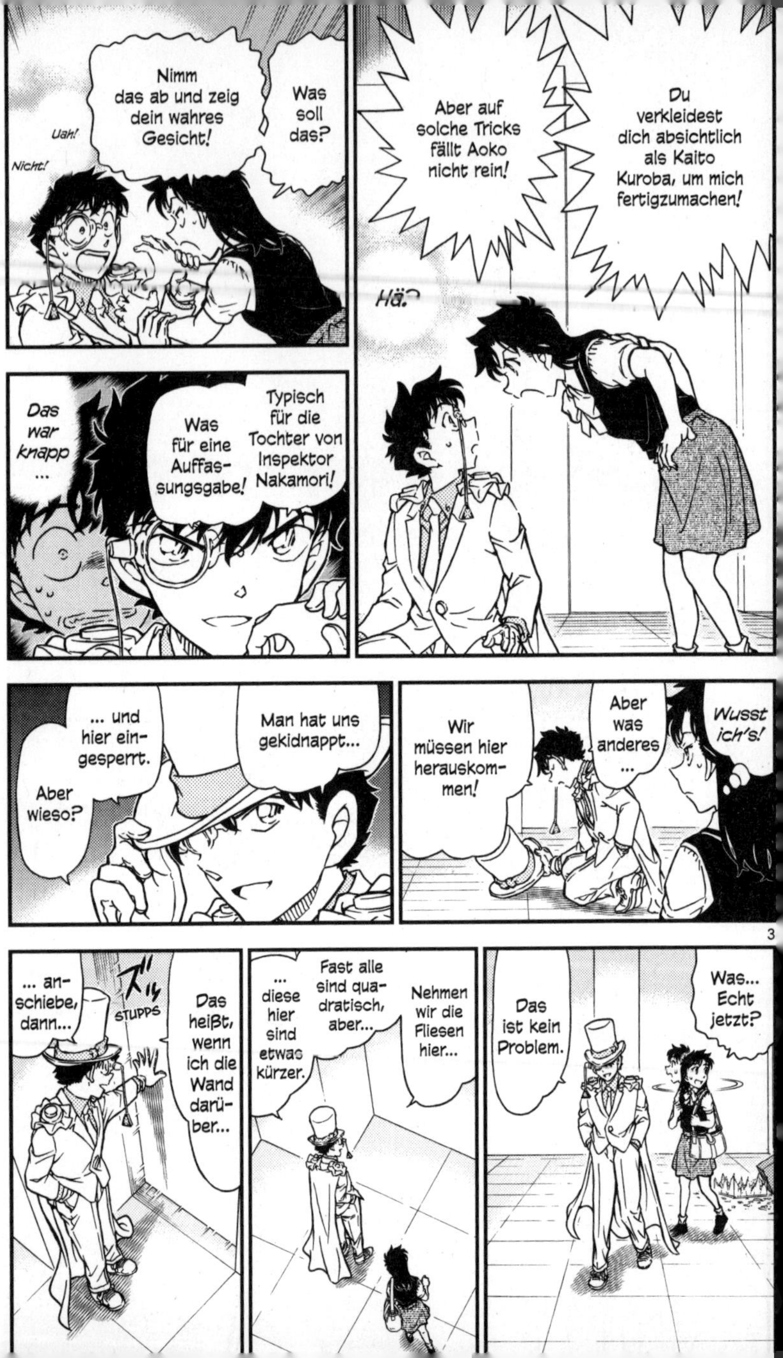
Du verkleidest dich absichtlich als Kaito Kuroba, um mich fertigzumachen!
Aber auf solche Tricks fällt Aoko nicht rein!
Hä?
Was soll das?
Nimm das ab und zeig dein wahres Gesicht!
Uah!
Nicht!
Typisch für die Tochter von Inspektor Nakamori!
Was für eine Auffassungsgabe!
Das war knapp ...
Wusst ich's!
Aber was anderes ...
Wir müssen hier herauskommen!
Man hat uns gekidnappt...
... und hier eingesperrt.
Aber wieso?
Was... Echt jetzt?
Das ist kein Problem.
Nehmen wir die Fliesen hier...
Fast alle sind quadratisch, aber...
... diese hier sind etwas kürzer.
Das heißt, wenn ich die Wand darüber...
... anschiebe, dann...
STUPPS

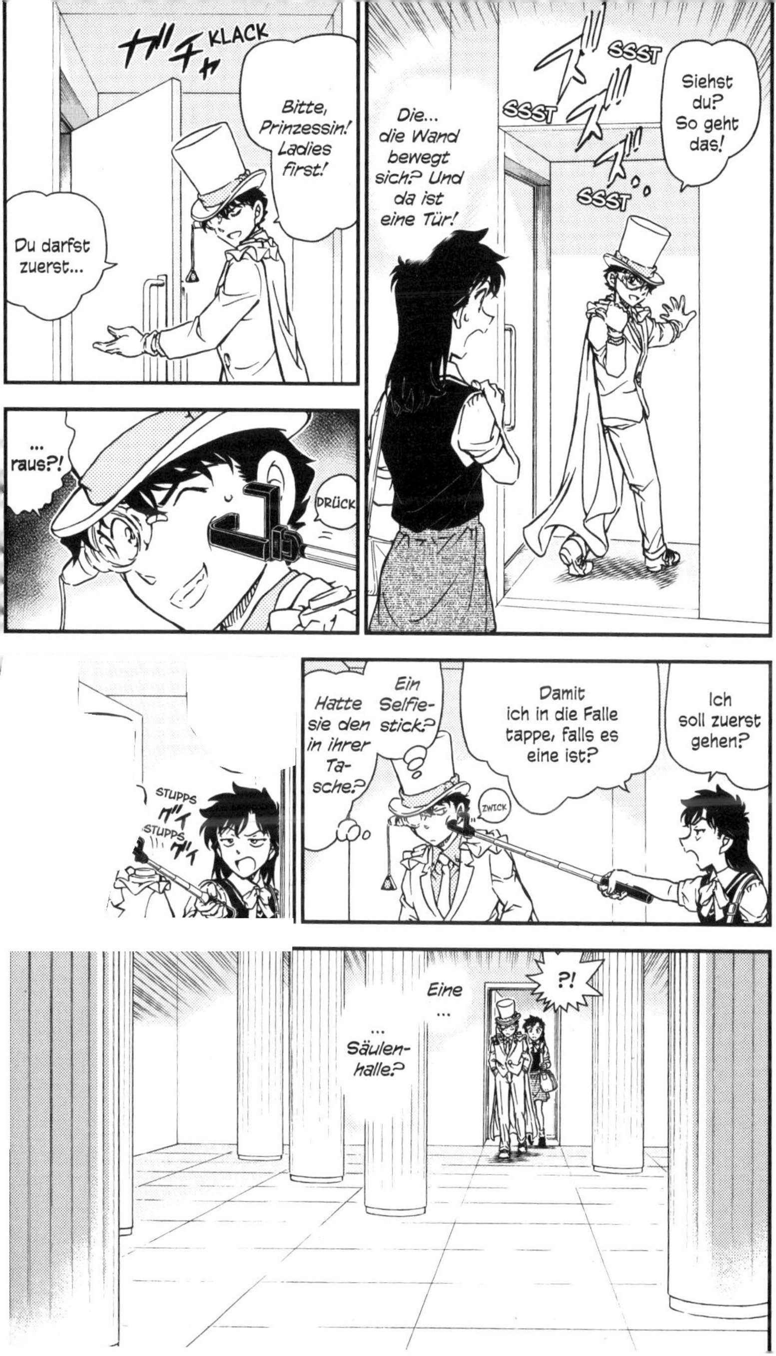

SSST
SSST
SSST
Siehst du? So geht das!
Die... die Wand bewegt sich? Und da ist eine Tür!
KLACK
Bitte, Prinzessin! Ladies first!
Du darfst zuerst...
... raus?!
DRÜCK
Ich soll zuerst gehen?
Damit ich in die Falle tappe, falls es eine ist?
ZWICK
Ein Selfie-stick?
Hatte sie den in ihrer Tasche?
STUPPS
STUPPS
?!
Eine ...
... Säulenhalle?

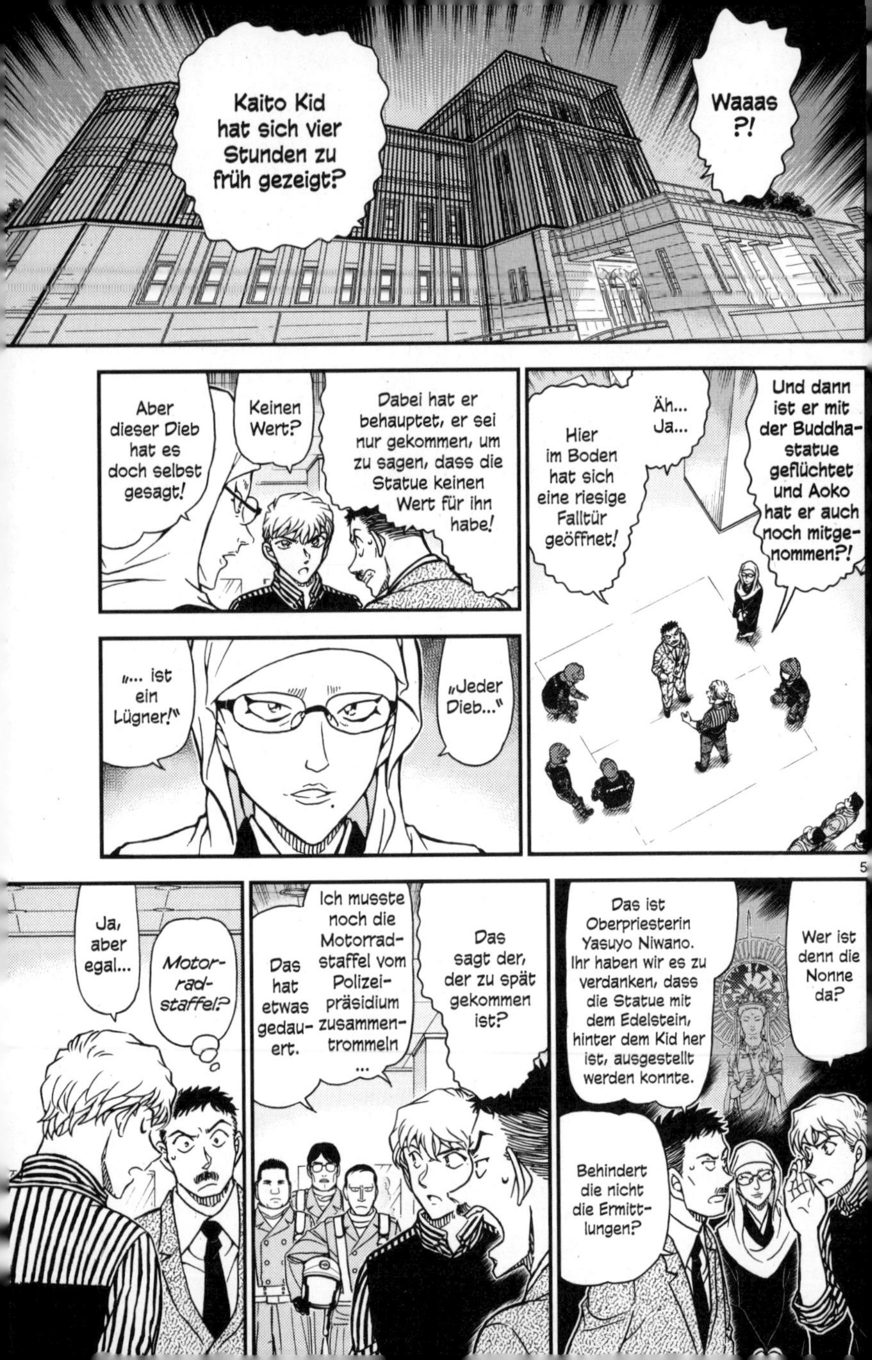
Kaito Kid hat sich vier Stunden zu früh gezeigt?
Waaas ?!
Und dann ist er mit der Buddhastatue geflüchtet und Aoko hat er auch noch mitgenommen?!
Äh... Ja...
Hier im Boden hat sich eine riesige Falltür geöffnet!
Dabei hat er behauptet, er sei nur gekommen, um zu sagen, dass die Statue keinen Wert für ihn habe!
Keinen Wert?
Aber dieser Dieb hat es doch selbst gesagt!
„Jeder Dieb..."
„... ist ein Lügner!"
Wer ist denn die Nonne da?
Das ist Oberpriesterin Yasuyo Niwano. Ihr haben wir es zu verdanken, dass die Statue mit dem Edelstein, hinter dem Kid her ist, ausgestellt werden konnte.
Behindert die nicht die Ermittlungen?
Das sagt der, der zu spät gekommen ist?
Ich musste noch die Motorradstaffel vom Polizeipräsidium zusammentrommeln ...
Das hat etwas gedauert.
Motorradstaffel?
Ja, aber egal...

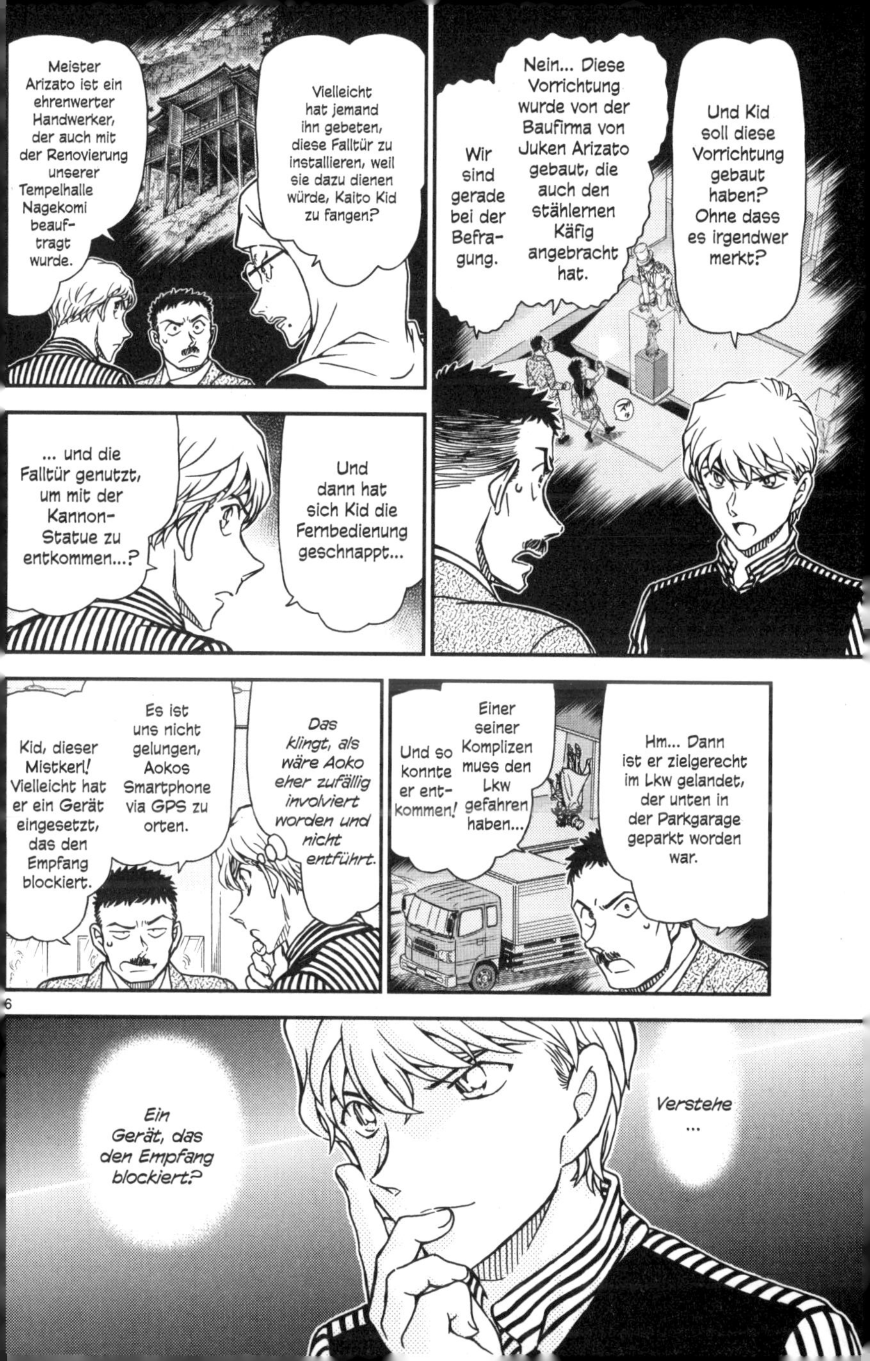
Und Kid soll diese Vorrichtung gebaut haben? Ohne dass es irgendwer merkt?
Nein... Diese Vorrichtung wurde von der Baufirma von Juken Arizato gebaut, die auch den stählernen Käfig angebracht hat.
Wir sind gerade bei der Befragung.
Vielleicht hat jemand ihn gebeten, diese Falltür zu installieren, weil sie dazu dienen würde, Kaito Kid zu fangen?
Meister Arizato ist ein ehrenwerter Handwerker, der auch mit der Renovierung unserer Tempelhalle Nagekomi beauftragt wurde.
Und dann hat sich Kid die Fernbedienung geschnappt...
... und die Falltür genutzt, um mit der Kannon-Statue zu entkommen...?
Hm... Dann ist er zielgerecht im Lkw gelandet, der unten in der Parkgarage geparkt worden war.
Einer seiner Komplizen muss den Lkw gefahren haben...
Und so konnte er entkommen!
Das klingt, als wäre Aoko eher zufällig involviert worden und nicht entführt.
Es ist uns nicht gelungen, Aokos Smartphone via GPS zu orten.
Kid, dieser Mistkerl! Vielleicht hat er ein Gerät eingesetzt, das den Empfang blockiert.
6
Verstehe ...
Ein Gerät, das den Empfang blockiert?

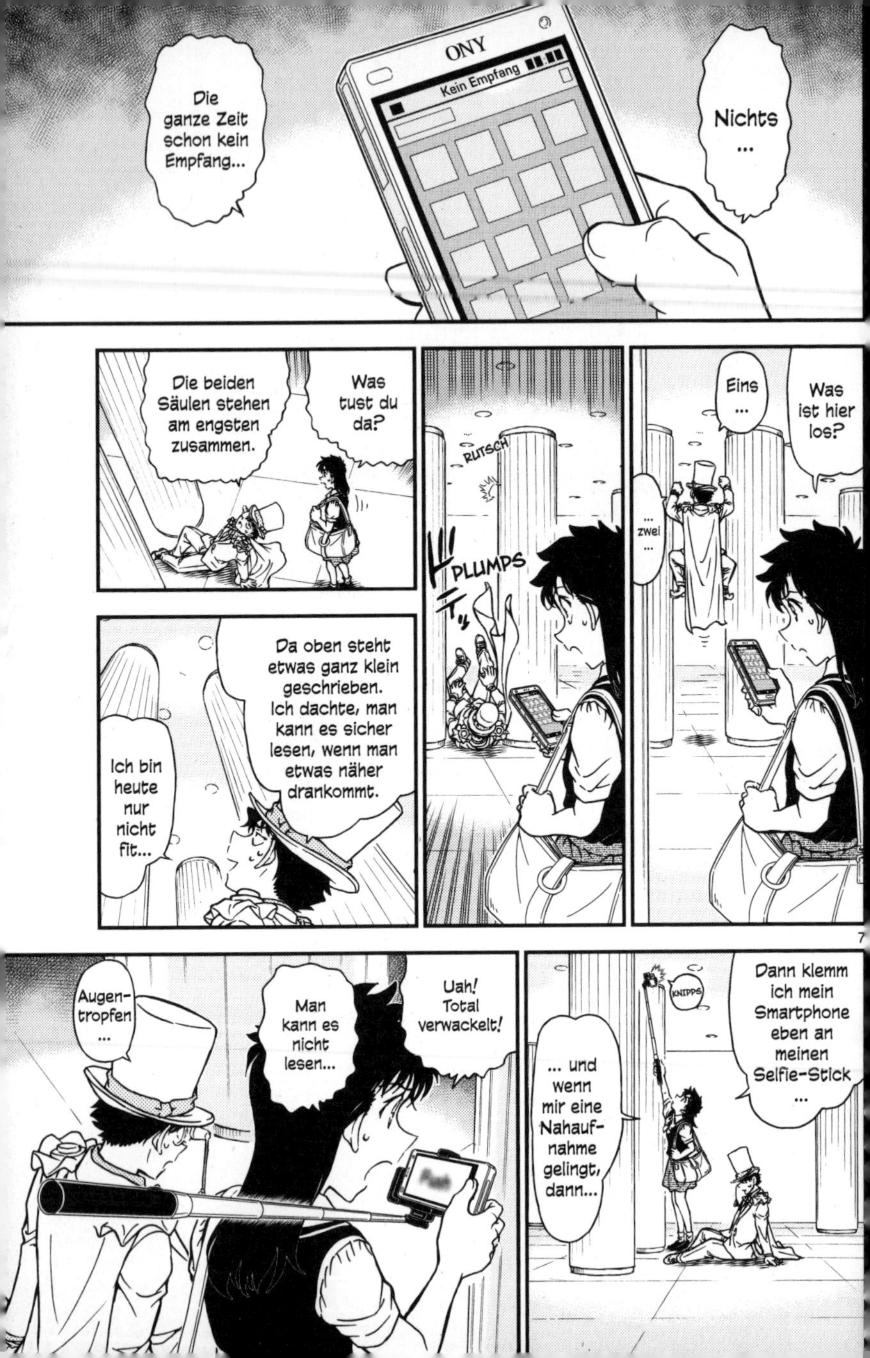
ONY
Kein Empfang
Nichts ...
Die ganze Zeit schon kein Empfang...
Was ist hier los?
Eins ...
... zwei ...
RUTSCH
PLUMPS
Was tust du da?
Die beiden Säulen stehen am engsten zusammen.
Da oben steht etwas ganz klein geschrieben. Ich dachte, man kann es sicher lesen, wenn man etwas näher drankommt.
Ich bin heute nur nicht fit...
Dann klemm ich mein Smartphone eben an meinen Selfie-Stick ...
KNIPPS
... und wenn mir eine Nahaufnahme gelingt, dann...
Uah! Total verwackelt!
Man kann es nicht lesen...
Augentropfen ...

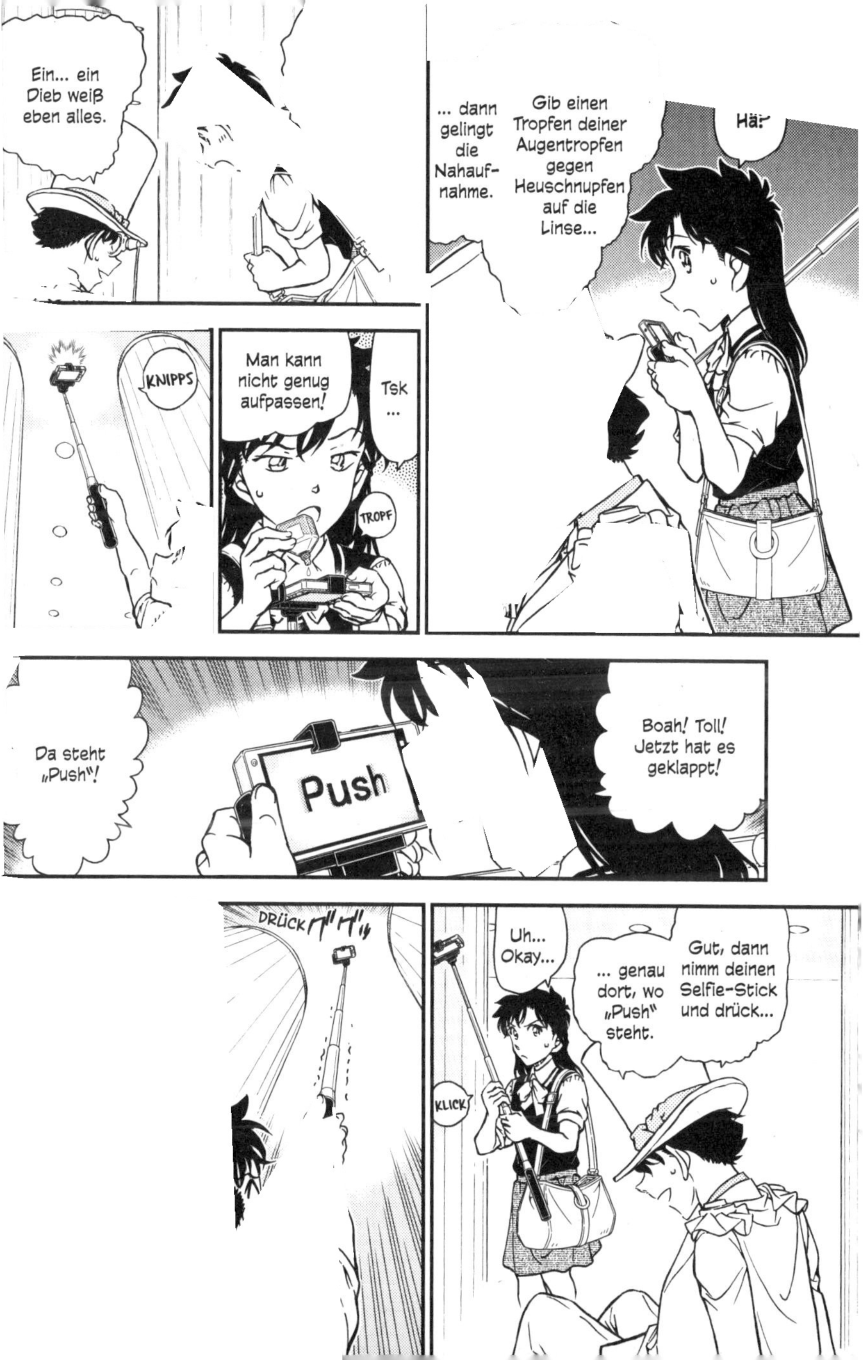

Hä?
Gib einen Tropfen deiner Augentropfen gegen Heuschnupfen auf die Linse...
... dann gelingt die Nahaufnahme.
Ein... ein Dieb weiß eben alles.
Tsk ...
Man kann nicht genug aufpassen!
TROPF
KNIPPS
Boah! Toll! Jetzt hat es geklappt!
Push
Da steht „Push“!
Gut, dann nimm deinen Selfie-Stick und drück...
... genau dort, wo „Push“ steht.
Uh... Okay...
KLICK
DRÜCK

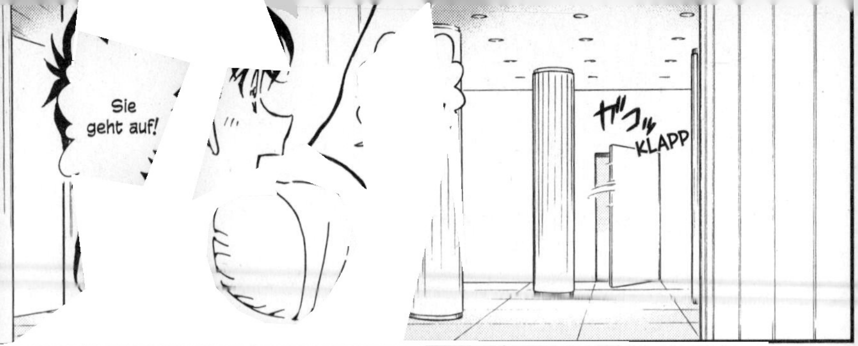
KLAPP
Sie geht auf!

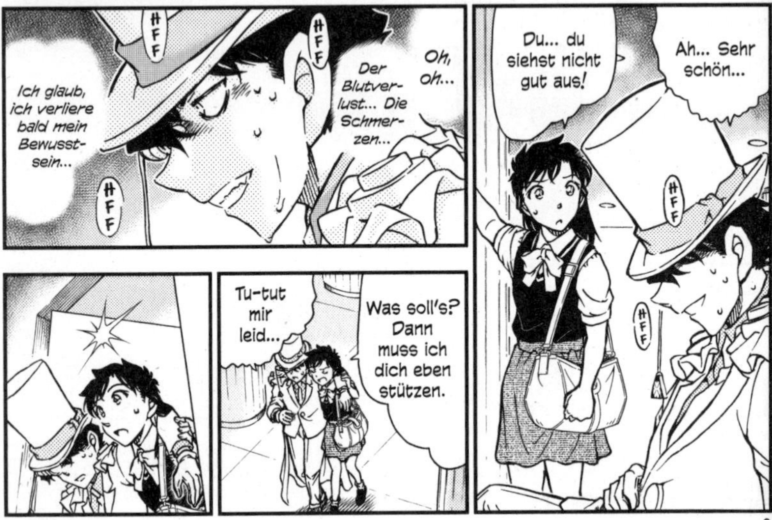
Ah... Sehr schön...
HFF
Du... du siehst nicht gut aus!
HFF
Oh, oh...
Der Blutverlust... Die Schmerzen...
HFF
Ich glaub, ich verliere bald mein Bewusstsein...
HFF
Was soll's? Dann muss ich dich eben stützen.
Tu-tut mir leid...

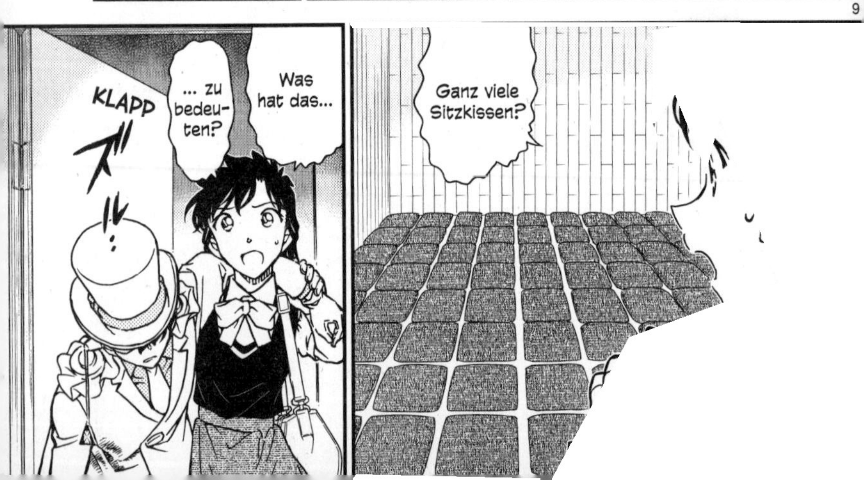
Ganz viele Sitzkissen?
Was hat das...
... zu bedeuten?
KLAPP

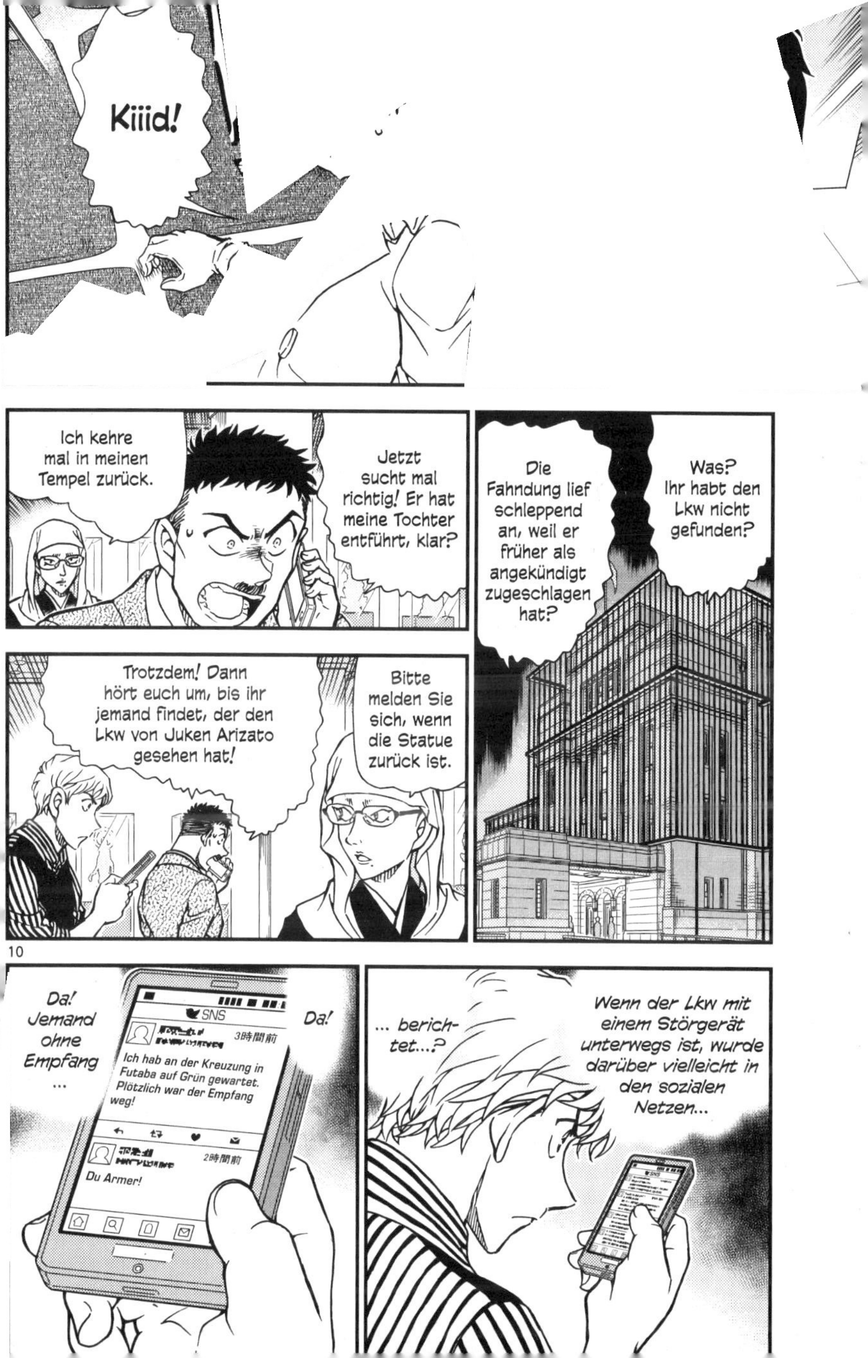
Kiiid!
Jetzt sucht mal richtig! Er hat meine Tochter entführt, klar?
Ich kehre mal in meinen Tempel zurück.
Was? Ihr habt den Lkw nicht gefunden?
Die Fahndung lief schleppend an, weil er früher als angekündigt zugeschlagen hat?
Bitte melden Sie sich, wenn die Statue zurück ist.
Trotzdem! Dann hört euch um, bis ihr jemand findet, der den Lkw von Juken Arizato gesehen hat!
Wenn der Lkw mit einem Störgerät unterwegs ist, wurde darüber vielleicht in den sozialen Netzen...
... berichtet...?
Da!
SNS
3時間前
Ich hab an der Kreuzung in Futaba auf Grün gewartet. Plötzlich war der Empfang weg!
2時間前
Du Armer!
Da! Jemand ohne Empfang ...

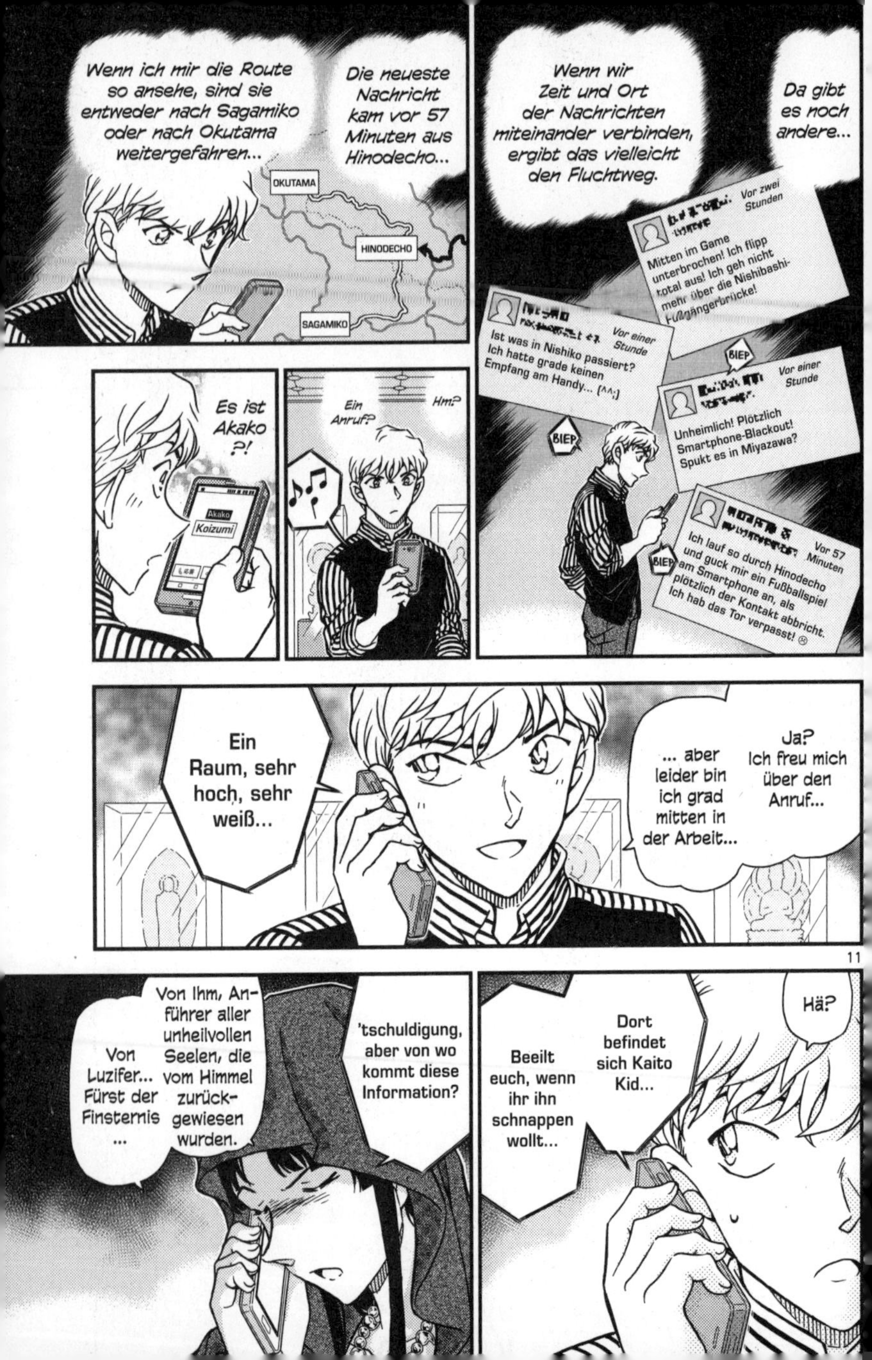

Da gibt es noch andere...
Wenn wir Zeit und Ort der Nachrichten miteinander verbinden, ergibt das vielleicht den Fluchtweg.
Vor zwei Stunden
Mitten im Game unterbrochen! Ich flipp total aus! Ich geh nicht mehr über die Nishibashi-Fußgängerbrücke!
Vor einer Stunde
Ist was in Nishiko passiert? Ich hatte grade keinen Empfang am Handy... (^^;)
BIEP
Vor einer Stunde
Unheimlich! Plötzlich Smartphone-Blackout! Spukt es in Miyazawa?
BIEP
Vor 57 Minuten
Ich lauf so durch Hinodecho und guck mir ein Fußballspiel am Smartphone an, als plötzlich der Kontakt abbricht. Ich hab das Tor verpasst! ☹
BIEP
Wenn ich mir die Route so ansehe, sind sie entweder nach Sagamiko oder nach Okutama weitergefahren...
Die neueste Nachricht kam vor 57 Minuten aus Hinodecho...
OKUTAMA
HINODECHO
SAGAMIKO
Hm?
Ein Anruf?
Es ist Akako ?!
Akako Koizumi
Ja? Ich freu mich über den Anruf...
... aber leider bin ich grad mitten in der Arbeit...
Ein Raum, sehr hoch, sehr weiß...
Hä?
Dort befindet sich Kaito Kid...
Beeilt euch, wenn ihr ihn schnappen wollt...
'tschuldigung, aber von wo kommt diese Information?
Von Ihm, Anführer aller unheilvollen Seelen, die vom Himmel zurückgewiesen wurden.
Von Luzifer... Fürst der Finsternis ...

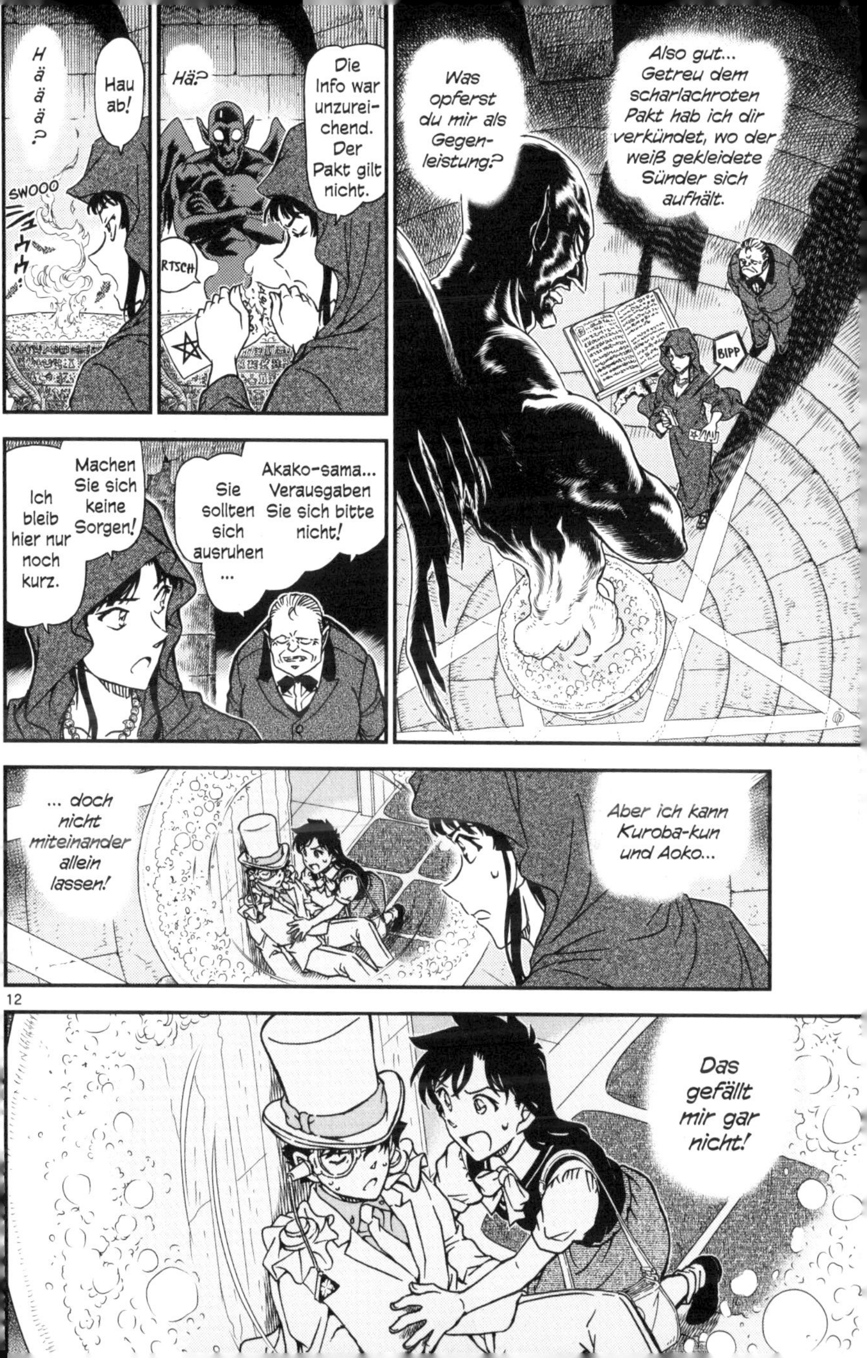

Also gut... Getreu dem scharlachroten Pakt hab ich dir verkündet, wo der weiß gekleidete Sünder sich aufhält.
Was opferst du mir als Gegenleistung?
BIPP
Die Info war unzureichend. Der Pakt gilt nicht.
Hä?
RTSCH
Hau ab!
Häää?
SWOOO
Akako-sama... Verausgaben Sie sich bitte nicht!
Sie sollten sich ausruhen ...
Machen Sie sich keine Sorgen!
Ich bleib hier nur noch kurz.
Aber ich kann Kuroba-kun und Aoko...
... doch nicht miteinander allein lassen!
12
Das gefällt mir gar nicht!

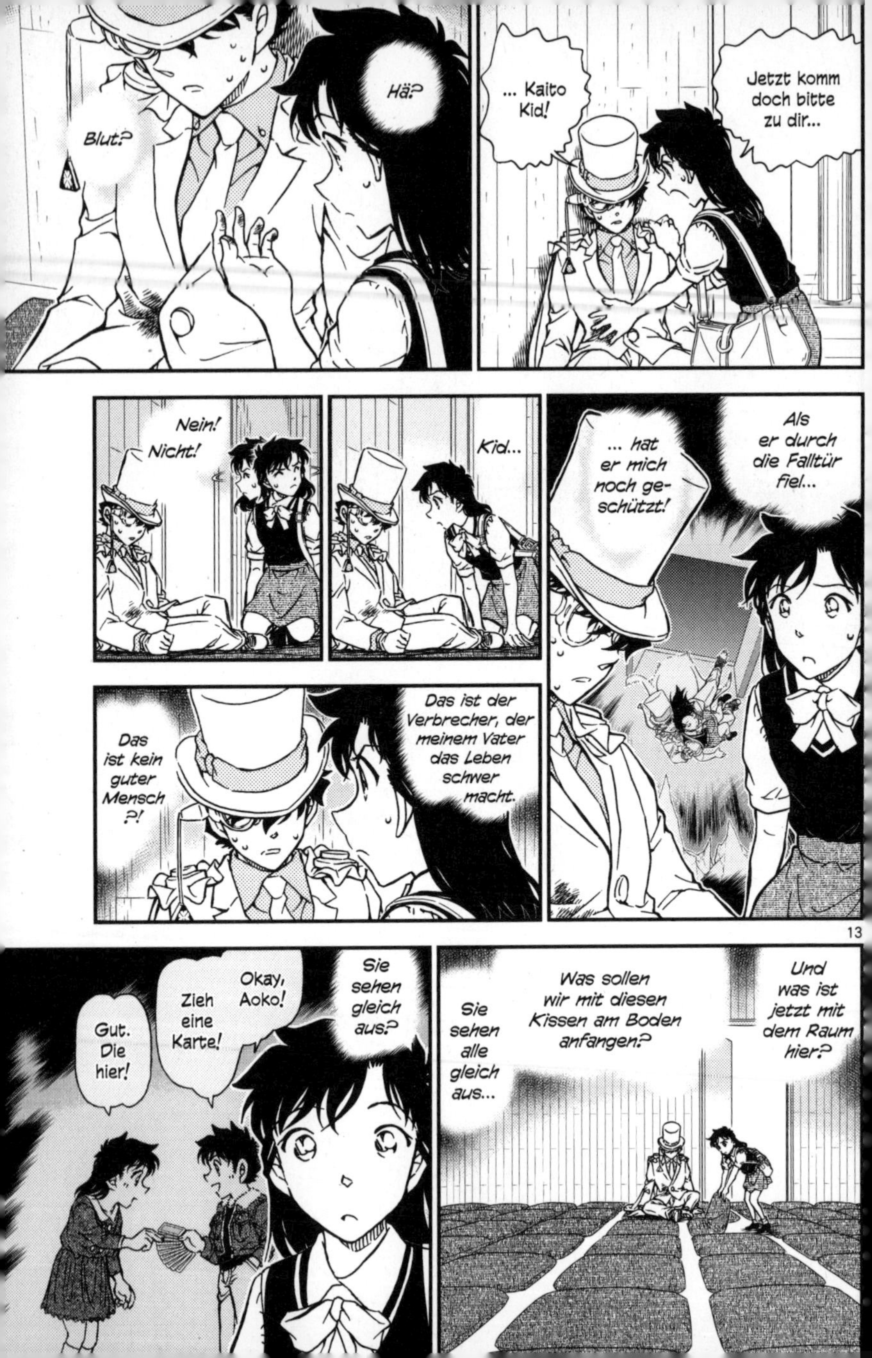
Jetzt komm doch bitte zu dir...
... Kaito Kid!
Hä?
Blut?
Als er durch die Falltür fiel...
... hat er mich noch geschützt!
Kid...
Nein! Nicht!
Das ist der Verbrecher, der meinem Vater das Leben schwer macht.
Das ist kein guter Mensch ?!
Und was ist jetzt mit dem Raum hier?
Was sollen wir mit diesen Kissen am Boden anfangen?
Sie sehen alle gleich aus...
Sie sehen gleich aus?
Okay, Aoko!
Zieh eine Karte!
Gut. Die hier!

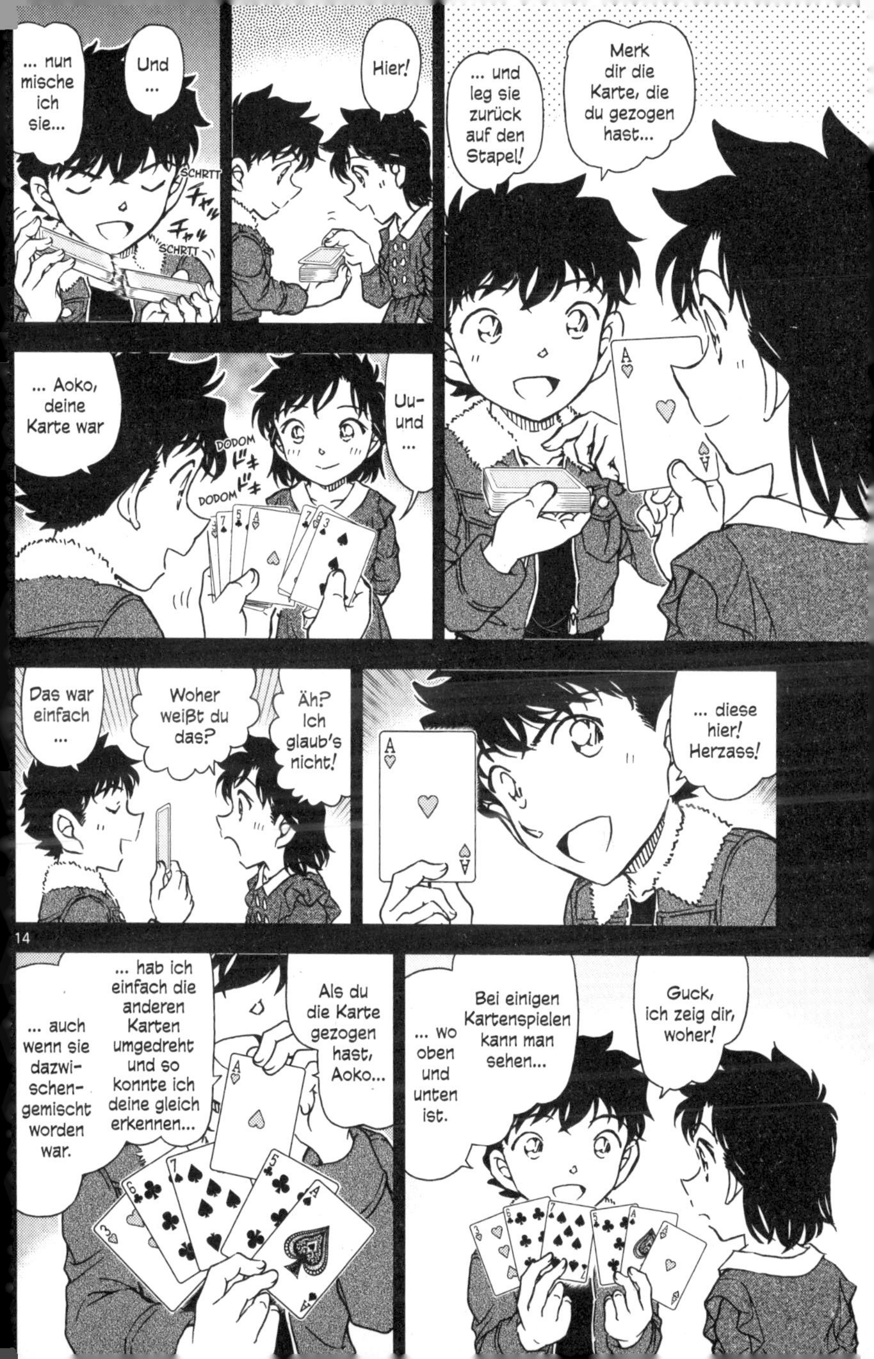
Merk dir die Karte, die du gezogen hast...
... und leg sie zurück auf den Stapel!
Hier!
Und ...
... nun mische ich sie...
SCHRTT
SCHRTT
Uu- und ...
... Aoko, deine Karte war
DODOM
DODOM
... diese hier! Herzass!
Äh? Ich glaub's nicht!
Woher weißt du das?
Das war einfach ...
Guck, ich zeig dir, woher!
Bei einigen Kartenspielen kann man sehen...
... wo oben und unten ist.
Als du die Karte gezogen hast, Aoko...
... hab ich einfach die anderen Karten umgedreht und so konnte ich deine gleich erkennen...
... auch wenn sie dazwi-schen-gemischt worden war.

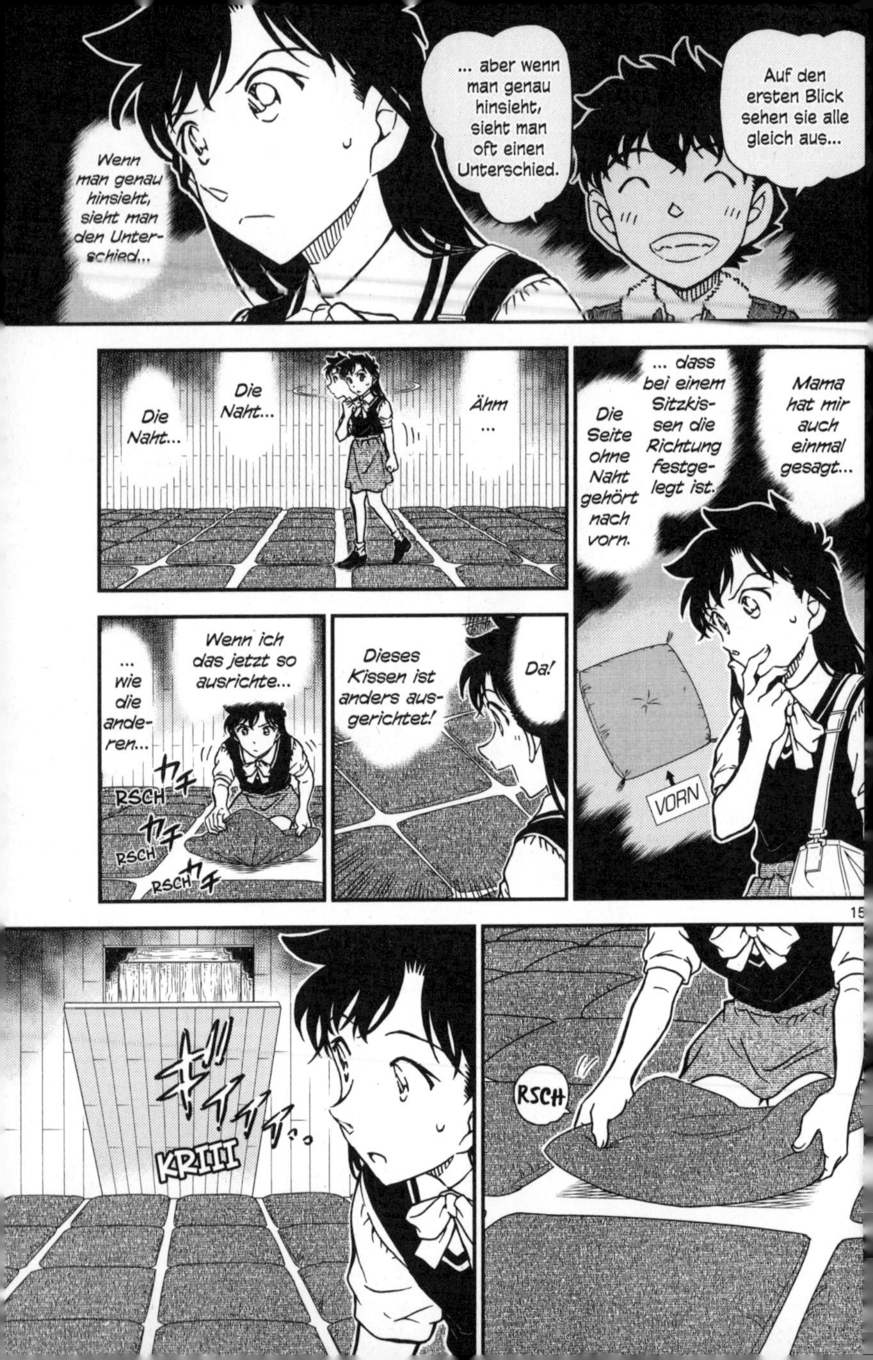
Auf den ersten Blick sehen sie alle gleich aus...
... aber wenn man genau hinsieht, sieht man oft einen Unterschied.
Wenn man genau hinsieht, sieht man den Unterschied...
Mama hat mir auch einmal gesagt...
... dass bei einem Sitzkissen die Richtung festgelegt ist.
Die Seite ohne Naht gehört nach vorn.
VORN
Ähm ...
Die Naht...
Die Naht...
Da!
Dieses Kissen ist anders ausgerichtet!
Wenn ich das jetzt so ausrichte...
... wie die anderen...
RSCH
RSCH
RSCH
RSCH
KRIII

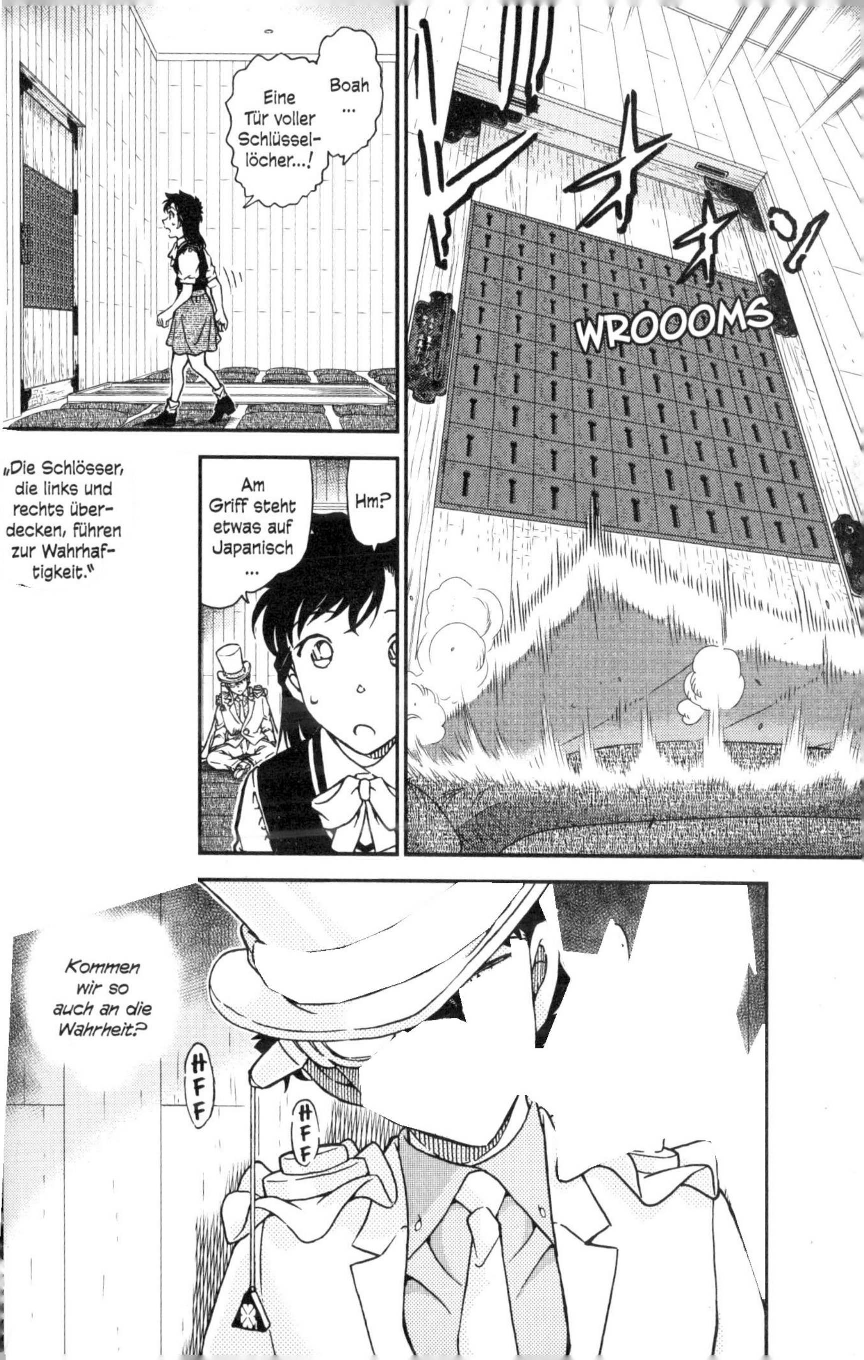
WROOOMS
Boah ...
Eine Tür voller Schlüssellöcher...!
Hm?
Am Griff steht etwas auf Japanisch ...
„Die Schlösser, die links und rechts überdecken, führen zur Wahrhaftigkeit.“
Kommen wir so auch an die Wahrheit?
HFF
HFF

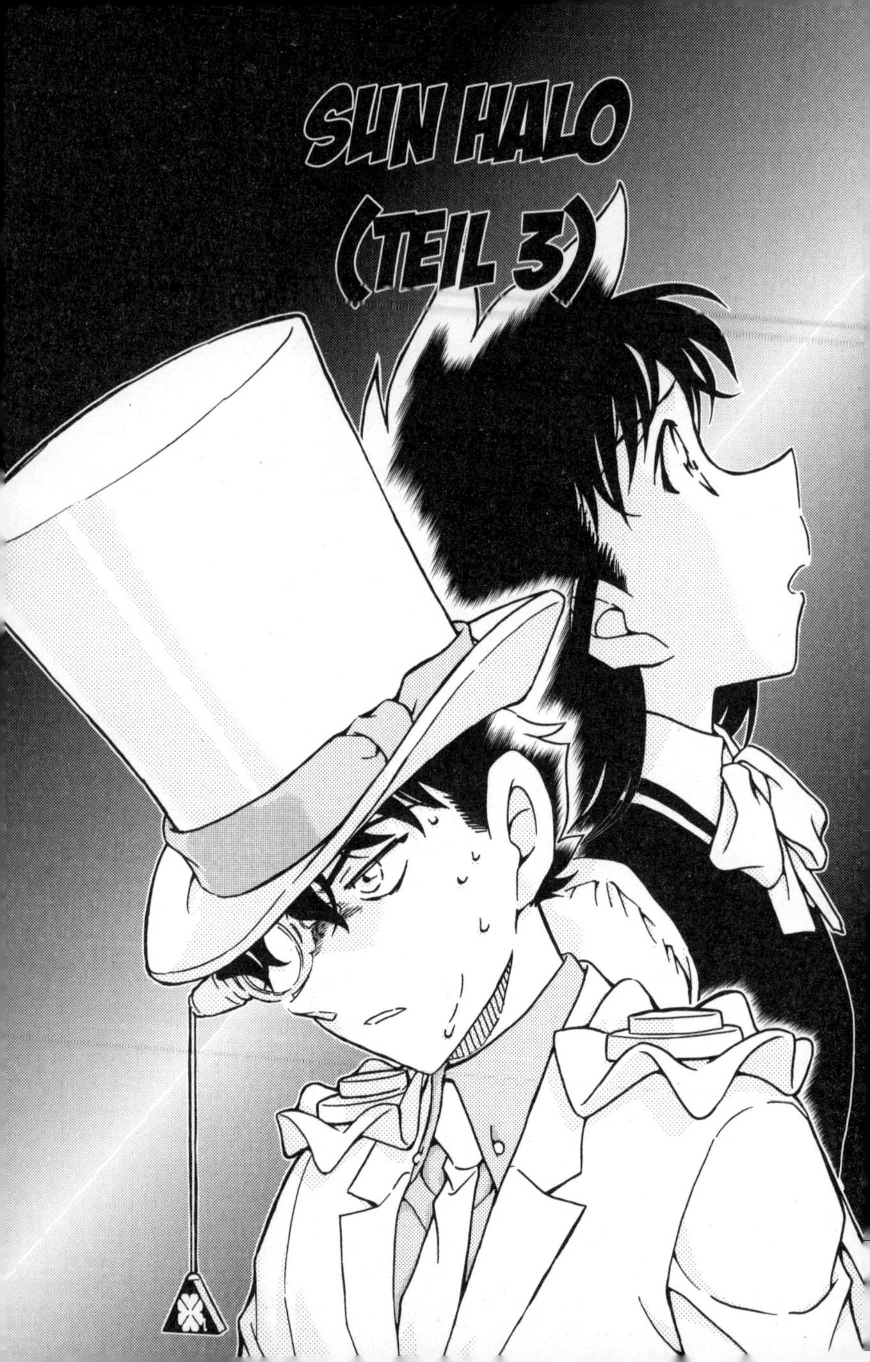
SUN HALO
(TEIL 3)

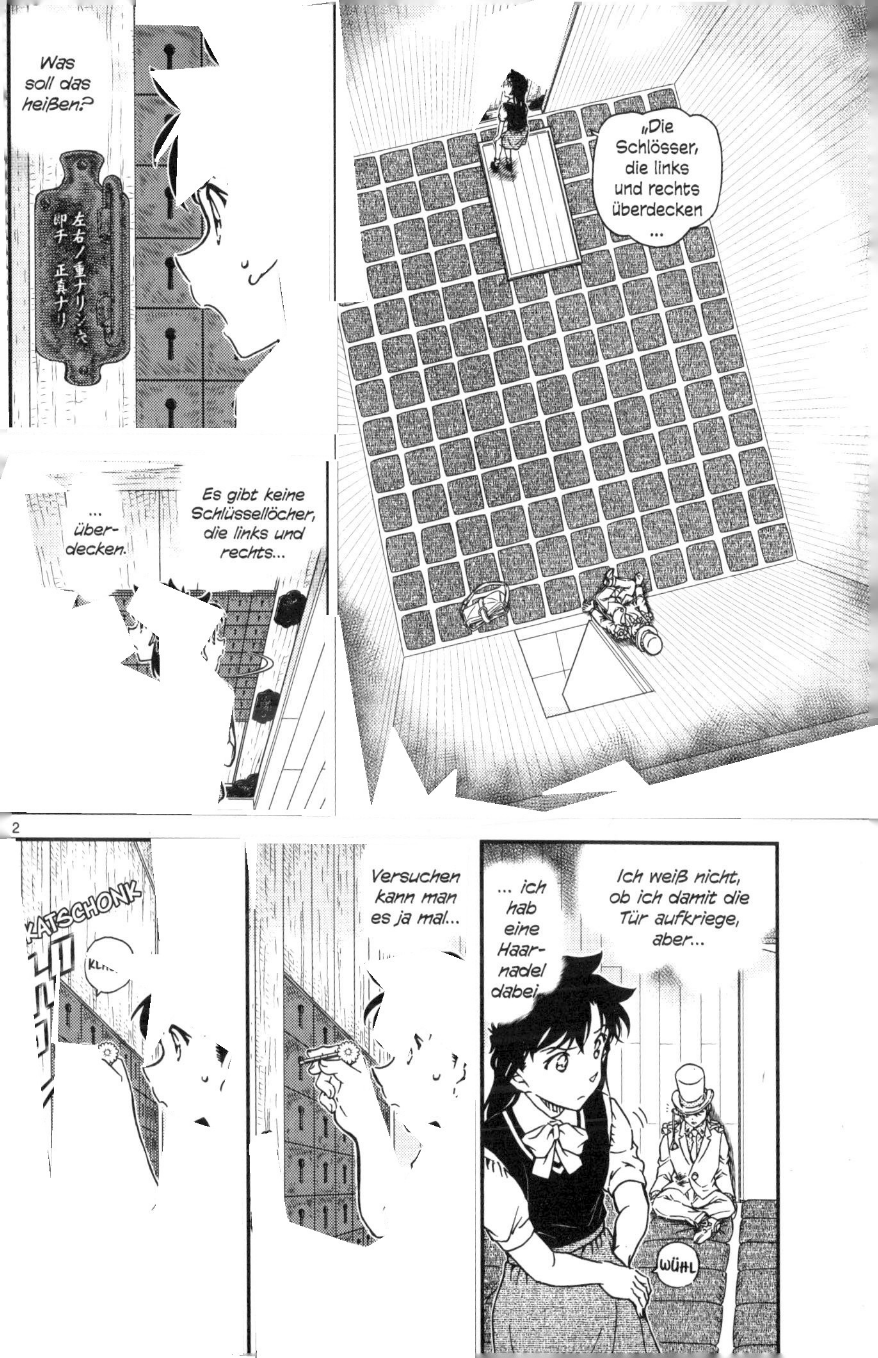
„Die Schlösser, die links und rechts überdecken ...
Was soll das heißen?
左右ノ重ナリシ穴
即チ 正真ナリ
Es gibt keine Schlüssellöcher, die links und rechts...
... über-decken.
Ich weiß nicht, ob ich damit die Tür aufkriege, aber...
... ich hab eine Haar-nadel dabei.
WÜHL
Versuchen kann man es ja mal...
KATSCHONK

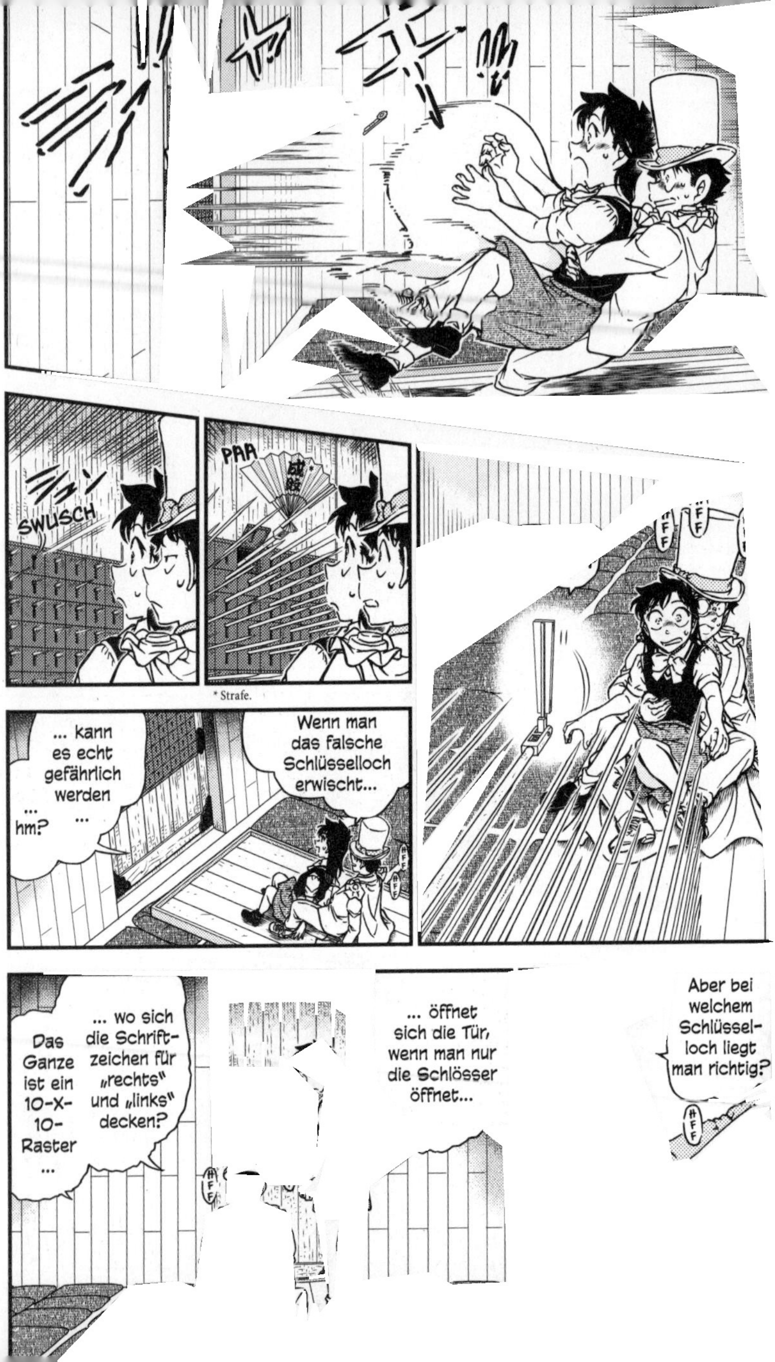

SWUSCH
PAA
*Strafe.
Wenn man das falsche Schlüsselloch erwischt...
... kann es echt gefährlich werden ...
... hm?
Aber bei welchem Schlüsselloch liegt man richtig?
... öffnet sich die Tür, wenn man nur die Schlösser öffnet...
... wo sich die Schriftzeichen für „rechts" und „links" decken?
Das Ganze ist ein 10-X-10-Raster ...

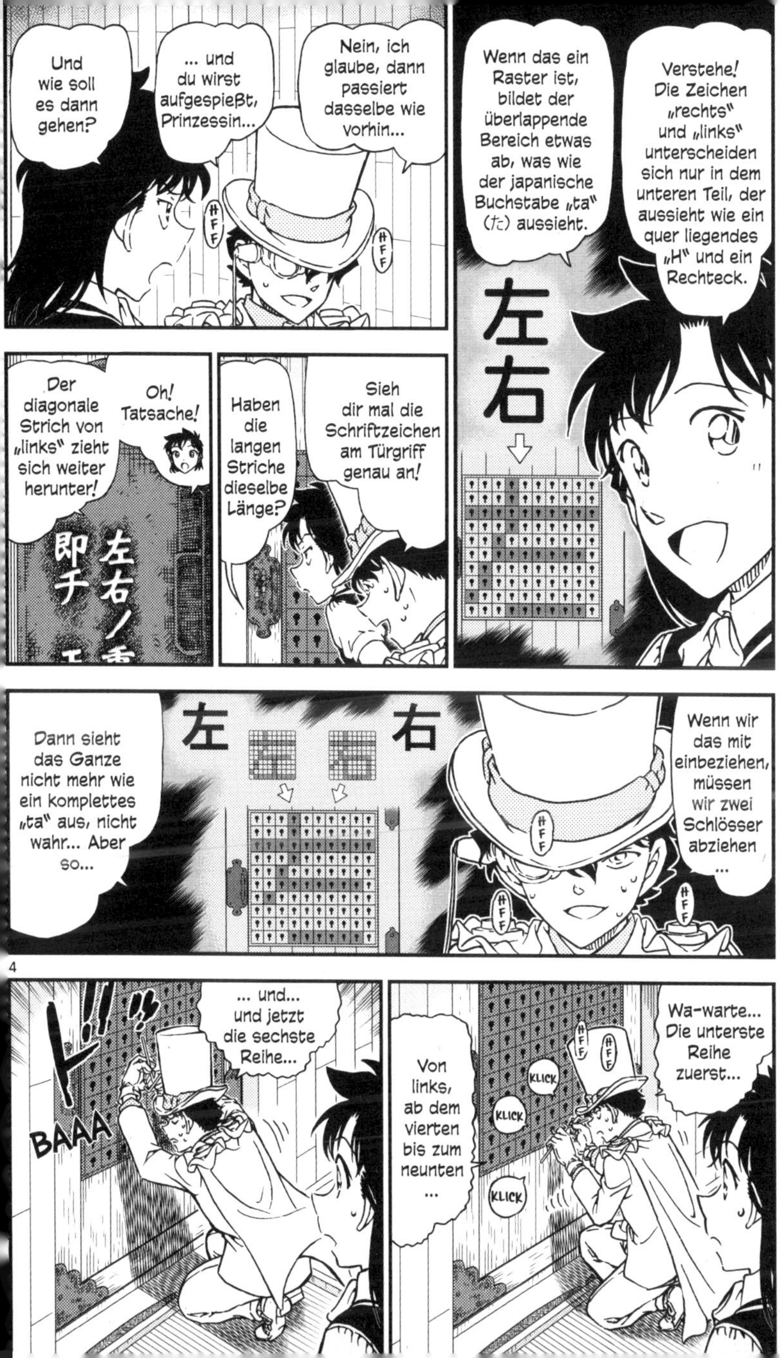
Nein, ich glaube, dann passiert dasselbe wie vorhin...
... und du wirst aufgespießt, Prinzessin...
HFF
HFF
Und wie soll es dann gehen?
Verstehe! Die Zeichen „rechts" und „links" unterscheiden sich nur in dem unteren Teil, der aussieht wie ein quer liegendes „H" und ein Rechteck.
Wenn das ein Raster ist, bildet der überlappende Bereich etwas ab, was wie der japanische Buchstabe „ta" (た) aussieht.
左
右
Sieh dir mal die Schriftzeichen am Türgriff genau an!
Haben die langen Striche dieselbe Länge?
Oh! Tatsache!
Der diagonale Strich von „links" zieht sich weiter herunter!
左右ノ
即チ
Wenn wir das mit einbeziehen, müssen wir zwei Schlösser abziehen ...
HFF
HFF
HFF
左
右
Dann sieht das Ganze nicht mehr wie ein komplettes „ta" aus, nicht wahr... Aber so...
Wa-warte... Die unterste Reihe zuerst...
HFF
HFF
KLICK
KLICK
KLICK
Von links, ab dem vierten bis zum neunten ...
... und... und jetzt die sechste Reihe...
!!
!?
BAAA

4

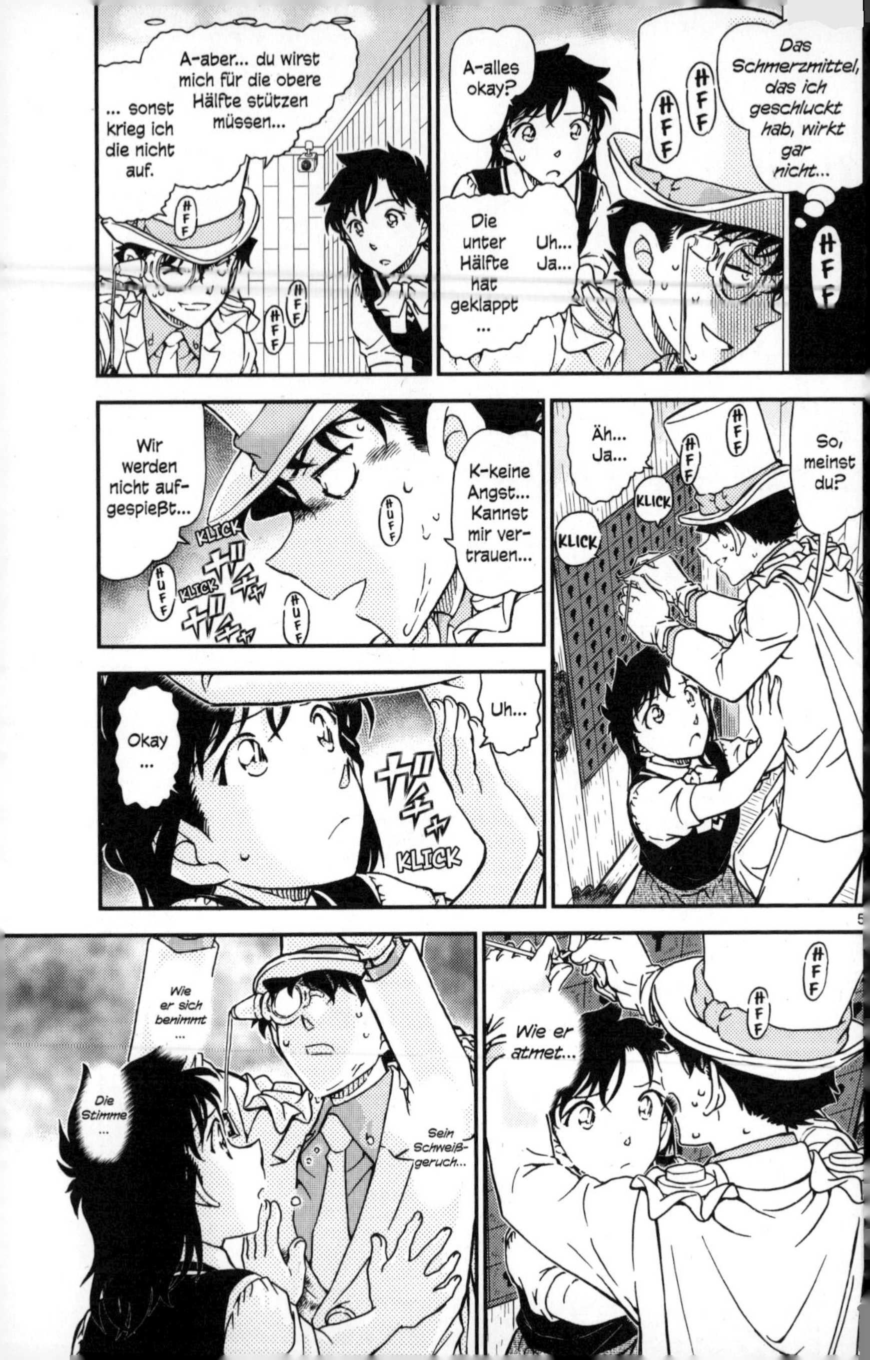
Das Schmerzmittel, das ich geschluckt hab, wirkt gar nicht...
HFF
HFF
A-alles okay?
Uh... Ja...
Die unter Hälfte hat geklappt ...
A-aber... du wirst mich für die obere Hälfte stützen müssen...
... sonst krieg ich die nicht auf.
HFF
HFF
HFF
So, meinst du?
HFF
HFF
Äh... Ja...
KLICK
KLICK
K-keine Angst... Kannst mir vertrauen...
HUFF
Wir werden nicht aufgespießt...
KLICK
KLICK
HUFF
HUFF
Uh...
KLICK
Okay ...
HFF
HFF
Wie er atmet...
Wie er sich benimmt ...
Sein Schweißgeruch...
Die Stimme ...

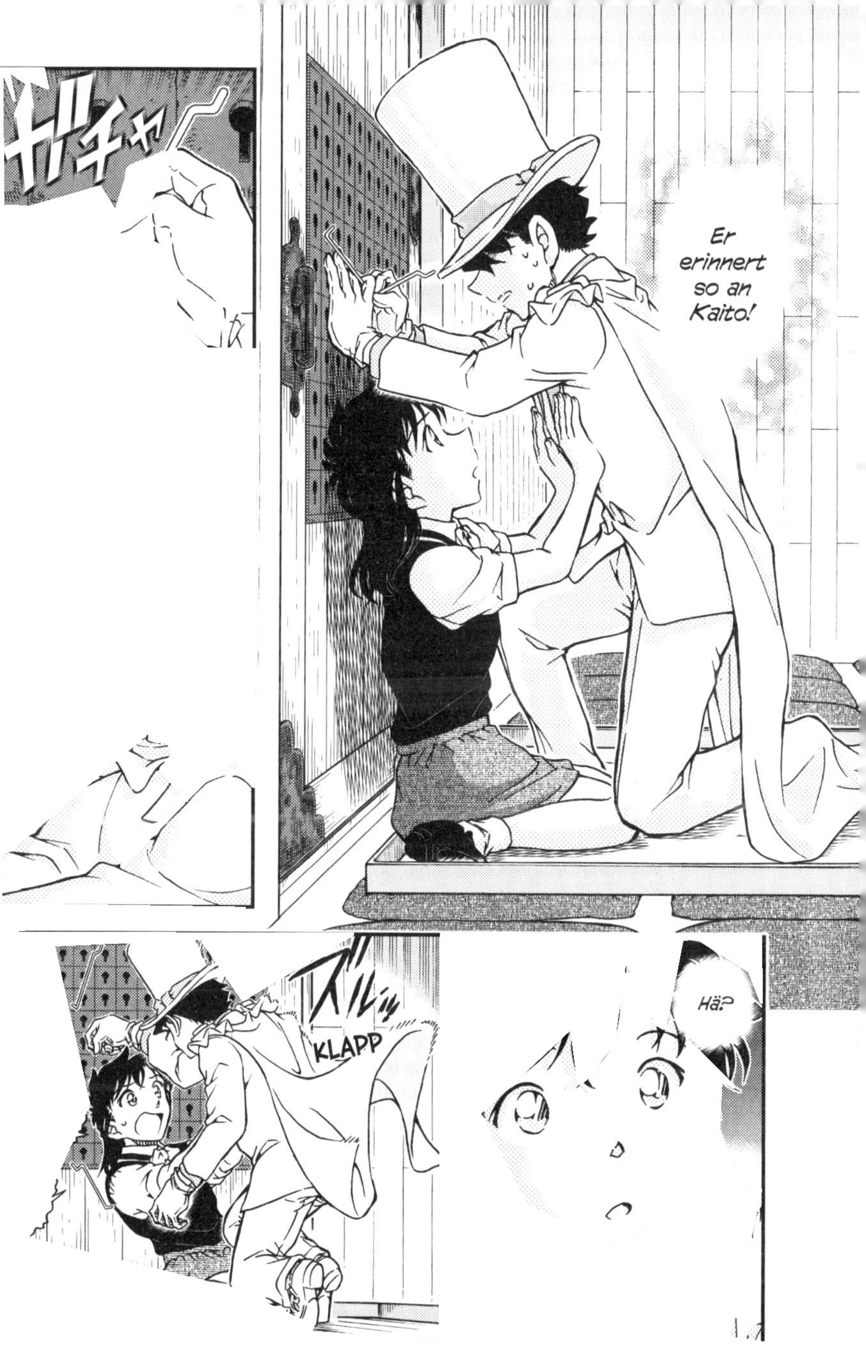
Er erinnert so an Kaito!
ガチャ
Hä?
ズルッ
KLAPP

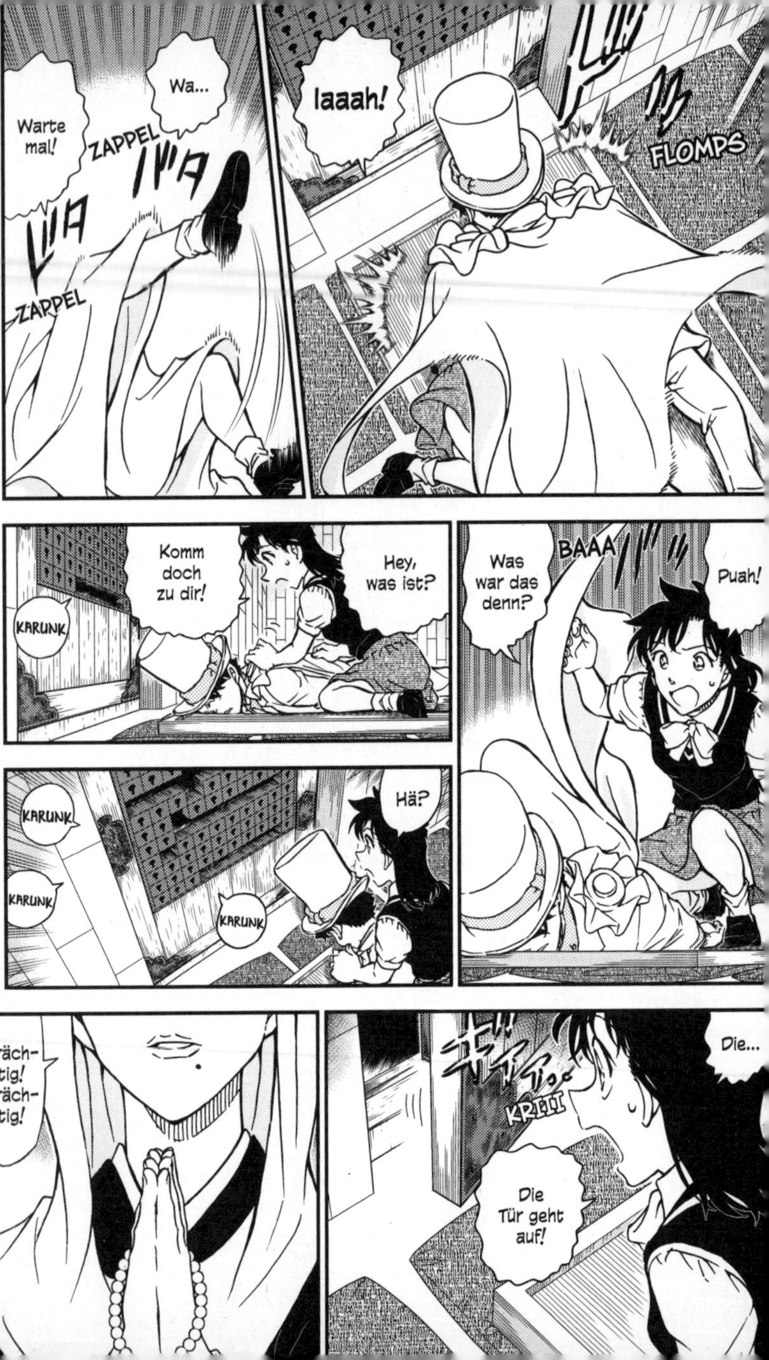
laaah!
FLOMPS
Wa...
Warte mal!
ZAPPEL
ZAPPEL
Puah!
BAAA
Was war das denn?
Hey, was ist?
Komm doch zu dir!
KARUNK
Hä?
KARUNK
KARUNK
KARUNK
Die...
KRIII
Die Tür geht auf!
Präch-tig! Präch-tig!

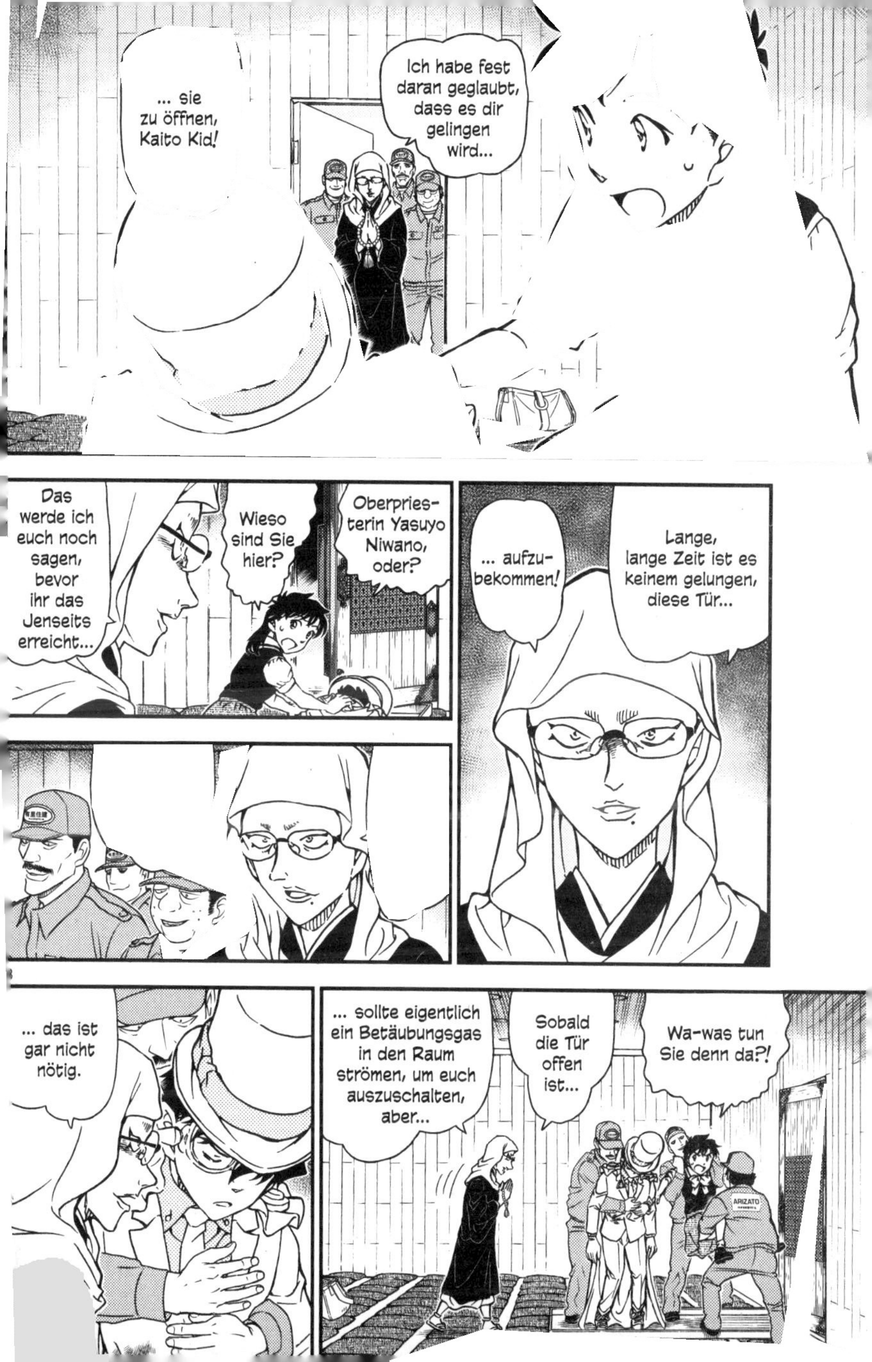
Ich habe fest daran geglaubt, dass es dir gelingen wird...
... sie zu öffnen, Kaito Kid!
Lange, lange Zeit ist es keinem gelungen, diese Tür...
... aufzubekommen!
Oberpriesterin Yasuyo Niwano, oder?
Wieso sind Sie hier?
Das werde ich euch noch sagen, bevor ihr das Jenseits erreicht...
Wa-was tun Sie denn da?!
Sobald die Tür offen ist...
... sollte eigentlich ein Betäubungsgas in den Raum strömen, um euch auszuschalten, aber...
... das ist gar nicht nötig.

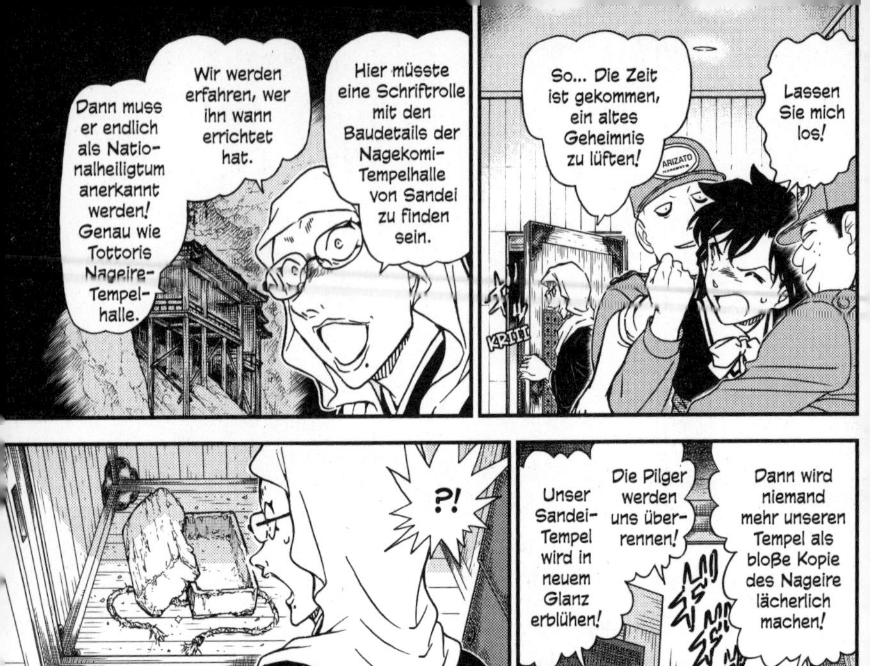
Lassen Sie mich los!
So... Die Zeit ist gekommen, ein altes Geheimnis zu lüften!
KRIII
Hier müsste eine Schriftrolle mit den Baudetails der Nagekomi-Tempelhalle von Sandei zu finden sein.
Wir werden erfahren, wer ihn wann errichtet hat.
Dann muss er endlich als Nationalheiligtum anerkannt werden! Genau wie Tottoris Nageire-Tempelhalle.
Dann wird niemand mehr unseren Tempel als bloße Kopie des Nageire lächerlich machen!
Die Pilger werden uns überrennen!
Unser Sandei-Tempel wird in neuem Glanz erblühen!
KRIII
?!
Sie... sie ist leer?!
Wieso ?!

9

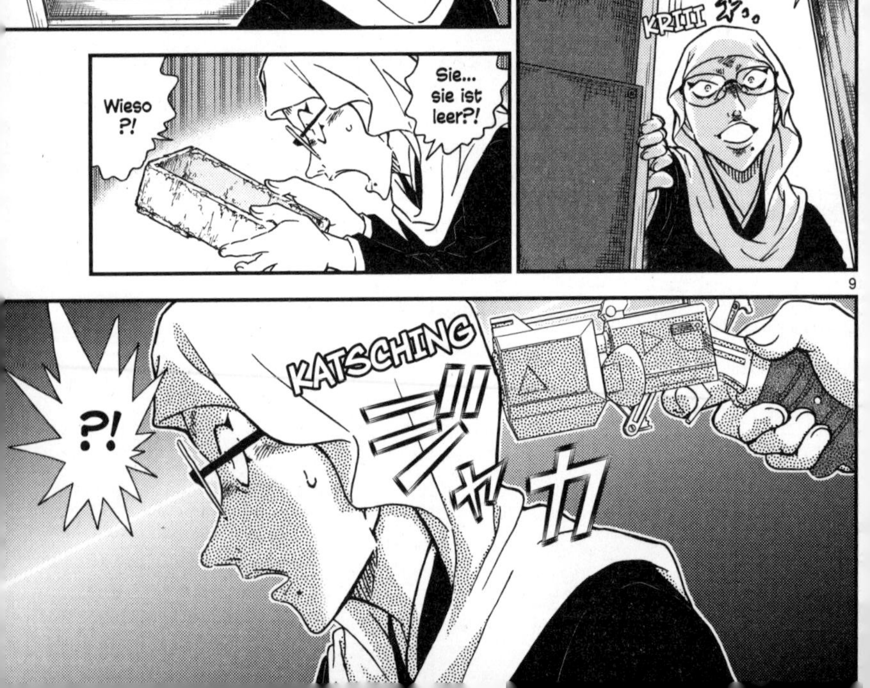
KATSCHING
?!

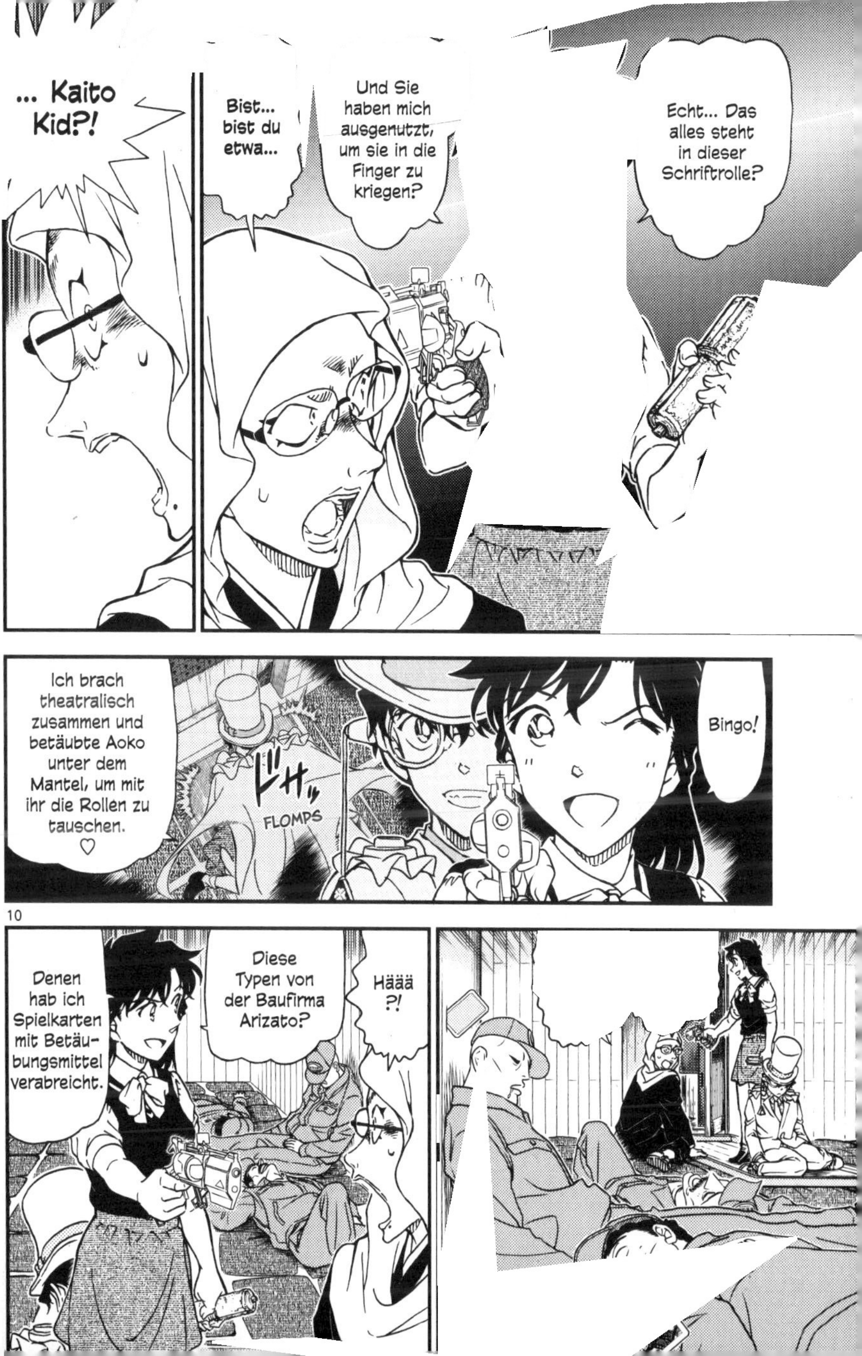
Echt... Das alles steht in dieser Schriftrolle?
Und Sie haben mich ausgenutzt, um sie in die Finger zu kriegen?
Bist... bist du etwa...
... Kaito Kid?!
Bingo!
Ich brach theatralisch zusammen und betäubte Aoko unter dem Mantel, um mit ihr die Rollen zu tauschen. ♡
FLOMPS
Häää?!
Diese Typen von der Baufirma Arizato?
Denen hab ich Spielkarten mit Betäubungsmittel verabreicht.

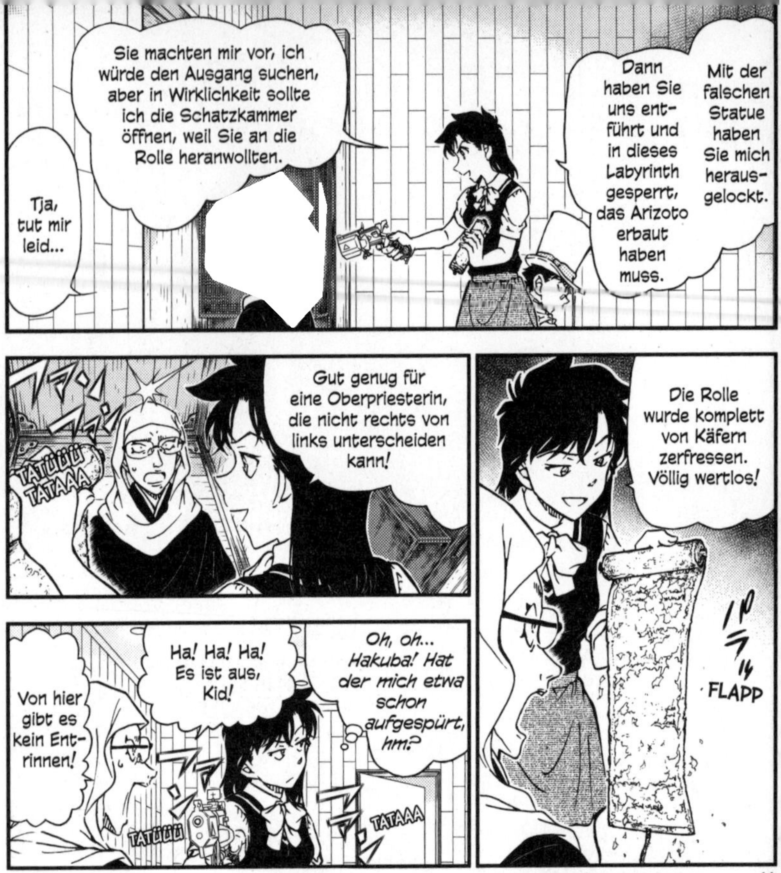
Mit der falschen Statue haben Sie mich herausgelockt.
Dann haben Sie uns entführt und in dieses Labyrinth gesperrt, das Arizoto erbaut haben muss.
Sie machten mir vor, ich würde den Ausgang suchen, aber in Wirklichkeit sollte ich die Schatzkammer öffnen, weil Sie an die Rolle heranwollten.
Tja, tut mir leid...
Die Rolle wurde komplett von Käfern zerfressen. Völlig wertlos!
FLAPP
Gut genug für eine Oberpriesterin, die nicht rechts von links unterscheiden kann!
TATÜÜÜ TATAAA
Oh, oh... Hakuba! Hat der mich etwa schon aufgespürt, hm?
Ha! Ha! Ha! Es ist aus, Kid!
Von hier gibt es kein Entrinnen!
TATAAA
TATÜÜÜ

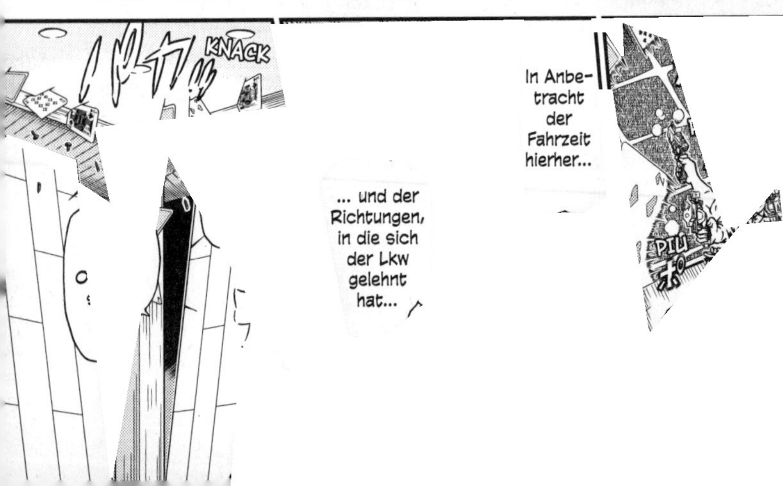
In Anbetracht der Fahrzeit hierher...
PIU
... und der Richtungen, in die sich der Lkw gelehnt hat...
KNACK

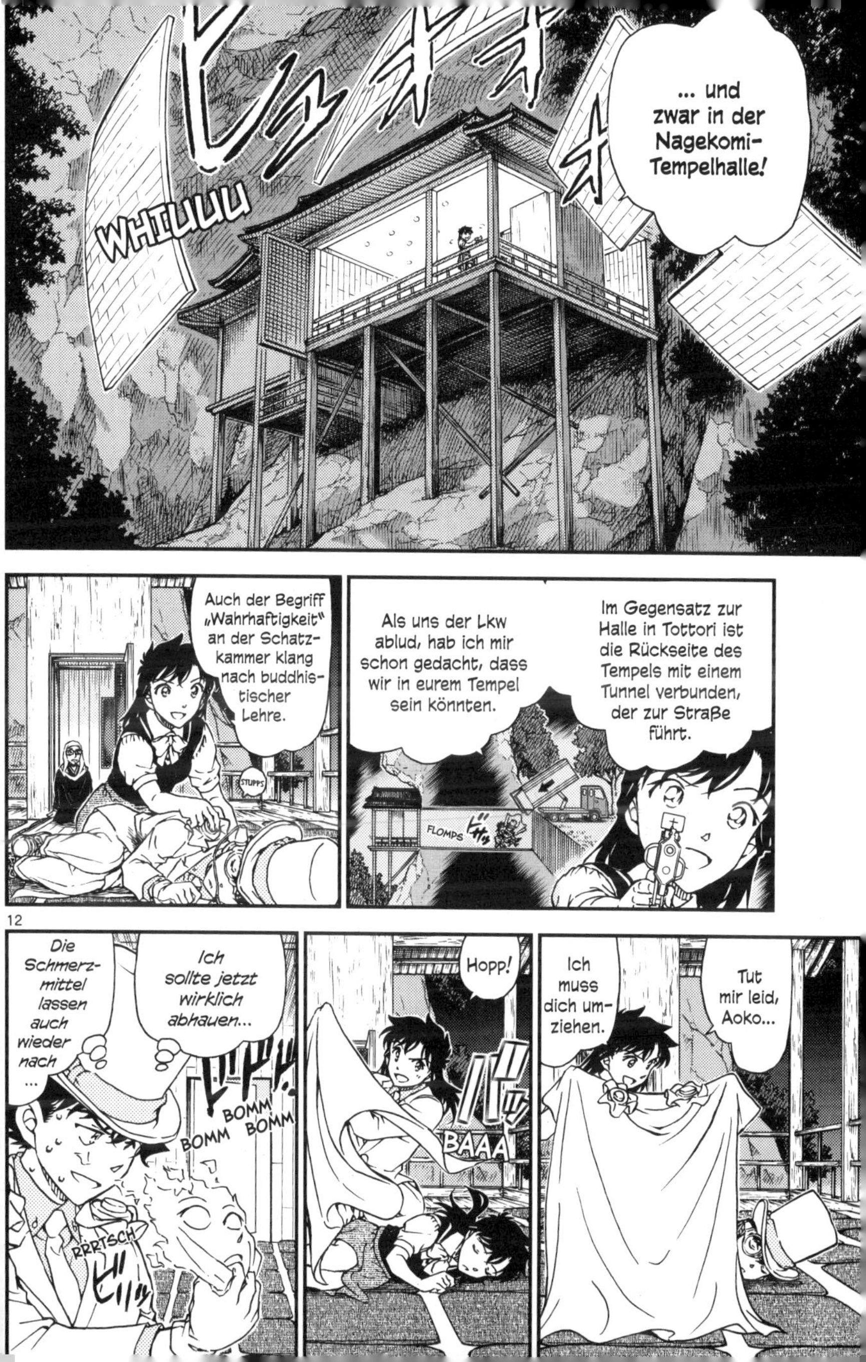
WHIUUU
... und zwar in der Nagekomi-Tempelhalle!
Im Gegensatz zur Halle in Tottori ist die Rückseite des Tempels mit einem Tunnel verbunden, der zur Straße führt.
Als uns der Lkw ablud, hab ich mir schon gedacht, dass wir in eurem Tempel sein könnten.
FLOMPS
Auch der Begriff „Wahrhaftigkeit“ an der Schatzkammer klang nach buddhistischer Lehre.
STUPPS
Tut mir leid, Aoko...
Ich muss dich umziehen.
Hopp!
BAAA
Ich sollte jetzt wirklich abhauen...
Die Schmerzmittel lassen auch wieder nach ...
BOMM BOMM BOMM BOMM
RRRTSCH

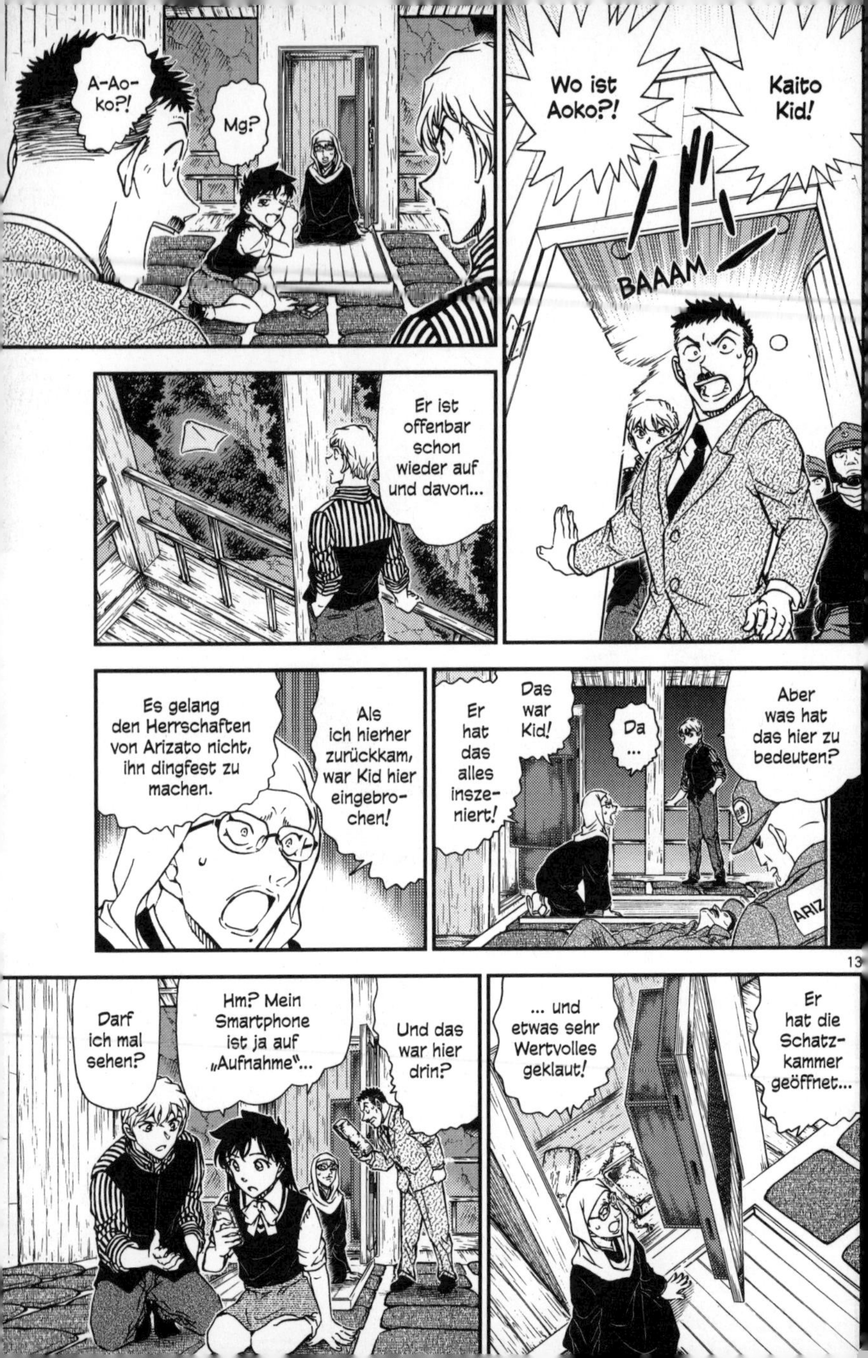
Kaito Kid!
Wo ist Aoko?!
BAAAM
A-Ao-ko?!
Mg?
Er ist offenbar schon wieder auf und davon...
Aber was hat das hier zu bedeuten?
Da ...
Das war Kid!
Er hat das alles insze-niert!
Als ich hierher zurückkam, war Kid hier eingebro-chen!
Es gelang den Herrschaften von Arizato nicht, ihn dingfest zu machen.
ARIZ
Er hat die Schatz-kammer geöffnet...
... und etwas sehr Wertvolles geklaut!
Und das war hier drin?
Hm? Mein Smartphone ist ja auf „Aufnahme"...
Darf ich mal sehen?

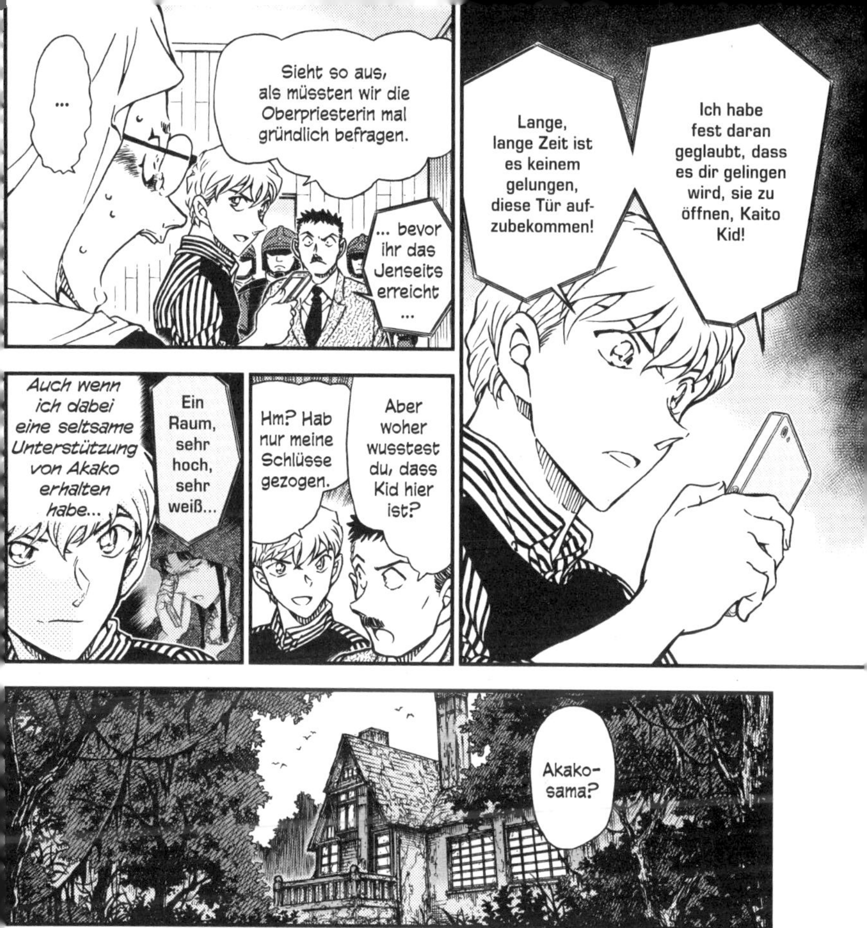
Ich habe fest daran geglaubt, dass es dir gelingen wird, sie zu öffnen, Kaito Kid!
Lange, lange Zeit ist es keinem gelungen, diese Tür aufzubekommen!
Sieht so aus, als müssten wir die Oberpriesterin mal gründlich befragen.
... bevor ihr das Jenseits erreicht ...
...
Aber woher wusstest du, dass Kid hier ist?
Hm? Hab nur meine Schlüsse gezogen.
Ein Raum, sehr hoch, sehr weiß...
Auch wenn ich dabei eine seltsame Unterstützung von Akako erhalten habe...
Akako-sama?

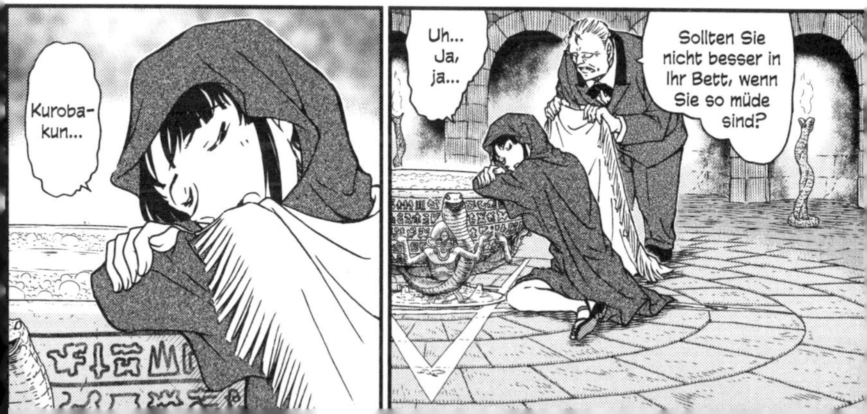
Sollten Sie nicht besser in Ihr Bett, wenn Sie so müde sind?
Uh... Ja, ja...
Kuroba-kun...

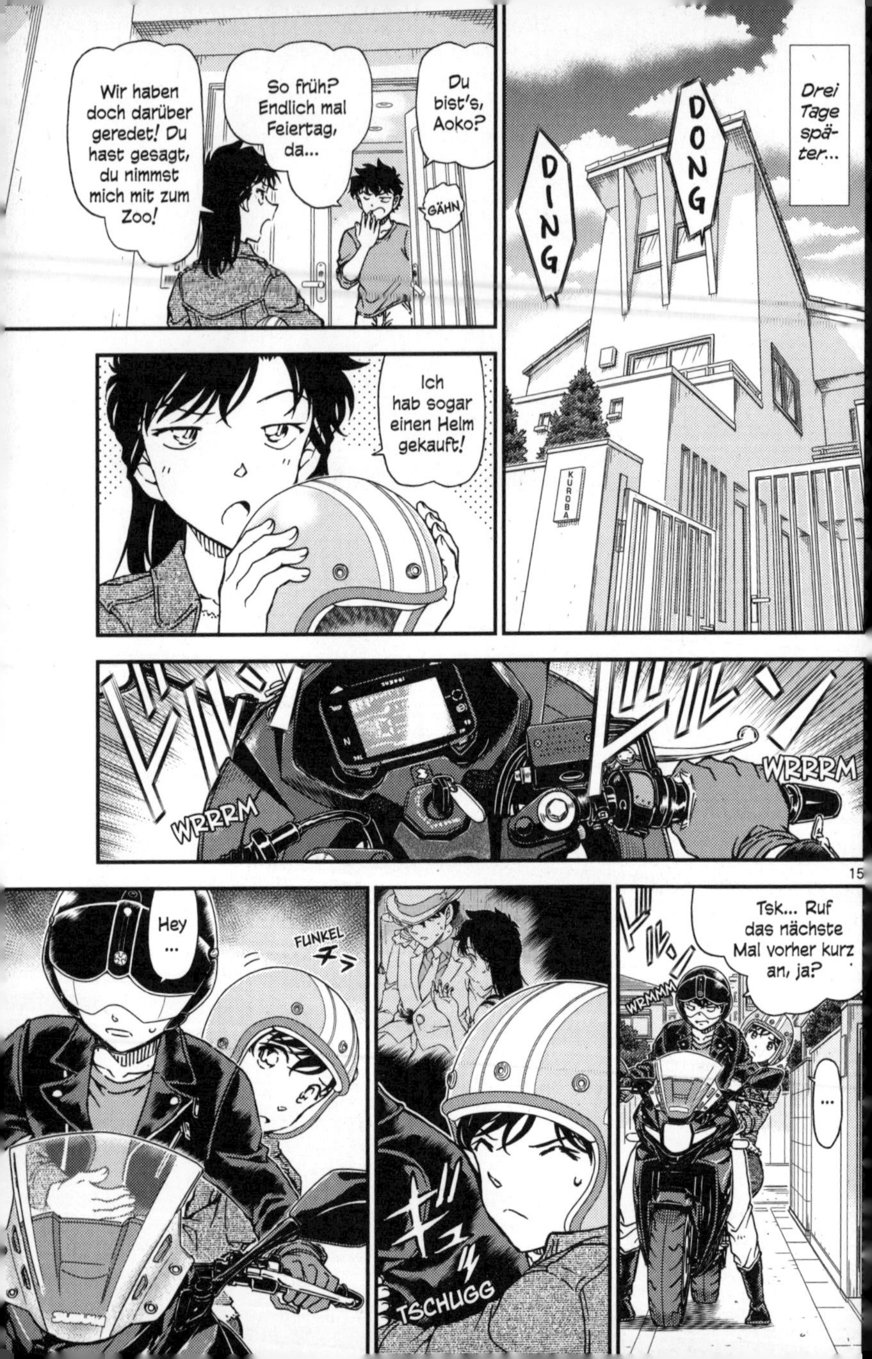
Drei Tage später...
DING
DONG
Du bist's, Aoko?
GÄHN
So früh? Endlich mal Feiertag, da...
Wir haben doch darüber geredet! Du hast gesagt, du nimmst mich mit zum Zoo!
Ich hab sogar einen Helm gekauft!
WRRRM
WRRRM
Tsk... Ruf das nächste Mal vorher kurz an, ja?
WRMMM
...
TSCHUGG
Hey ...
FUNKEL

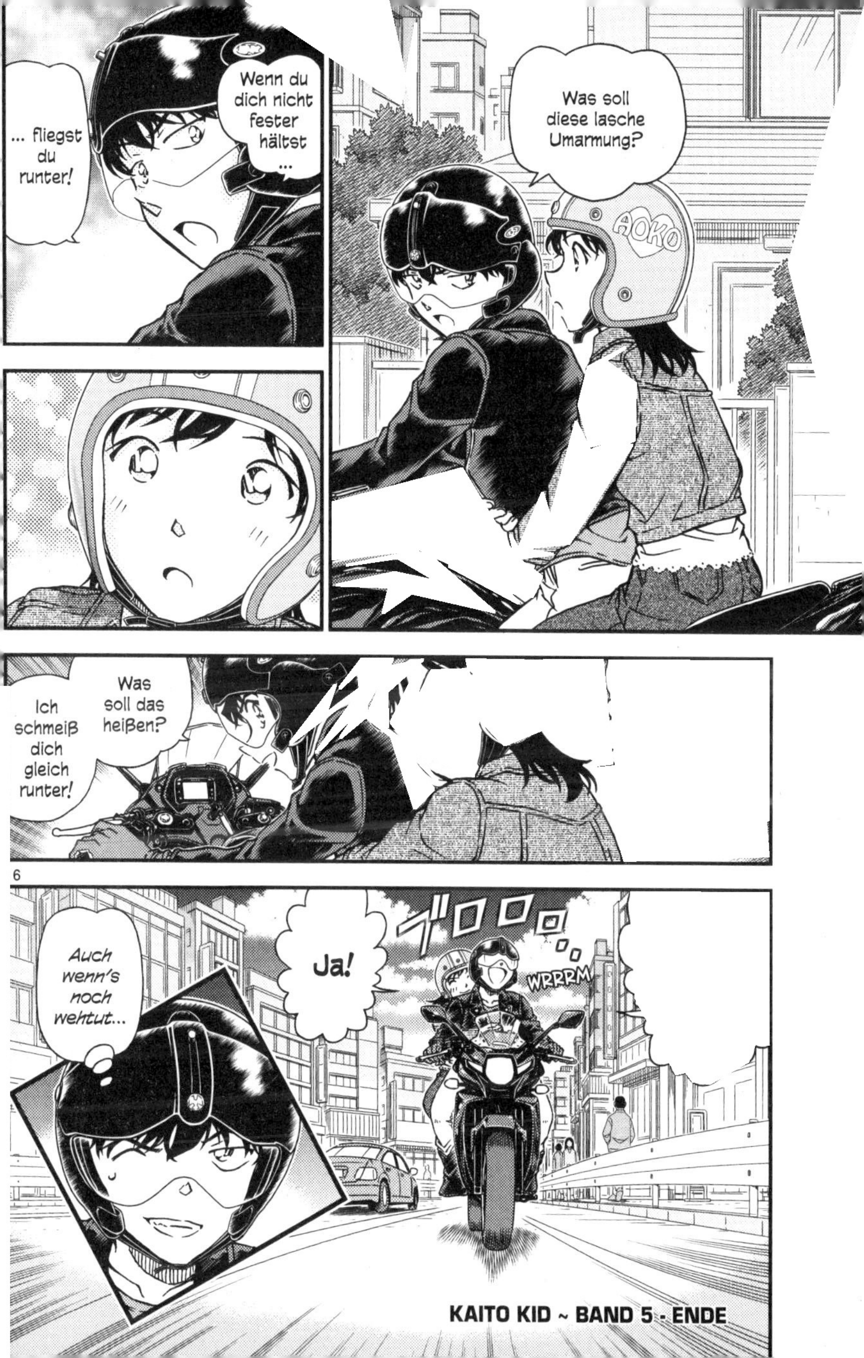

Was soll diese lasche Umarmung?
Wenn du dich nicht fester hältst ...
... fliegst du runter!
Was soll das heißen?
Ich schmeiß dich gleich runter!
Ja!
WRRRM
Auch wenn's noch wehtut...
KAITO KID ~ BAND 5 - ENDE

GOSHO AOYAMA PRESENTS

KAITO KID

TREASURED EDITION

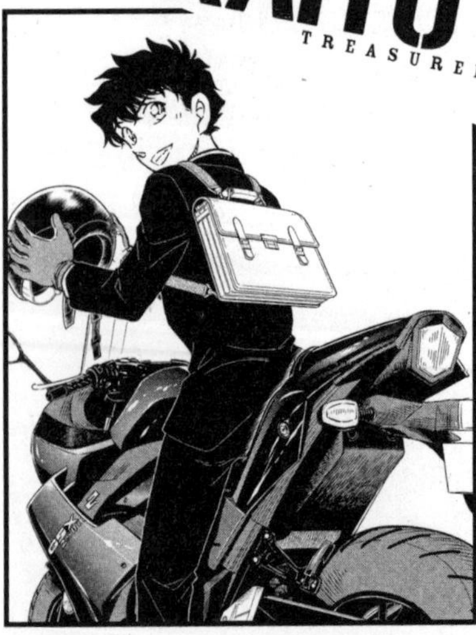

Auf der nächsten Seite
beginnt die Neuauflage von
„Lupin, der Gleichgültige“! ♡

Euer Kaito Kid ♡

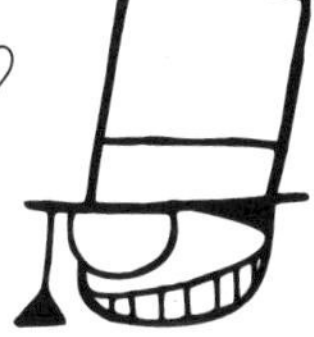

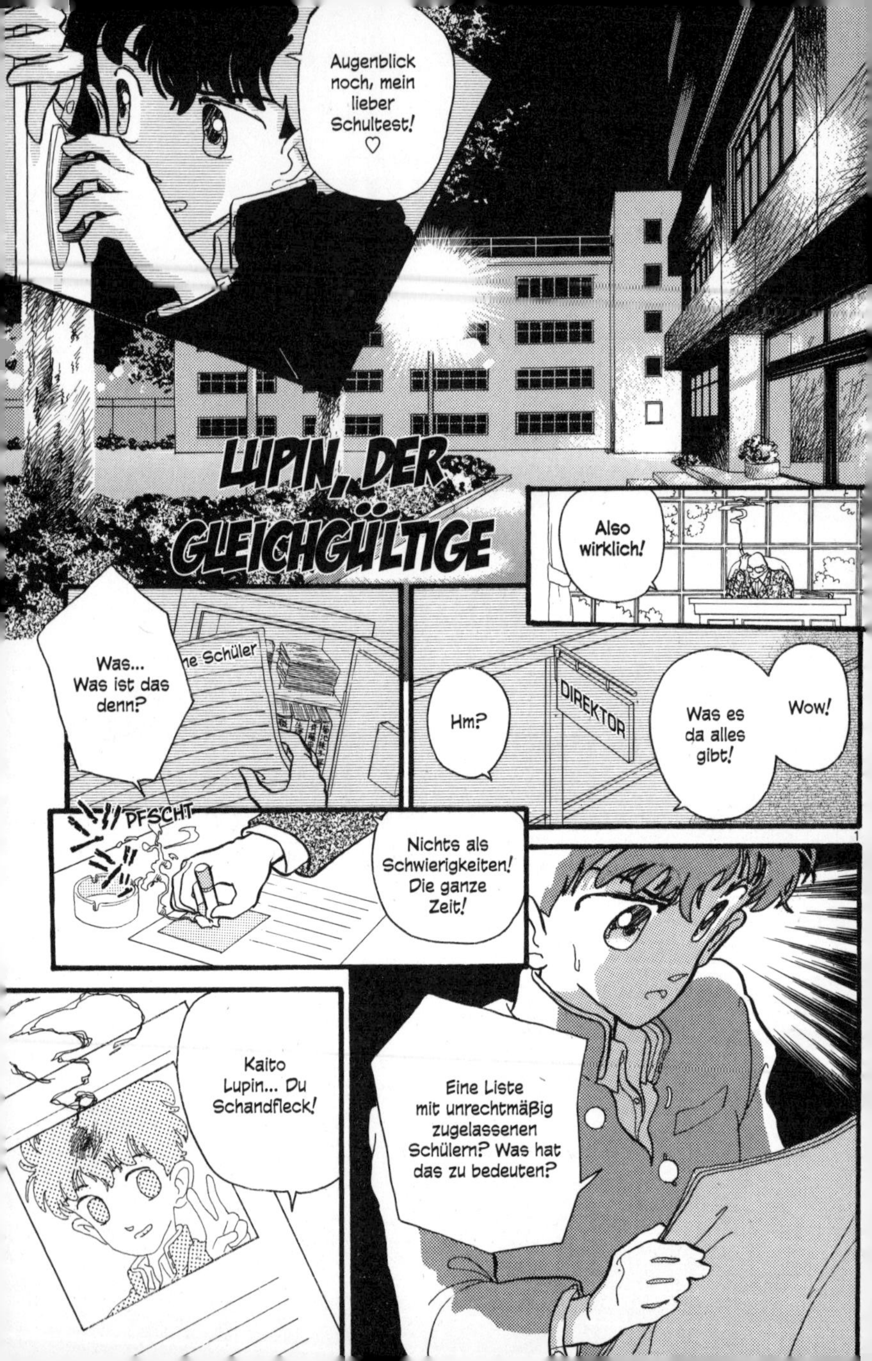

Augenblick noch, mein lieber Schultest! ♡
LUPIN, DER GLEICHGÜLTIGE
Also wirklich!
Wow!
Was es da alles gibt!
DIREKTOR
Hm?
...ne Schüler
Was... Was ist das denn?
PFSCHT
Nichts als Schwierigkeiten! Die ganze Zeit!
Eine Liste mit unrechtmäßig zugelassenen Schülern? Was hat das zu bedeuten?
Kaito Lupin... Du Schandfleck!

LUPIN, DER GLEICHGÜLTIGE

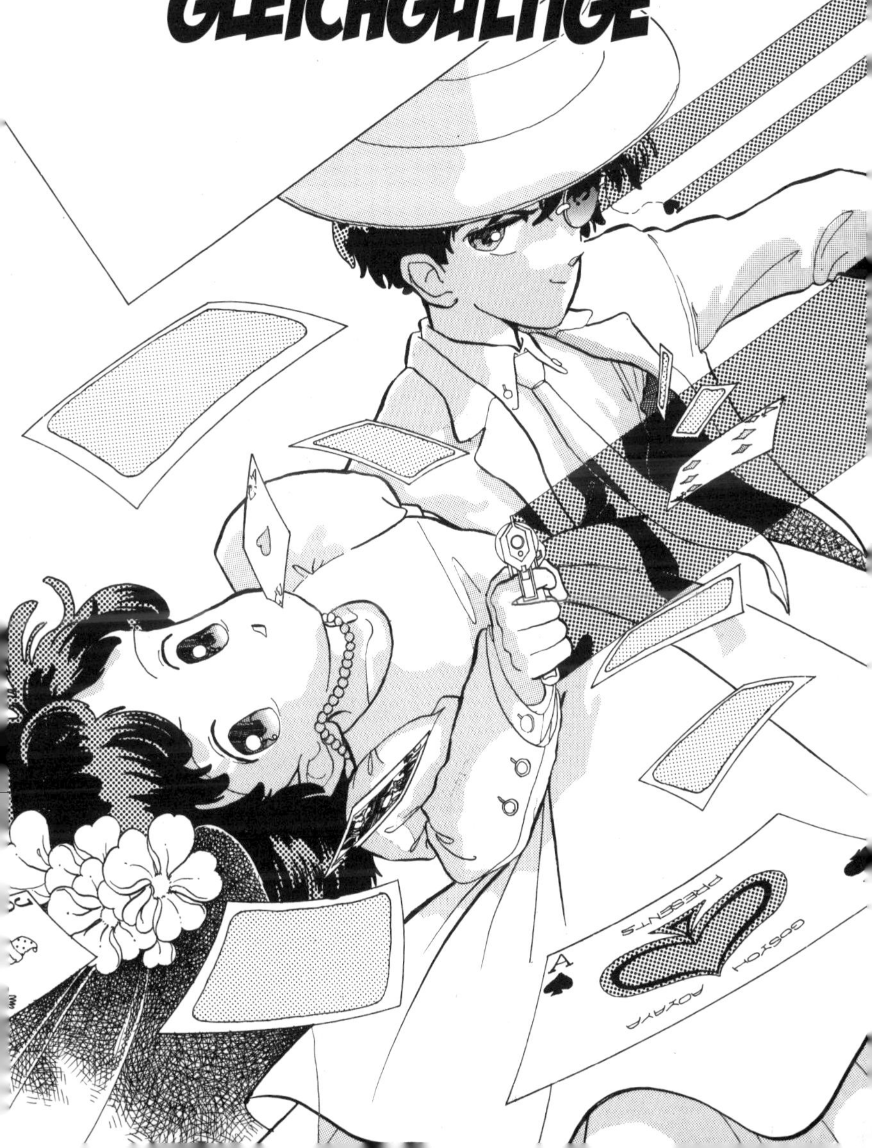

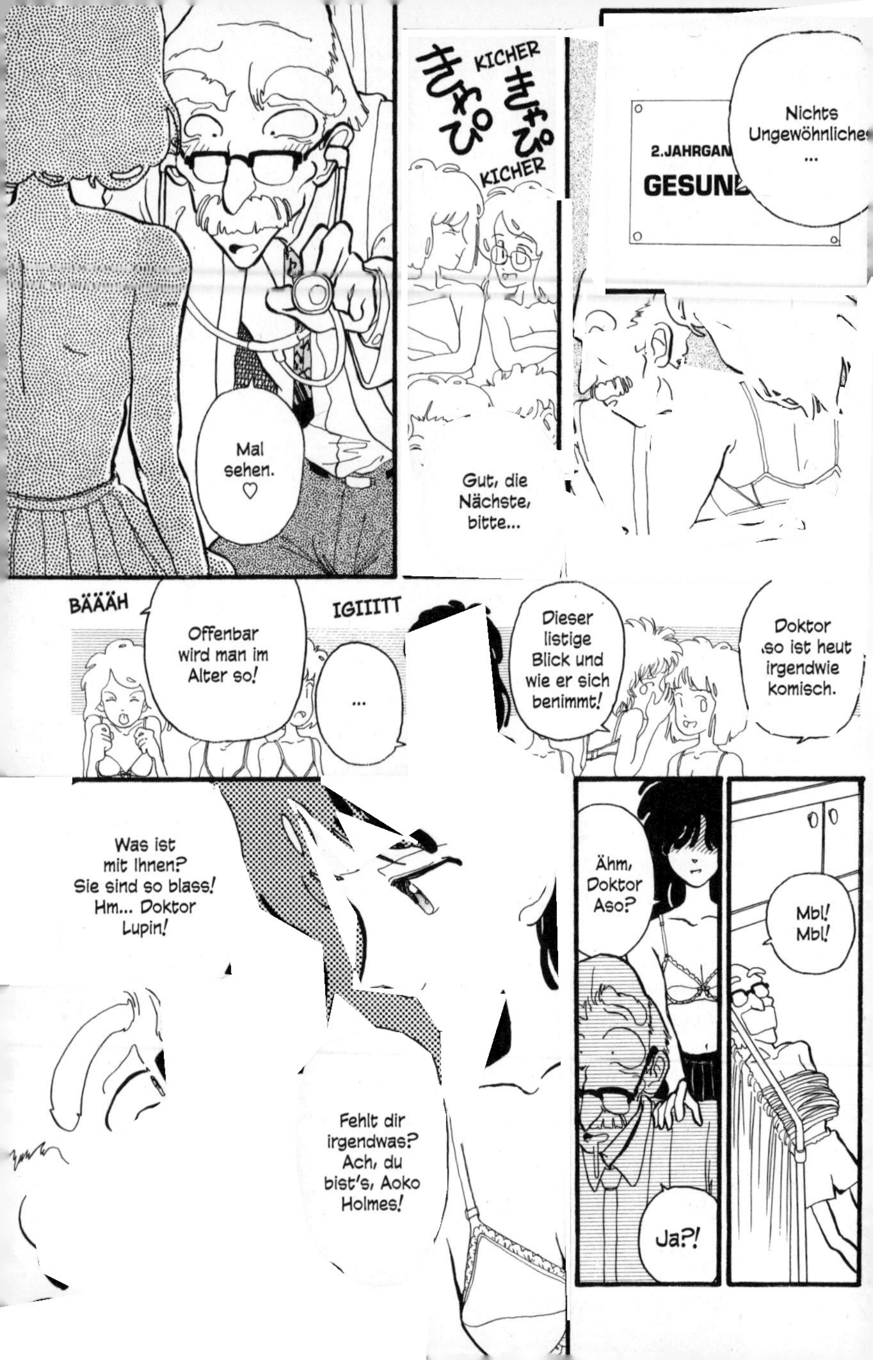

2.JAHRGAN
GESUND
Nichts Ungewöhnliches ...
きゃぴ KICHER
きゃぴ KICHER
Gut, die Nächste, bitte...
Mal sehen. ♡
Doktor .so ist heut irgendwie komisch.
Dieser listige Blick und wie er sich benimmt!
IGIIITT
...
Offenbar wird man im Alter so!
BÄÄÄH
Mbl! Mbl!
Ähm, Doktor Aso?
Ja?!
Fehlt dir irgendwas? Ach, du bist's, Aoko Holmes!
Was ist mit Ihnen? Sie sind so blass! Hm... Doktor Lupin!

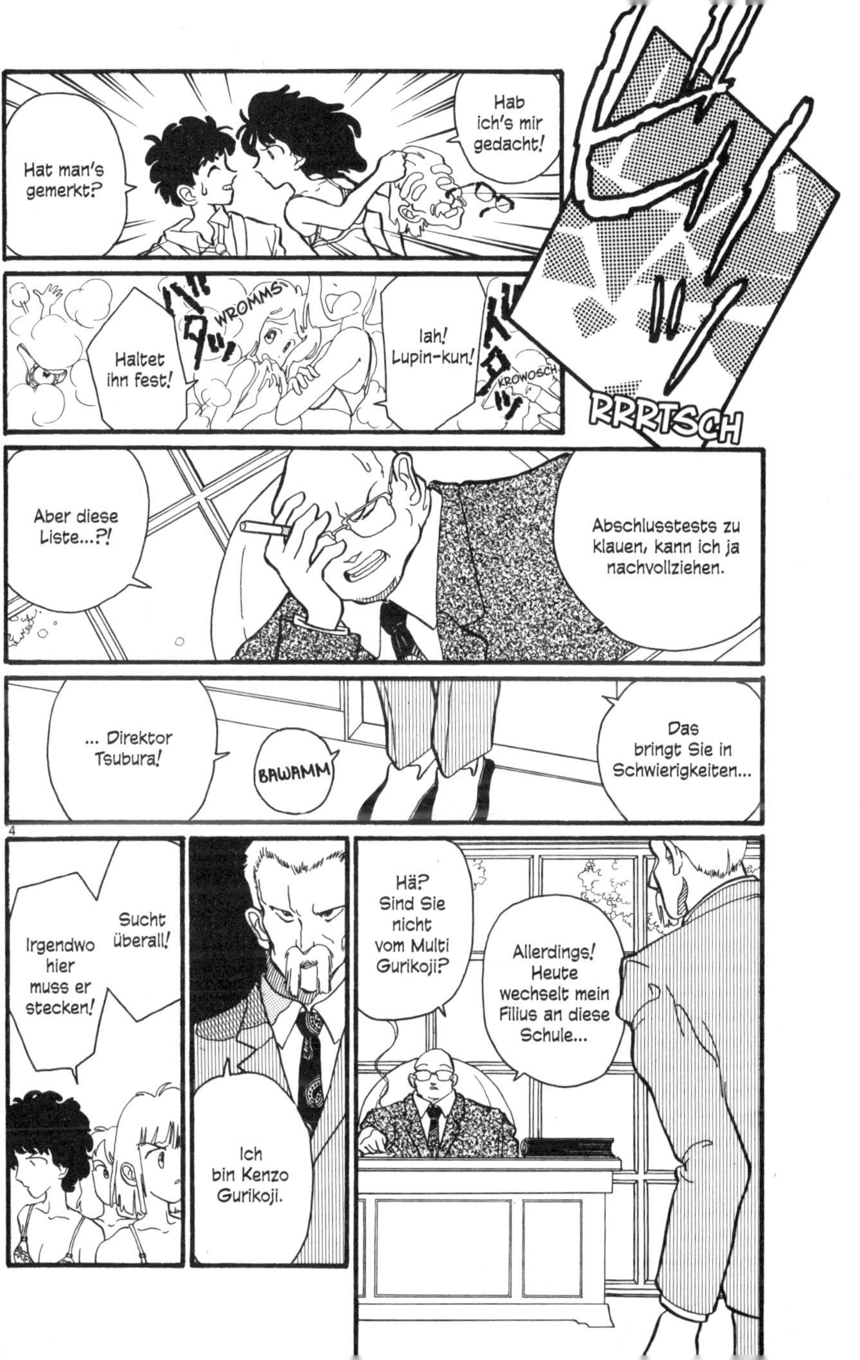

RRRTSCH
Hab ich's mir gedacht!
Hat man's gemerkt?
Iah! Lupin-kun!
KROWOSCH
WROMMS
Haltet ihn fest!
Abschlusstests zu klauen, kann ich ja nachvollziehen.
Aber diese Liste...?!
Das bringt Sie in Schwierigkeiten...
BAWAMM
... Direktor Tsubura!
Allerdings! Heute wechselt mein Filius an diese Schule...
Hä? Sind Sie nicht vom Multi Gurikoji?
Ich bin Kenzo Gurikoji.
Sucht überall!
Irgendwo hier muss er stecken!

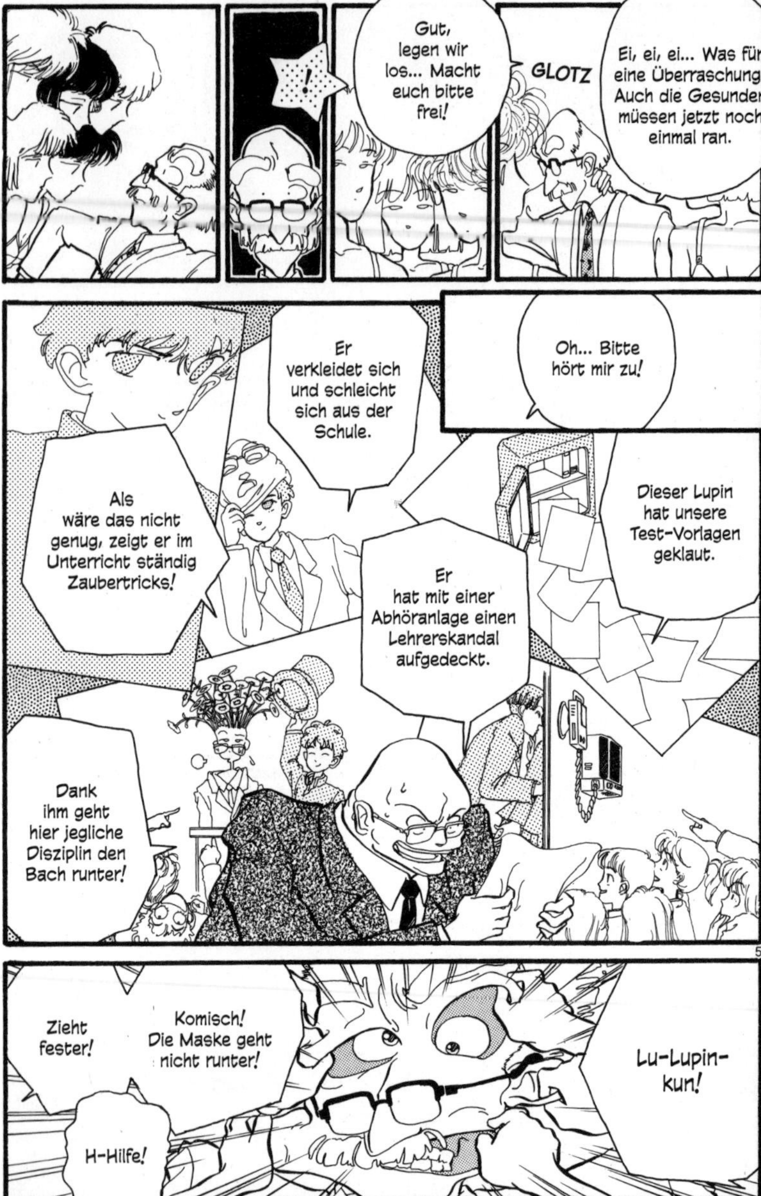
Ei, ei, ei... Was für eine Überraschung! Auch die Gesunden müssen jetzt noch einmal ran.
GLOTZ
Gut, legen wir los... Macht euch bitte frei!
!
Oh... Bitte hört mir zu!
Dieser Lupin hat unsere Test-Vorlagen geklaut.
Er verkleidet sich und schleicht sich aus der Schule.
Er hat mit einer Abhöranlage einen Lehrerskandal aufgedeckt.
Als wäre das nicht genug, zeigt er im Unterricht ständig Zaubertricks!
Dank ihm geht hier jegliche Disziplin den Bach runter!
Lu-Lupin-kun!
Komisch! Die Maske geht nicht runter!
Zieht fester!
H-Hilfe!

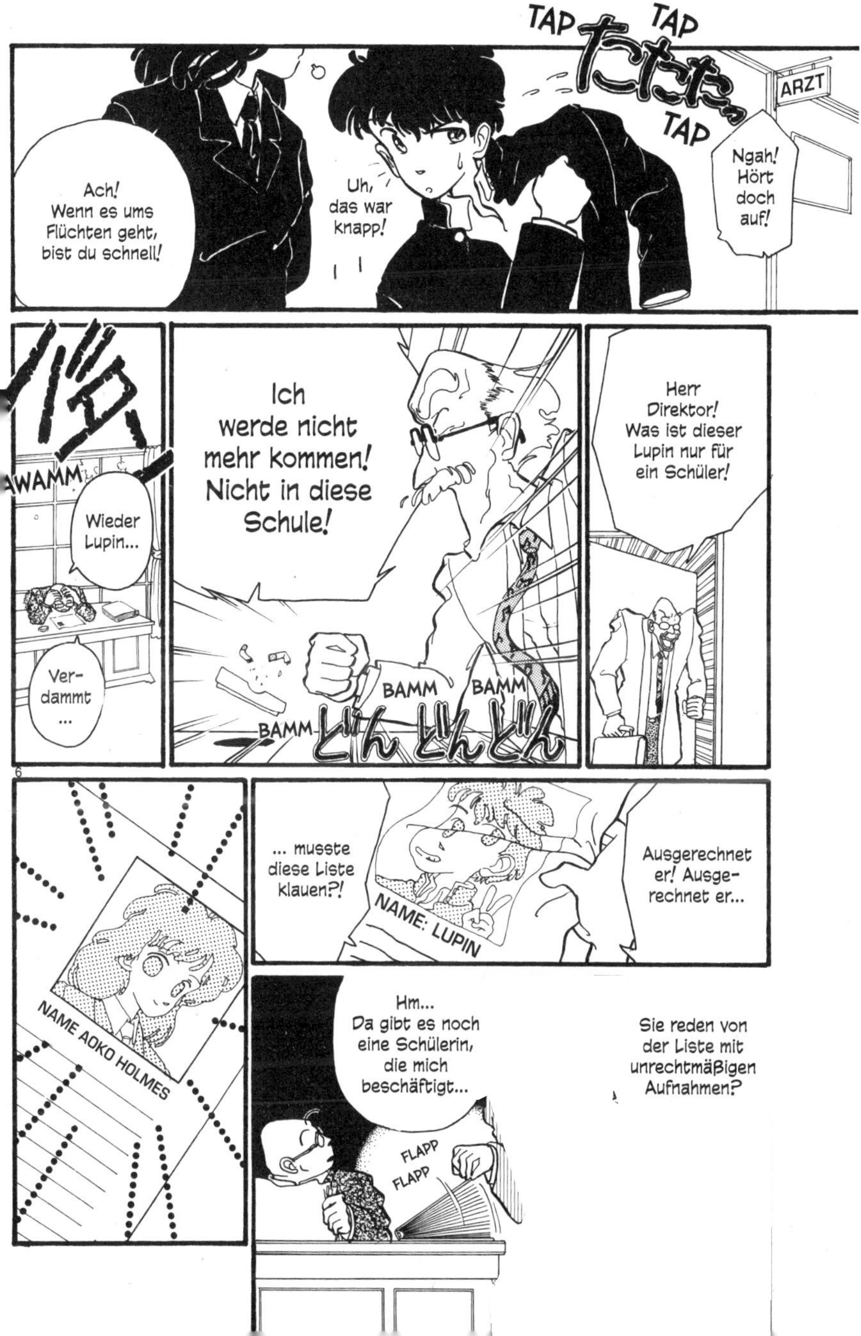

TAP TAP TAP
ARZT
Ngah! Hört doch auf!
Uh, das war knapp!
Ach! Wenn es ums Flüchten geht, bist du schnell!
Herr Direktor! Was ist dieser Lupin nur für ein Schüler!
Ich werde nicht mehr kommen! Nicht in diese Schule!
BAMM BAMM BAMM
WAMM
Wieder Lupin...
Ver-dammt ...
Ausgerechnet er! Ausge-rechnet er...
... musste diese Liste klauen?!
NAME: LUPIN
Sie reden von der Liste mit unrechtmäßigen Aufnahmen?
Hm... Da gibt es noch eine Schülerin, die mich beschäftigt...
FLAPP FLAPP
NAME AOKO HOLMES

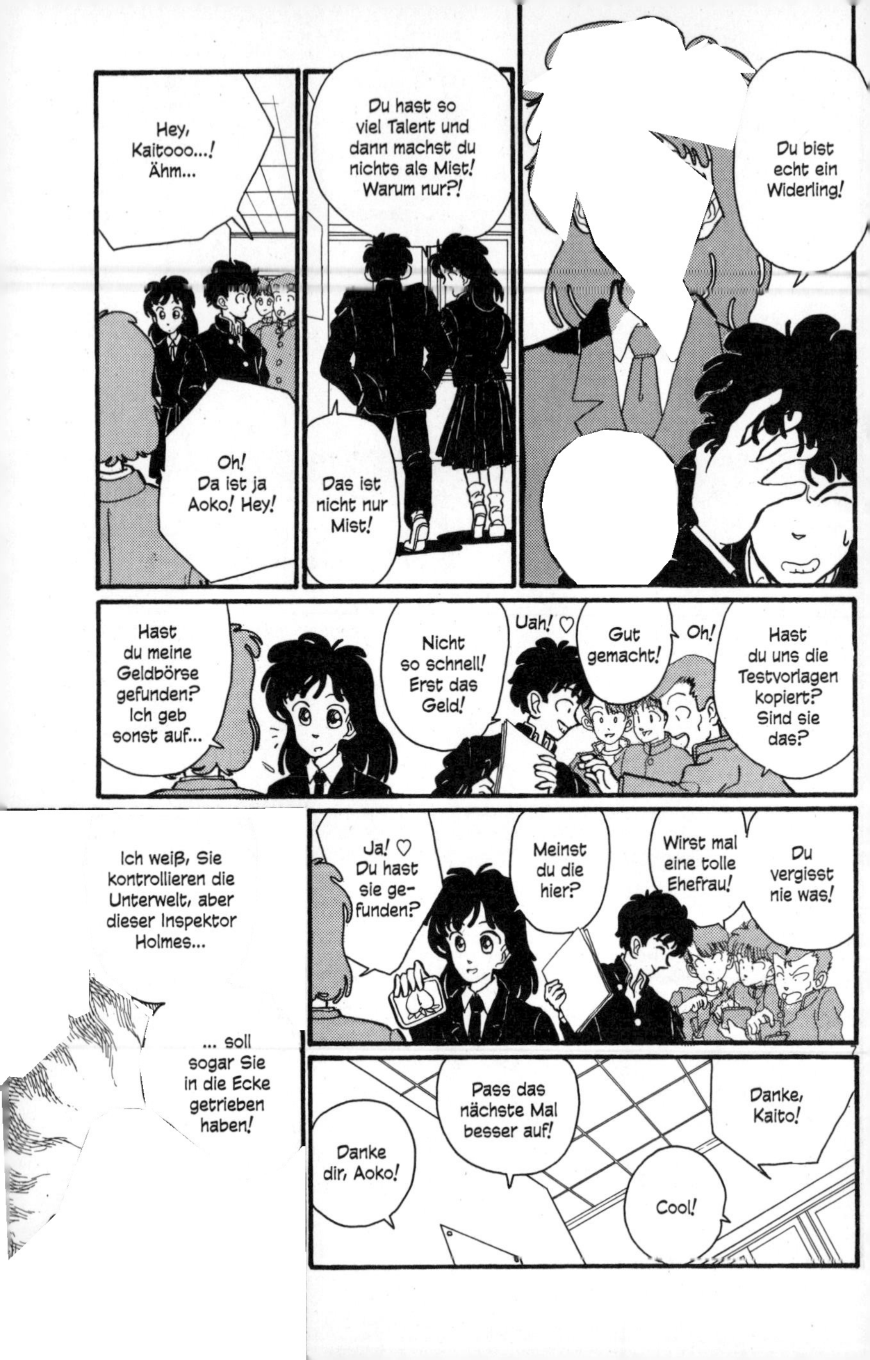
Du bist echt ein Widerling!
Du hast so viel Talent und dann machst du nichts als Mist! Warum nur?!
Das ist nicht nur Mist!
Hey, Kaitooo...! Ähm...
Oh! Da ist ja Aoko! Hey!
Hast du uns die Testvorlagen kopiert? Sind sie das?
Oh!
Gut gemacht!
Uah! ♡
Nicht so schnell! Erst das Geld!
Hast du meine Geldbörse gefunden? Ich geb sonst auf...
Du vergisst nie was!
Wirst mal eine tolle Ehefrau!
Meinst du die hier?
Ja! ♡ Du hast sie gefunden?
Danke, Kaito!
Cool!
Pass das nächste Mal besser auf!
Danke dir, Aoko!
Ich weiß, Sie kontrollieren die Unterwelt, aber dieser Inspektor Holmes...
... soll sogar Sie in die Ecke getrieben haben!

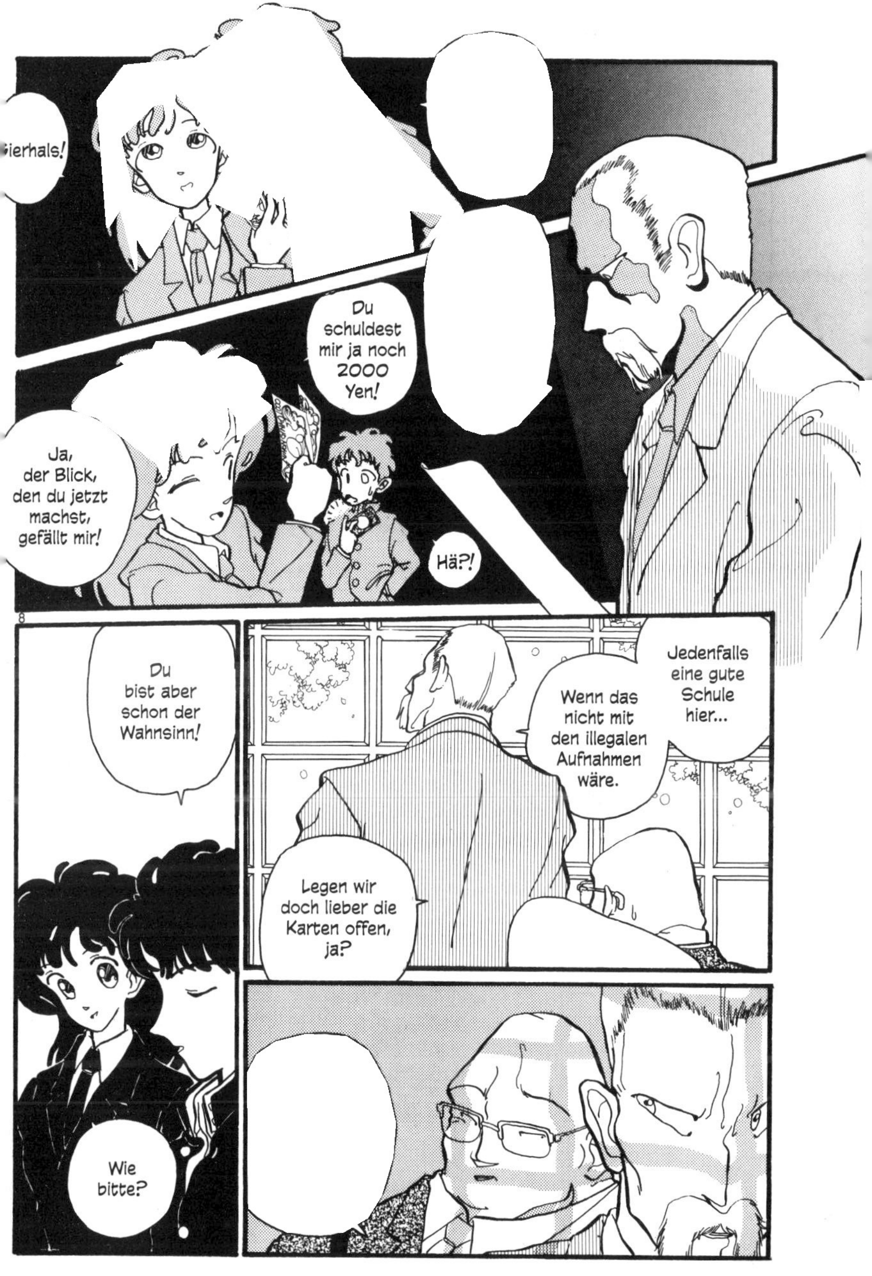
ierhals!
Du schuldest mir ja noch 2000 Yen!
Ja, der Blick, den du jetzt machst, gefällt mir!
Hä?!
Jedenfalls eine gute Schule hier...
Wenn das nicht mit den illegalen Aufnahmen wäre.
Legen wir doch lieber die Karten offen, ja?
Du bist aber schon der Wahnsinn!
Wie bitte?

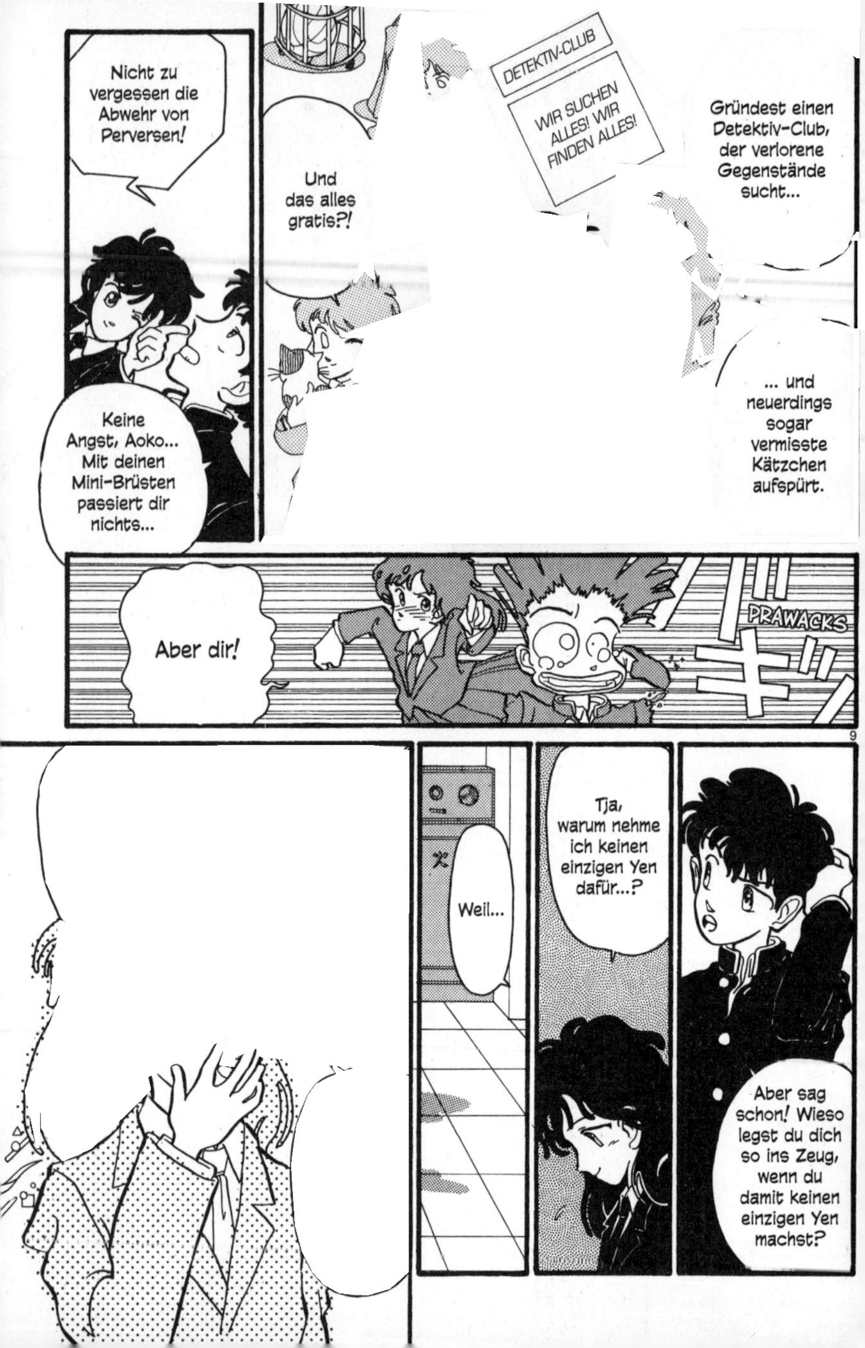

Gründest einen Detektiv-Club, der verlorene Gegenstände sucht...
DETEKTIV-CLUB
WIR SUCHEN ALLES! WIR FINDEN ALLES!
... und neuerdings sogar vermisste Kätzchen aufspürt.
Und das alles gratis?!
Nicht zu vergessen die Abwehr von Perversen!
Keine Angst, Aoko... Mit deinen Mini-Brüsten passiert dir nichts...
PRAWACKS
Aber dir!
Aber sag schon! Wieso legst du dich so ins Zeug, wenn du damit keinen einzigen Yen machst?
Tja, warum nehme ich keinen einzigen Yen dafür...?
Weil...

9

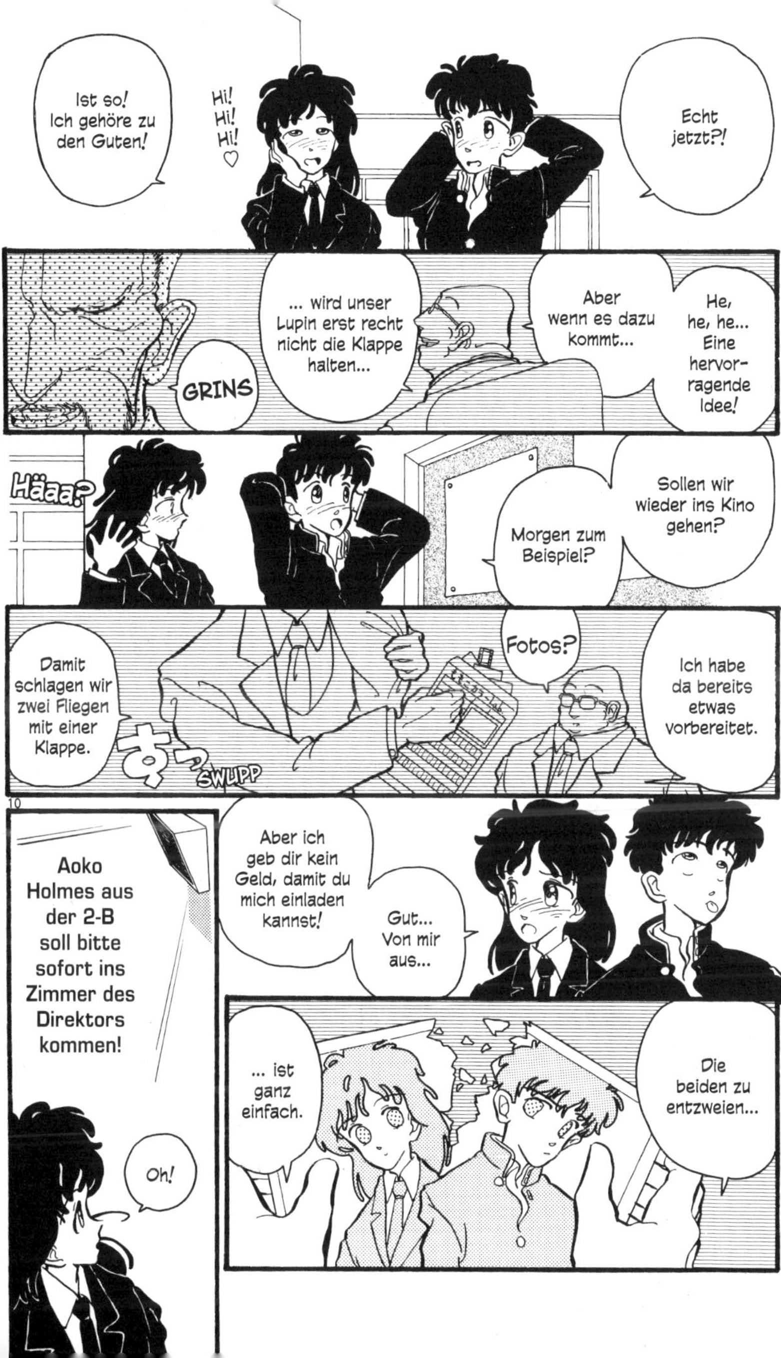
Echt jetzt?!
Hi! Hi! Hi! ♡
Ist so! Ich gehöre zu den Guten!
He, he, he... Eine hervorragende Idee!
Aber wenn es dazu kommt...
... wird unser Lupin erst recht nicht die Klappe halten...
GRINS
Sollen wir wieder ins Kino gehen?
Morgen zum Beispiel?
Hääa?
Ich habe da bereits etwas vorbereitet.
Fotos?
Damit schlagen wir zwei Fliegen mit einer Klappe.
SWUPP
Aber ich geb dir kein Geld, damit du mich einladen kannst!
Gut... Von mir aus...
Die beiden zu entzweien...
... ist ganz einfach.
Aoko Holmes aus der 2-B soll bitte sofort ins Zimmer des Direktors kommen!
Oh!

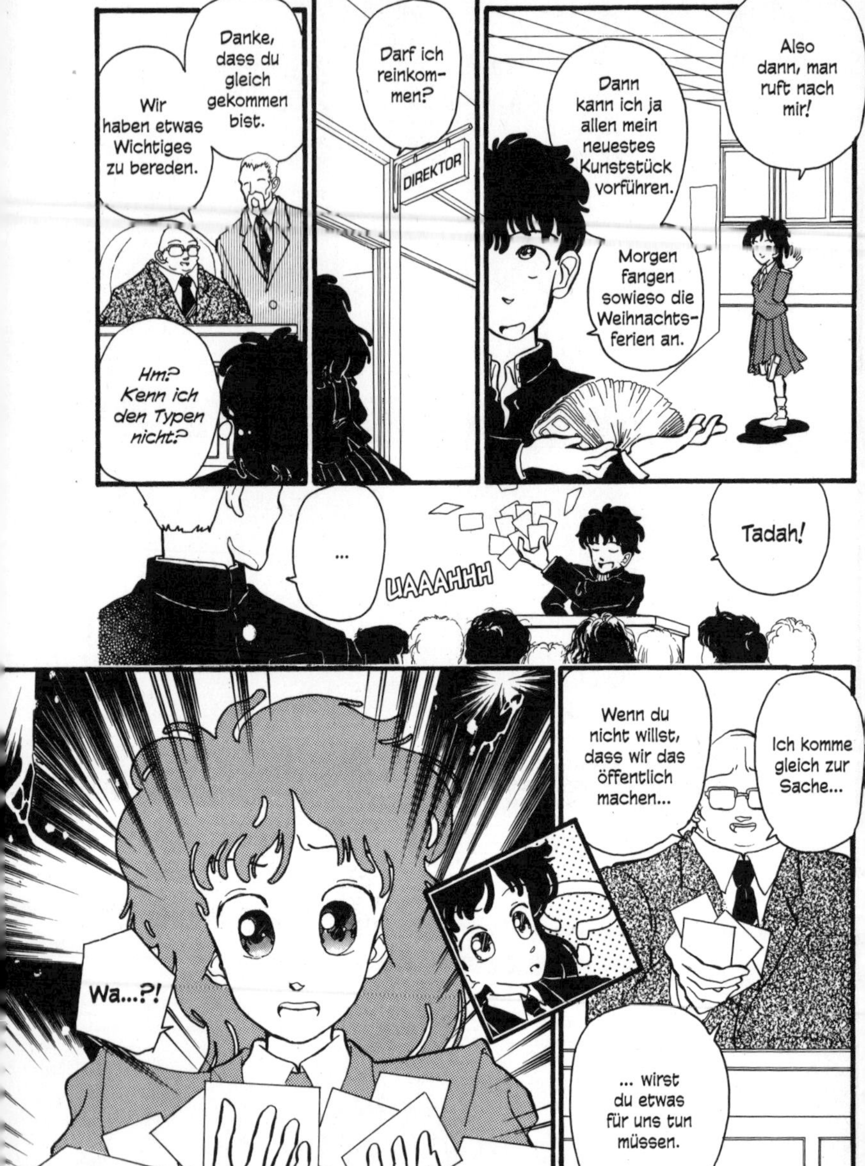

Also dann, man ruft nach mir!
Dann kann ich ja allen mein neuestes Kunststück vorführen.
Morgen fangen sowieso die Weihnachtsferien an.
Darf ich reinkommen?
DIREKTOR
Danke, dass du gleich gekommen bist.
Wir haben etwas Wichtiges zu bereden.
Hm? Kenn ich den Typen nicht?
Tadah!
UAAAHHH
...
Ich komme gleich zur Sache...
Wenn du nicht willst, dass wir das öffentlich machen...
... wirst du etwas für uns tun müssen.
Wa...?!

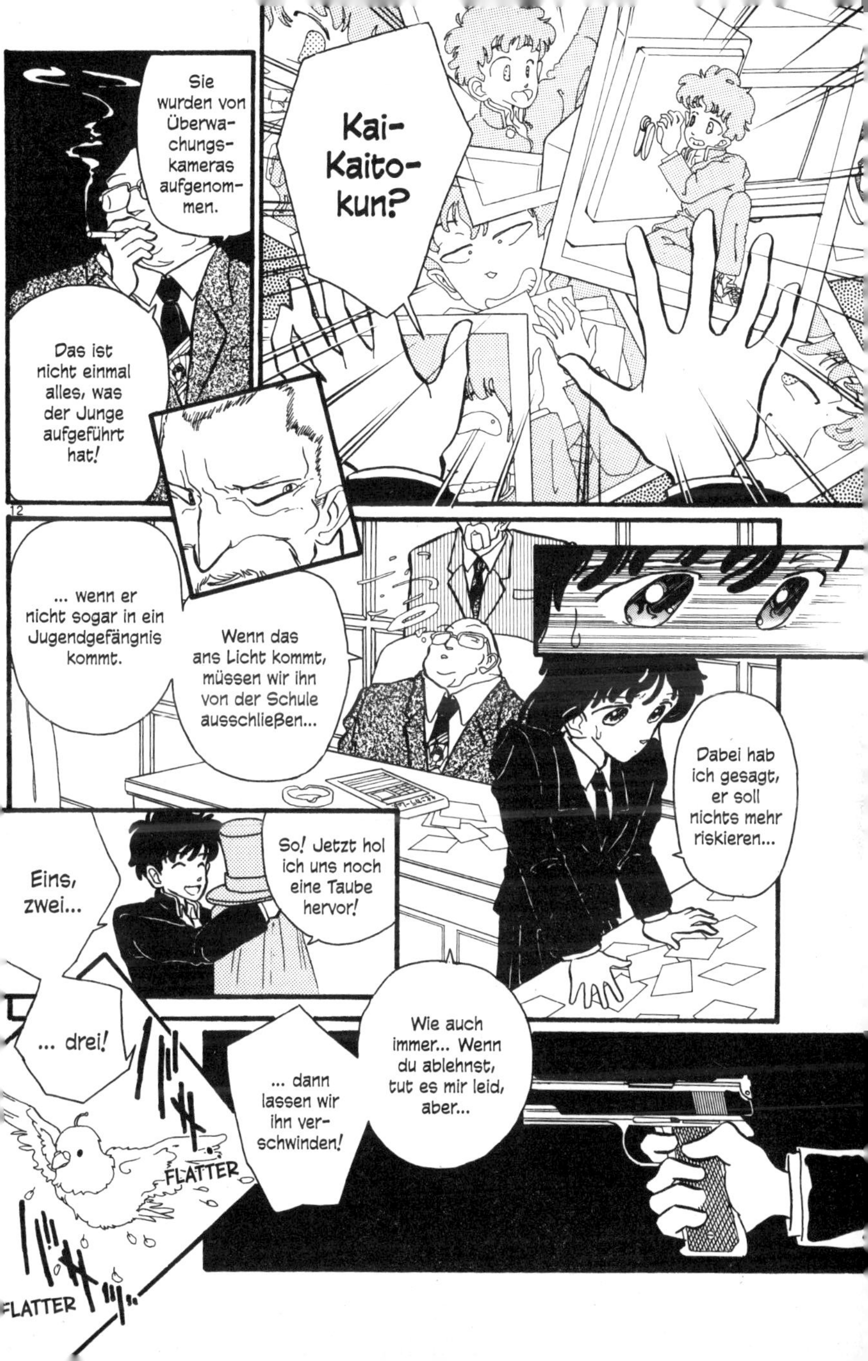
Kai-
Kaito-
kun?
Sie wurden von Überwachungskameras aufgenommen.
Das ist nicht einmal alles, was der Junge aufgeführt hat!
Dabei hab ich gesagt, er soll nichts mehr riskieren...
Wenn das ans Licht kommt, müssen wir ihn von der Schule ausschließen...
... wenn er nicht sogar in ein Jugendgefängnis kommt.
So! Jetzt hol ich uns noch eine Taube hervor!
Eins, zwei...
... drei!
FLATTER
FLATTER
Wie auch immer... Wenn du ablehnst, tut es mir leid, aber...
... dann lassen wir ihn verschwinden!

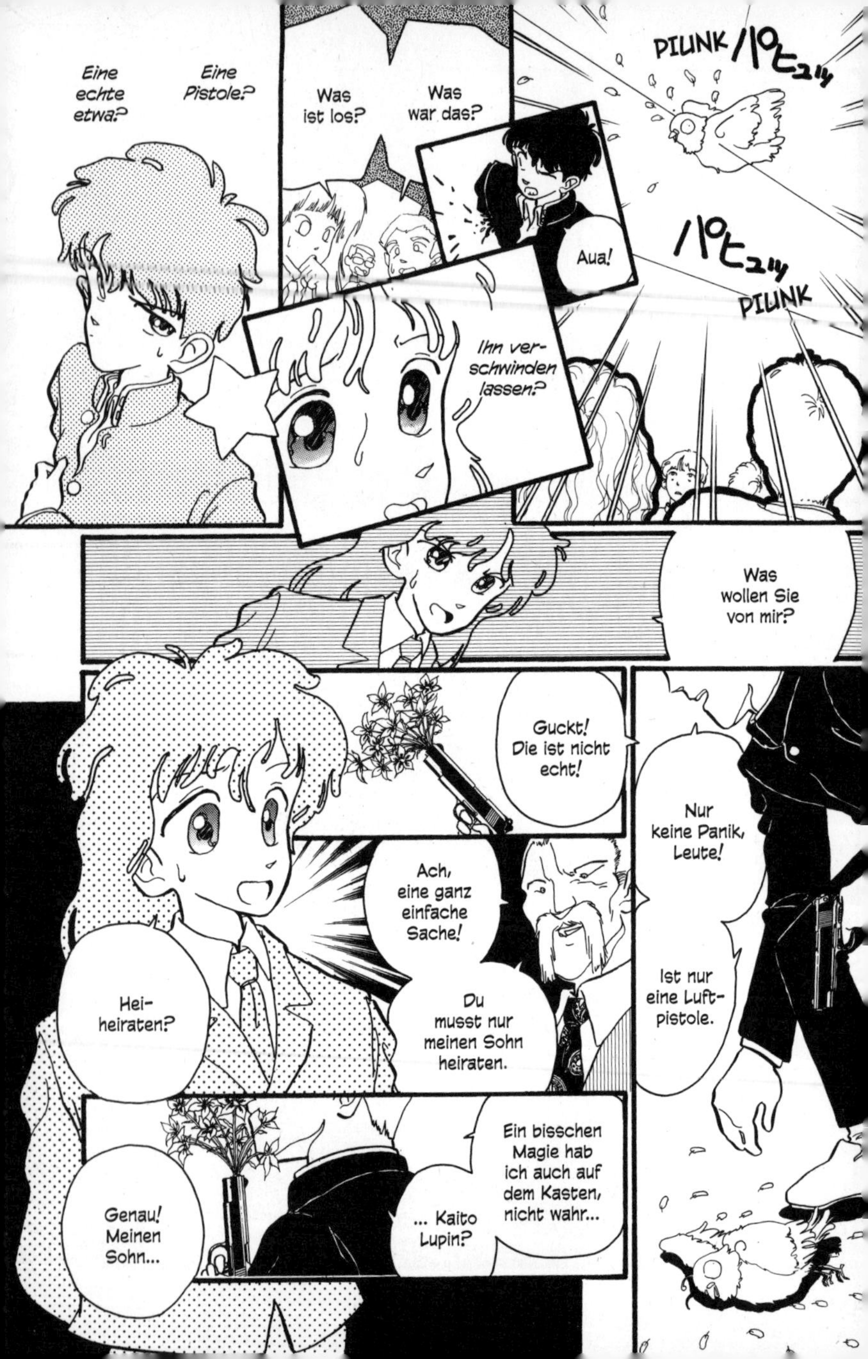

PIUNK パヒュッ
パヒュッ PIUNK
Aua!
Was war das?
Was ist los?
Eine Pistole?
Eine echte etwa?
Ihn verschwinden lassen?
Was wollen Sie von mir?
Nur keine Panik, Leute!
Ist nur eine Luftpistole.
Guckt! Die ist nicht echt!
Ach, eine ganz einfache Sache!
Du musst nur meinen Sohn heiraten.
Hei-heiraten?
Ein bisschen Magie hab ich auch auf dem Kasten, nicht wahr...
... Kaito Lupin?
Genau! Meinen Sohn...

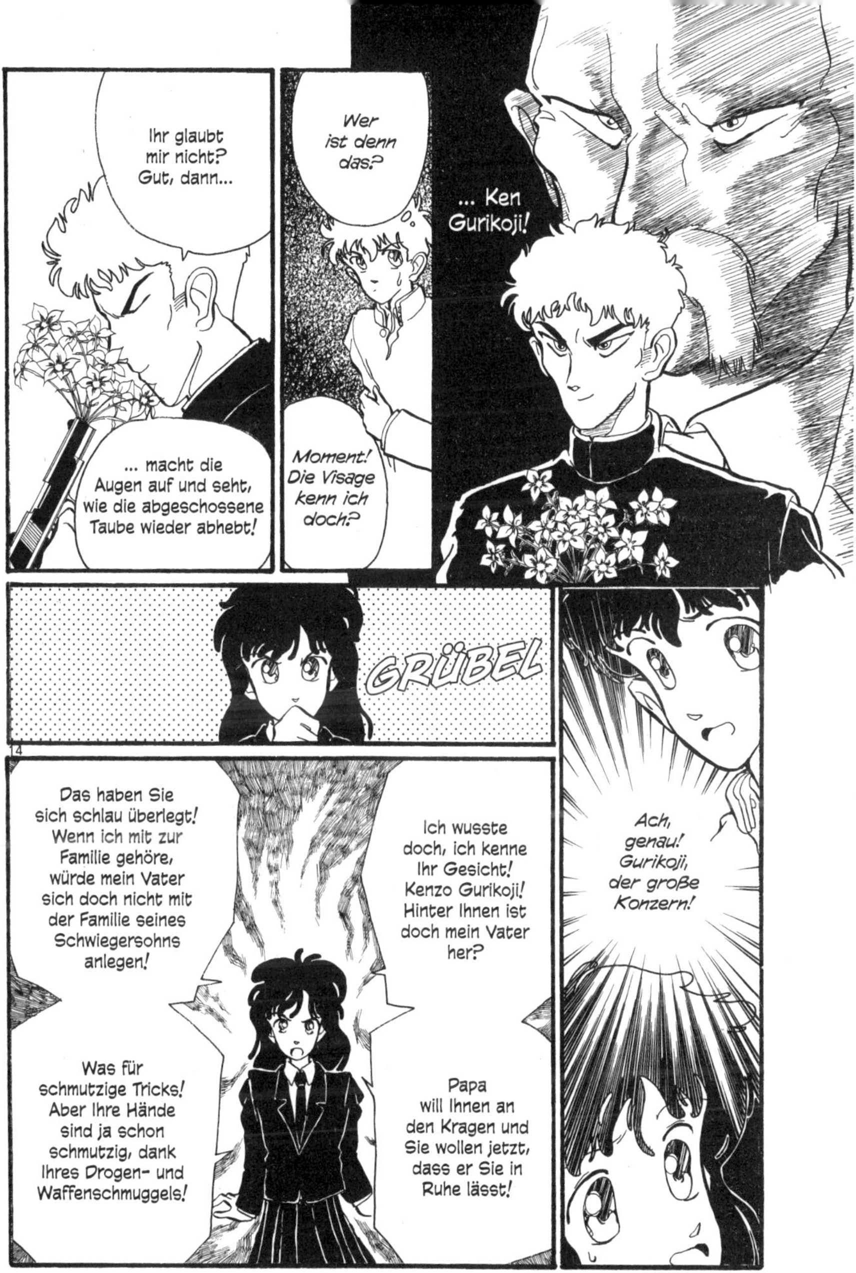

Ihr glaubt mir nicht? Gut, dann...
... macht die Augen auf und seht, wie die abgeschossene Taube wieder abhebt!
Wer ist denn das?
Moment! Die Visage kenn ich doch?
... Ken Gurikoji!
GRÜBEL
Ach, genau! Gurikoji, der große Konzern!
Ich wusste doch, ich kenne Ihr Gesicht! Kenzo Gurikoji! Hinter Ihnen ist doch mein Vater her?
Papa will Ihnen an den Kragen und Sie wollen jetzt, dass er Sie in Ruhe lässt!
Das haben Sie sich schlau überlegt! Wenn ich mit zur Familie gehöre, würde mein Vater sich doch nicht mit der Familie seines Schwiegersohns anlegen!
Was für schmutzige Tricks! Aber Ihre Hände sind ja schon schmutzig, dank Ihres Drogen- und Waffenschmuggels!

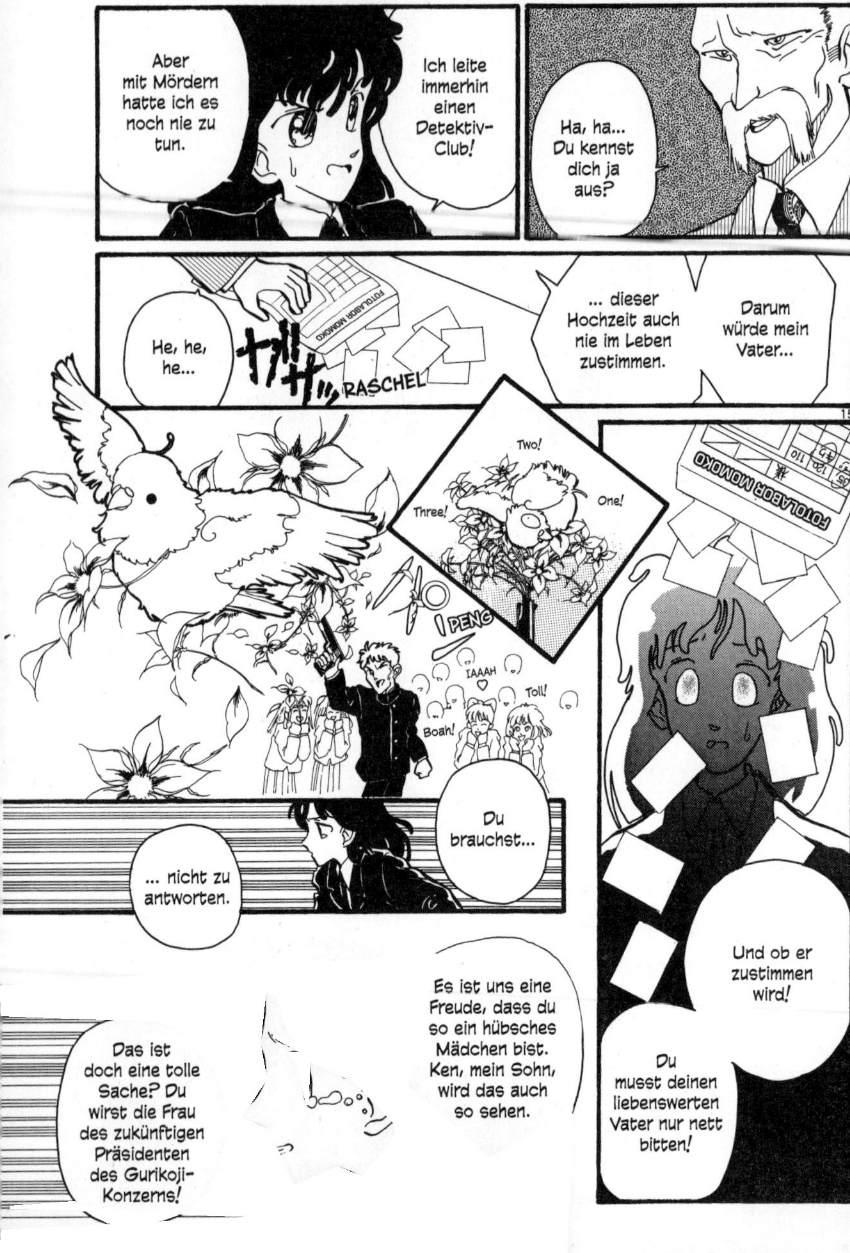
Ha, ha... Du kennst dich ja aus?
Ich leite immerhin einen Detektiv-Club!
Aber mit Mördern hatte ich es noch nie zu tun.
Darum würde mein Vater...
... dieser Hochzeit auch nie im Leben zustimmen.
RASCHEL
He, he, he...
FOTOLABOR MOMOKO
Und ob er zustimmen wird!
Du musst deinen liebenswerten Vater nur nett bitten!
One!
Two!
Three!
PENG
IAAAH
Toll!
Boah!
Du brauchst...
... nicht zu antworten.
Es ist uns eine Freude, dass du so ein hübsches Mädchen bist. Ken, mein Sohn, wird das auch so sehen.
Das ist doch eine tolle Sache? Du wirst die Frau des zukünftigen Präsidenten des Gurikoji-Konzerns!

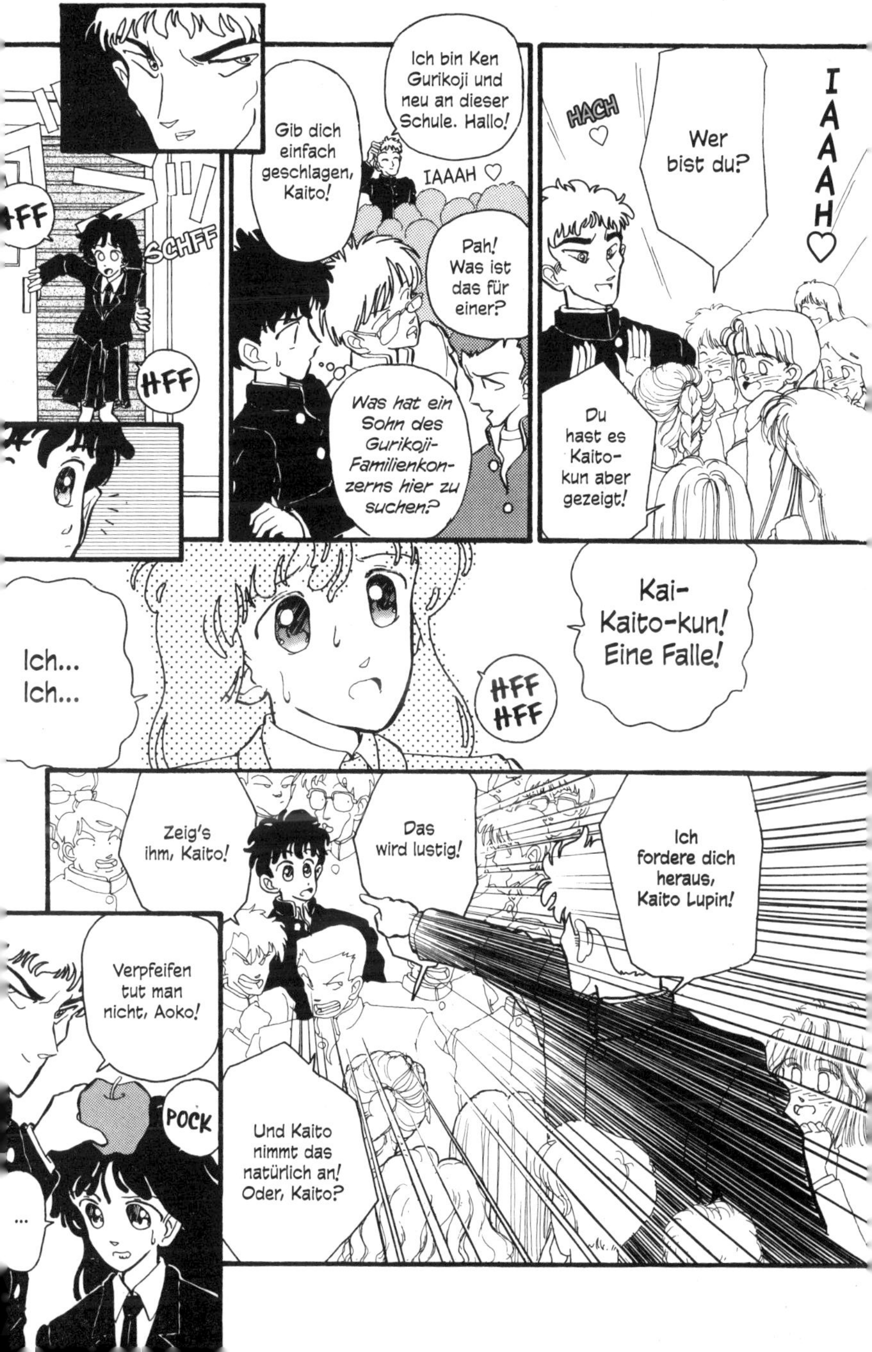
IAAAAH ♡
Wer bist du?
HACH ♡
Du hast es Kaito-kun aber gezeigt!
Ich bin Ken Gurikoji und neu an dieser Schule. Hallo!
IAAAH ♡
Gib dich einfach geschlagen, Kaito!
Pah! Was ist das für einer?
Was hat ein Sohn des Gurikoji-Familienkonzerns hier zu suchen?
SCHFF
HFF
Kai- Kaito-kun! Eine Falle!
HFF HFF
Ich... Ich...
Ich fordere dich heraus, Kaito Lupin!
Das wird lustig!
Zeig's ihm, Kaito!
Und Kaito nimmt das natürlich an! Oder, Kaito?
Verpfeifen tut man nicht, Aoko!
POCK
...

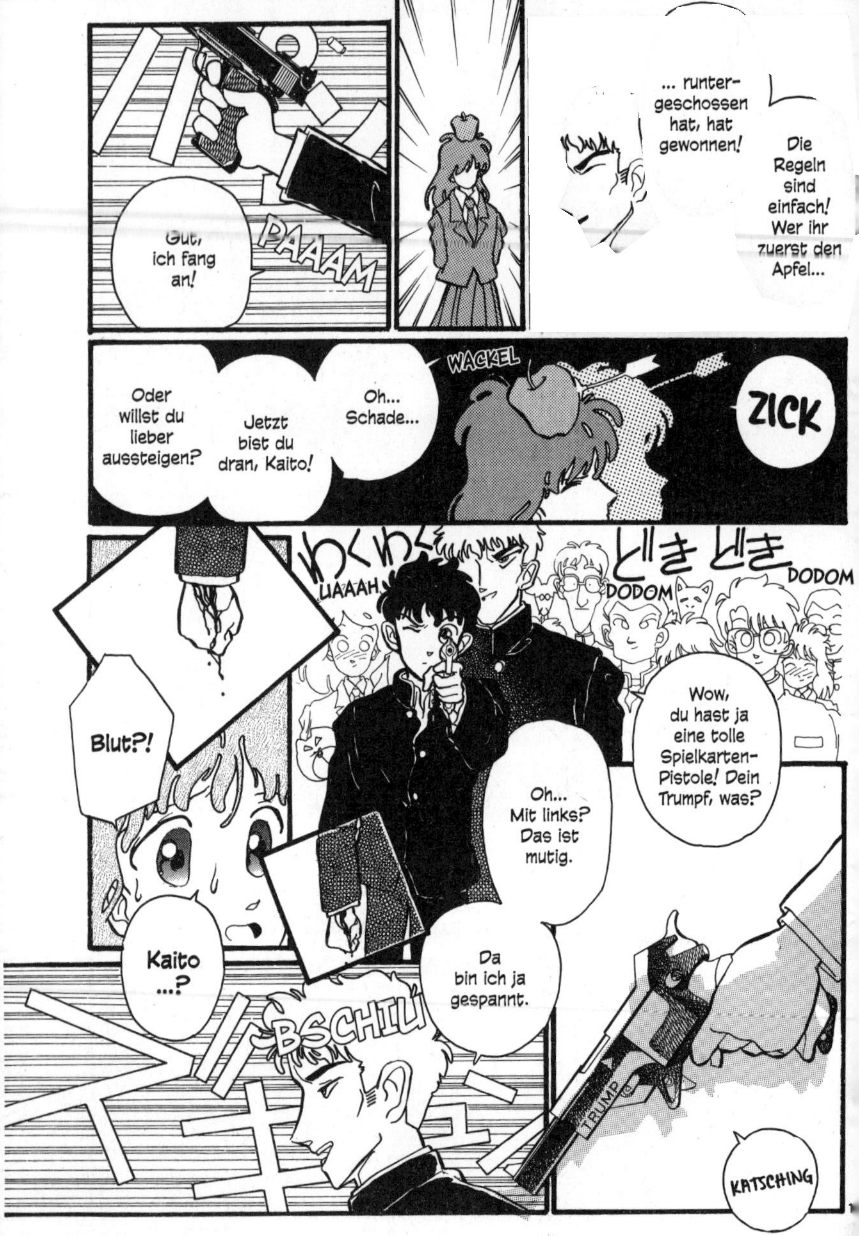

Die Regeln sind einfach! Wer ihr zuerst den Apfel...
... runter-geschossen hat, hat gewonnen!
Gut, ich fang an!
PAAAM
ZICK
WACKEL
Oh... Schade...
Jetzt bist du dran, Kaito!
Oder willst du lieber aussteigen?
DODOM
DODOM
UAAAH
Wow, du hast ja eine tolle Spielkarten-Pistole! Dein Trumpf, was?
Oh... Mit links? Das ist mutig.
Blut?!
Da bin ich ja gespannt.
KATSCHING
TRUMP
BSCHIU
Kaito ...?

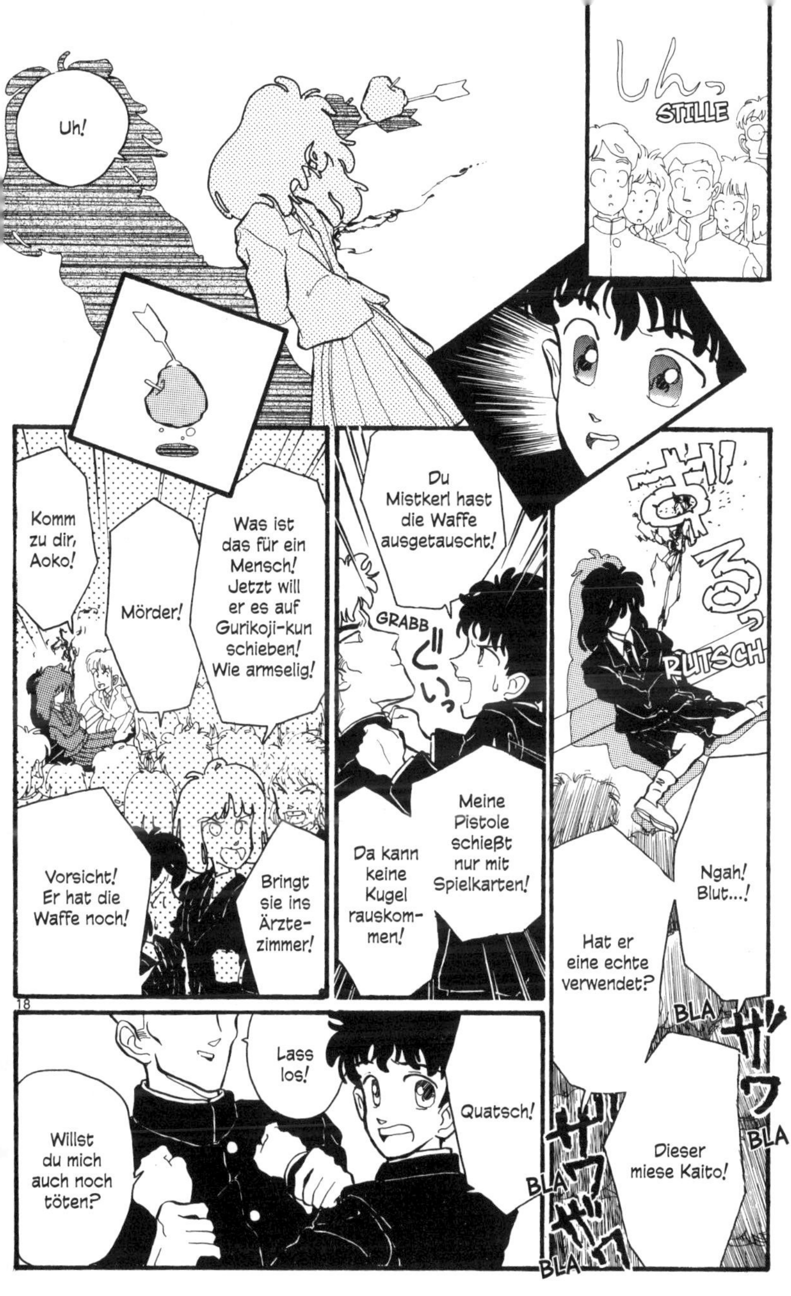
しんっ
STILLE
Uh!
ずるっ
RUTSCH
Ngah! Blut...!
Hat er eine echte verwendet?
Du Mistkerl hast die Waffe ausgetauscht!
GRABB
ぐいっ
Meine Pistole schießt nur mit Spielkarten!
Da kann keine Kugel rauskommen!
Was ist das für ein Mensch! Jetzt will er es auf Gurikoji-kun schieben! Wie armselig!
Mörder!
Komm zu dir, Aoko!
Bringt sie ins Ärztezimmer!
Vorsicht! Er hat die Waffe noch!
ザワ
BLA
Dieser miese Kaito!
BLA
BLA
BLA
Quatsch!
Lass los!
Willst du mich auch noch töten?

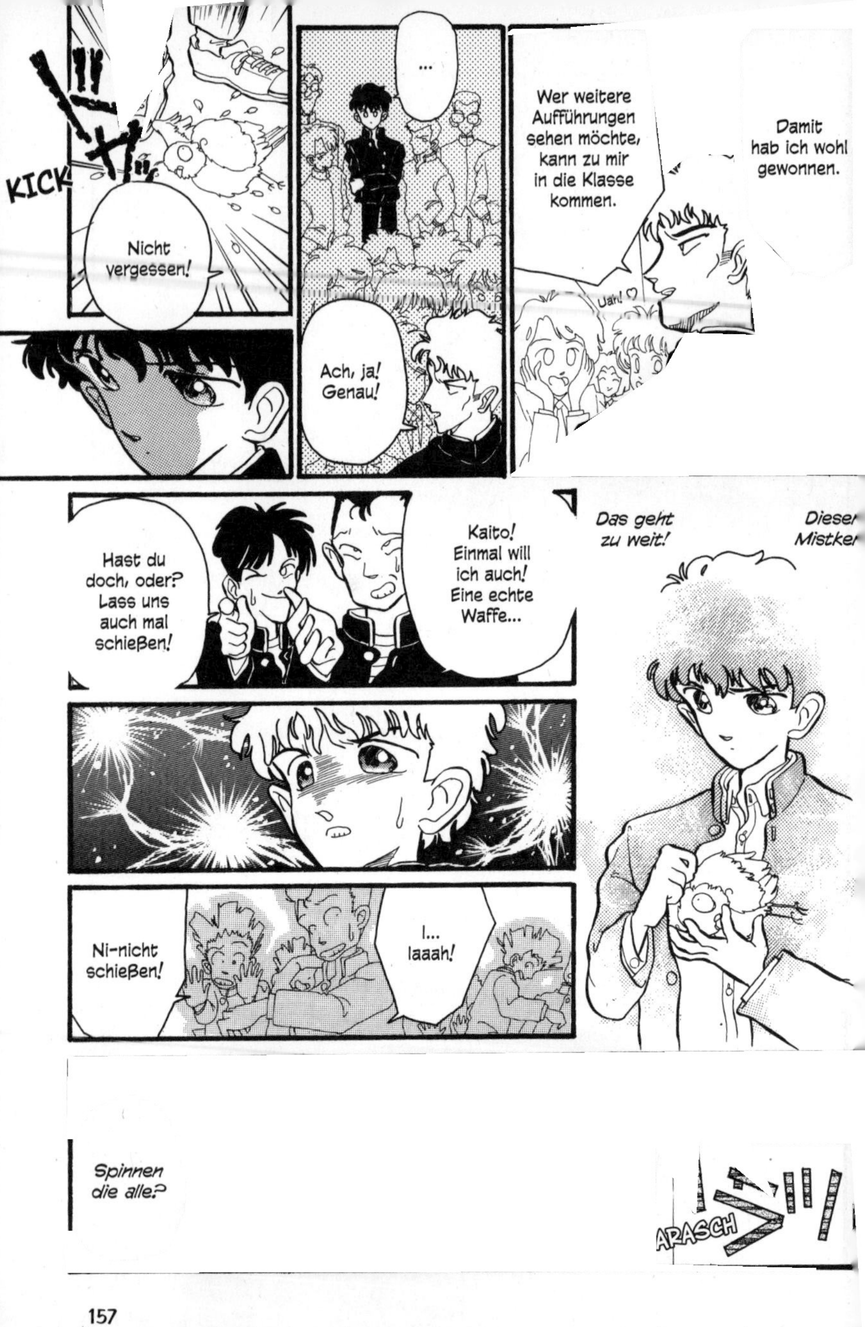

Wer weitere Aufführungen sehen möchte, kann zu mir in die Klasse kommen.
Damit hab ich wohl gewonnen.
Uah! ♡
...
KICK
Nicht vergessen!
Ach, ja! Genau!
Dieser Mistker
Das geht zu weit!
Kaito! Einmal will ich auch! Eine echte Waffe...
Hast du doch, oder? Lass uns auch mal schießen!
I... Iaaah!
Ni-nicht schießen!
ARASCH
Spinnen die alle?

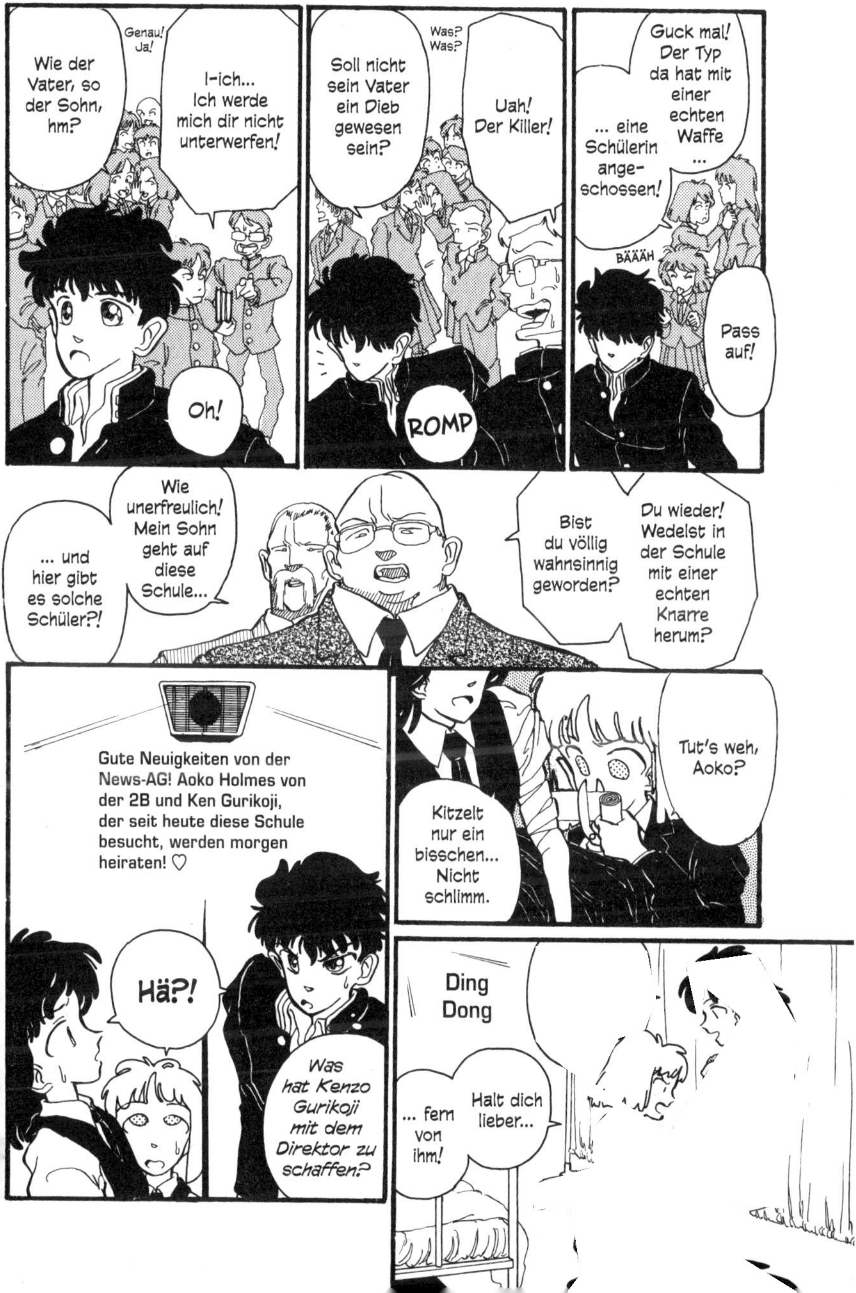

Guck mal! Der Typ da hat mit einer echten Waffe ...
... eine Schülerin angeschossen!
BÄÄÄH
Pass auf!
Was? Was?
Uah! Der Killer!
Soll nicht sein Vater ein Dieb gewesen sein?
ROMP
Genau! Ja!
I-ich... Ich werde mich dir nicht unterwerfen!
Wie der Vater, so der Sohn, hm?
Oh!
Du wieder! Wedelst in der Schule mit einer echten Knarre herum?
Bist du völlig wahnsinnig geworden?
Wie unerfreulich! Mein Sohn geht auf diese Schule...
... und hier gibt es solche Schüler?!
Tut's weh, Aoko?
Kitzelt nur ein bisschen... Nicht schlimm.
Ding Dong
Halt dich lieber...
... fern von ihm!
Gute Neuigkeiten von der News-AG! Aoko Holmes von der 2B und Ken Gurikoji, der seit heute diese Schule besucht, werden morgen heiraten! ♡
Hä?!
Was hat Kenzo Gurikoji mit dem Direktor zu schaffen?

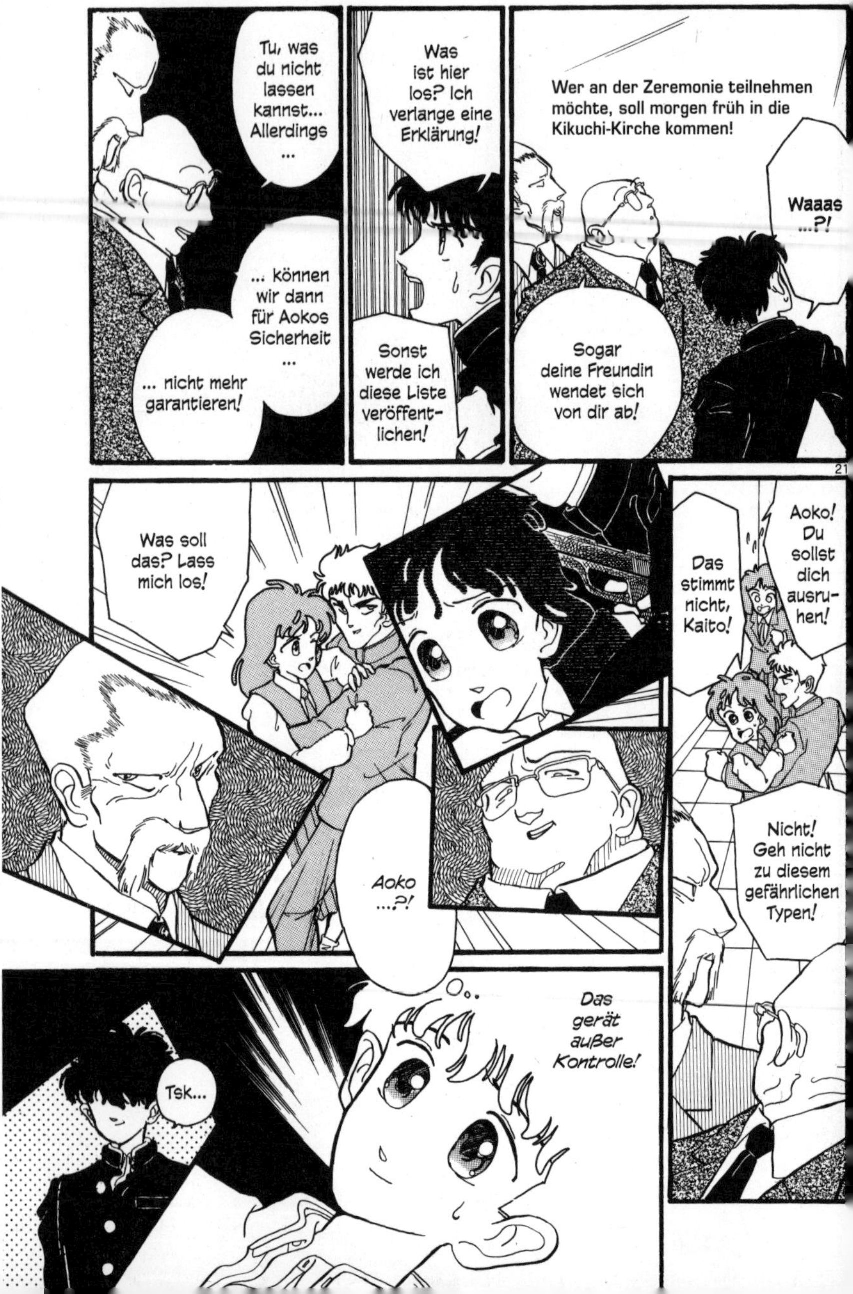
Wer an der Zeremonie teilnehmen möchte, soll morgen früh in die Kikuchi-Kirche kommen!
Waaas ...?!
Sogar deine Freundin wendet sich von dir ab!
Was ist hier los? Ich verlange eine Erklärung!
Sonst werde ich diese Liste veröffentlichen!
Tu, was du nicht lassen kannst... Allerdings ...
... können wir dann für Aokos Sicherheit ...
... nicht mehr garantieren!
Aoko! Du sollst dich ausruhen!
Das stimmt nicht, Kaito!
Nicht! Geh nicht zu diesem gefährlichen Typen!
Was soll das? Lass mich los!
Aoko ...?!
Das gerät außer Kontrolle!
Tsk...

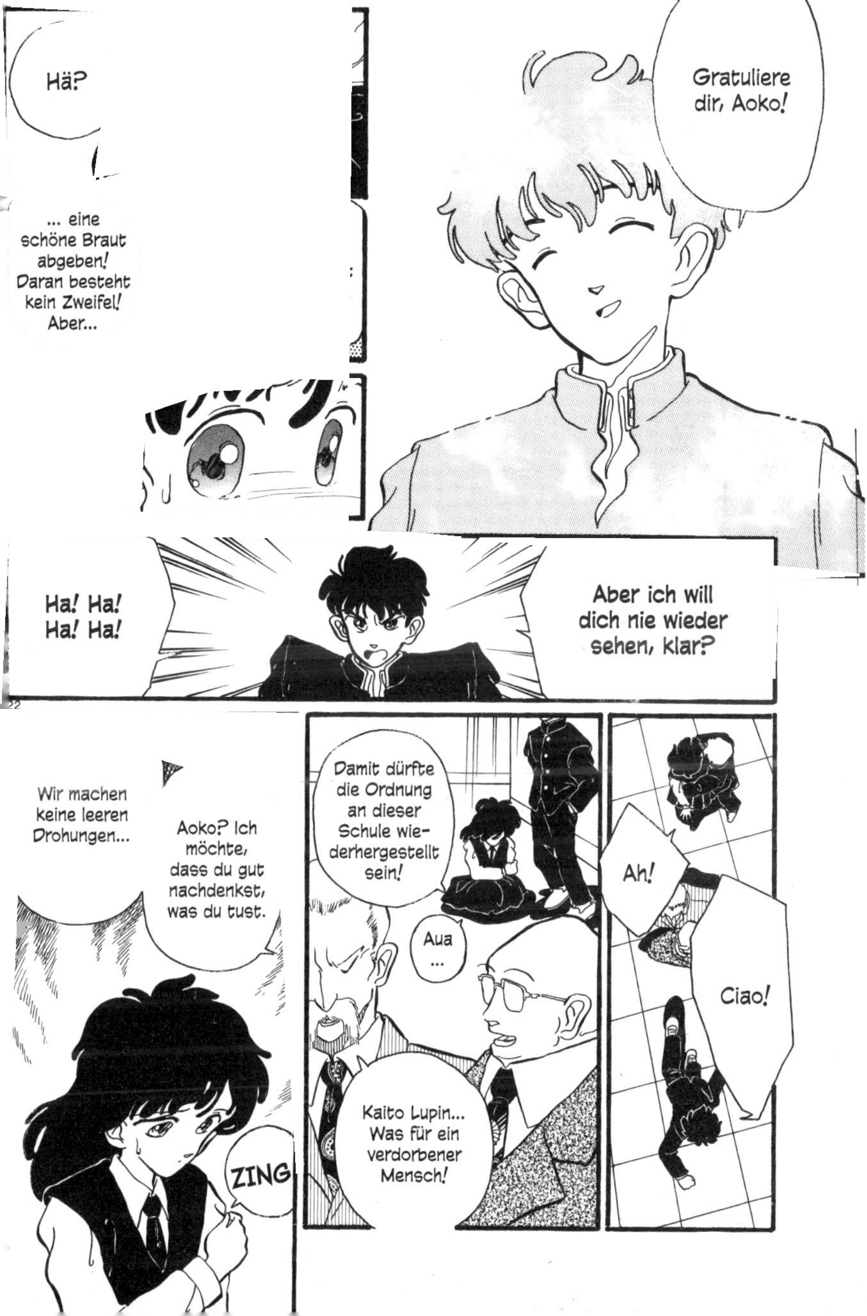
Gratuliere dir, Aoko!
Hä?
... eine schöne Braut abgeben! Daran besteht kein Zweifel! Aber...
Aber ich will dich nie wieder sehen, klar?
Ha! Ha! Ha! Ha!
Ah!
Ciao!
Damit dürfte die Ordnung an dieser Schule wiederhergestellt sein!
Aua ...
Kaito Lupin... Was für ein verdorbener Mensch!
Aoko? Ich möchte, dass du gut nachdenkst, was du tust.
Wir machen keine leeren Drohungen...
ZING

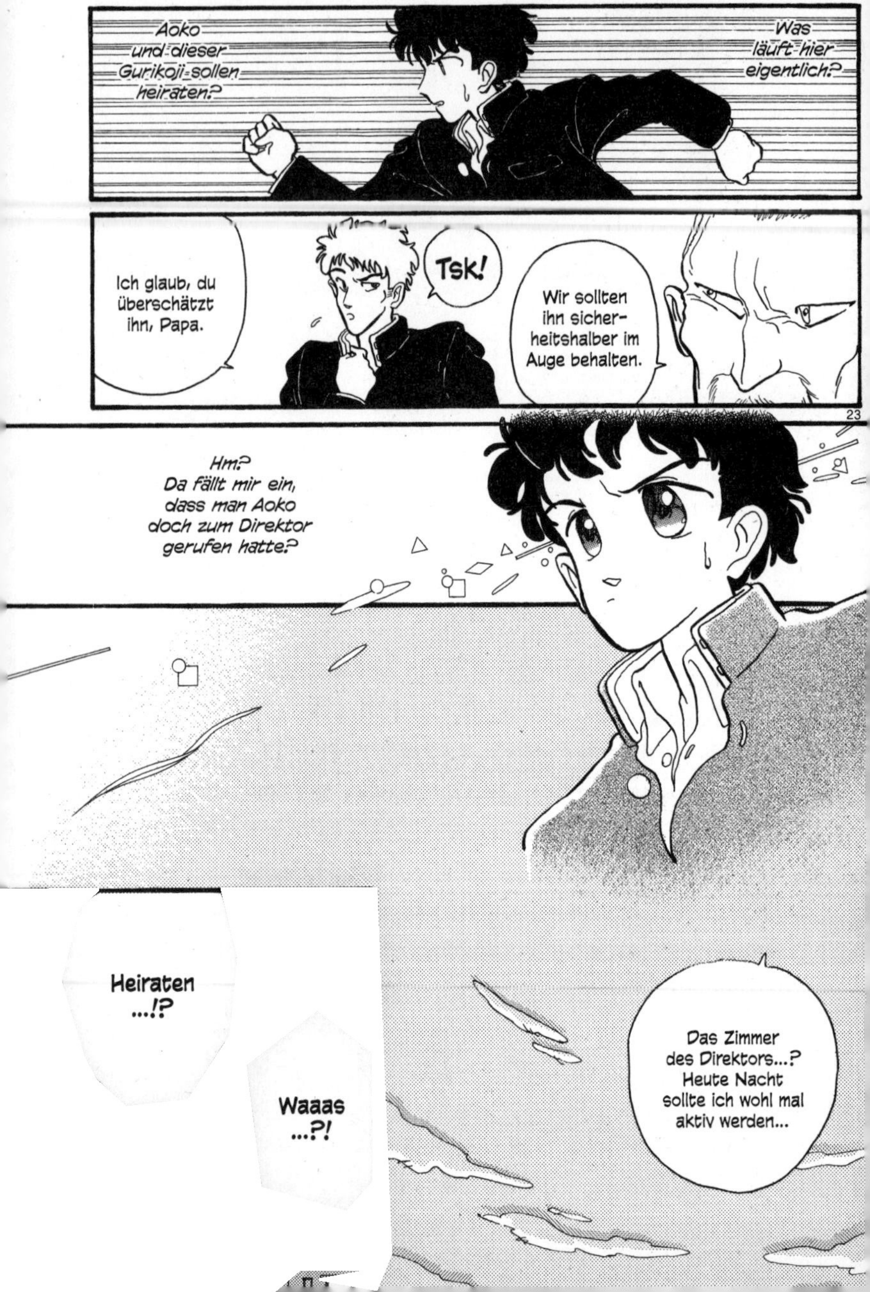
Was läuft hier eigentlich?
Aoko und dieser Gurikoji sollen heiraten?
Wir sollten ihn sicherheitshalber im Auge behalten.
Tsk!
Ich glaub, du überschätzt ihn, Papa.
Hm? Da fällt mir ein, dass man Aoko doch zum Direktor gerufen hatte?
Das Zimmer des Direktors...? Heute Nacht sollte ich wohl mal aktiv werden...
Waaas ...?!
Heiraten ...!?

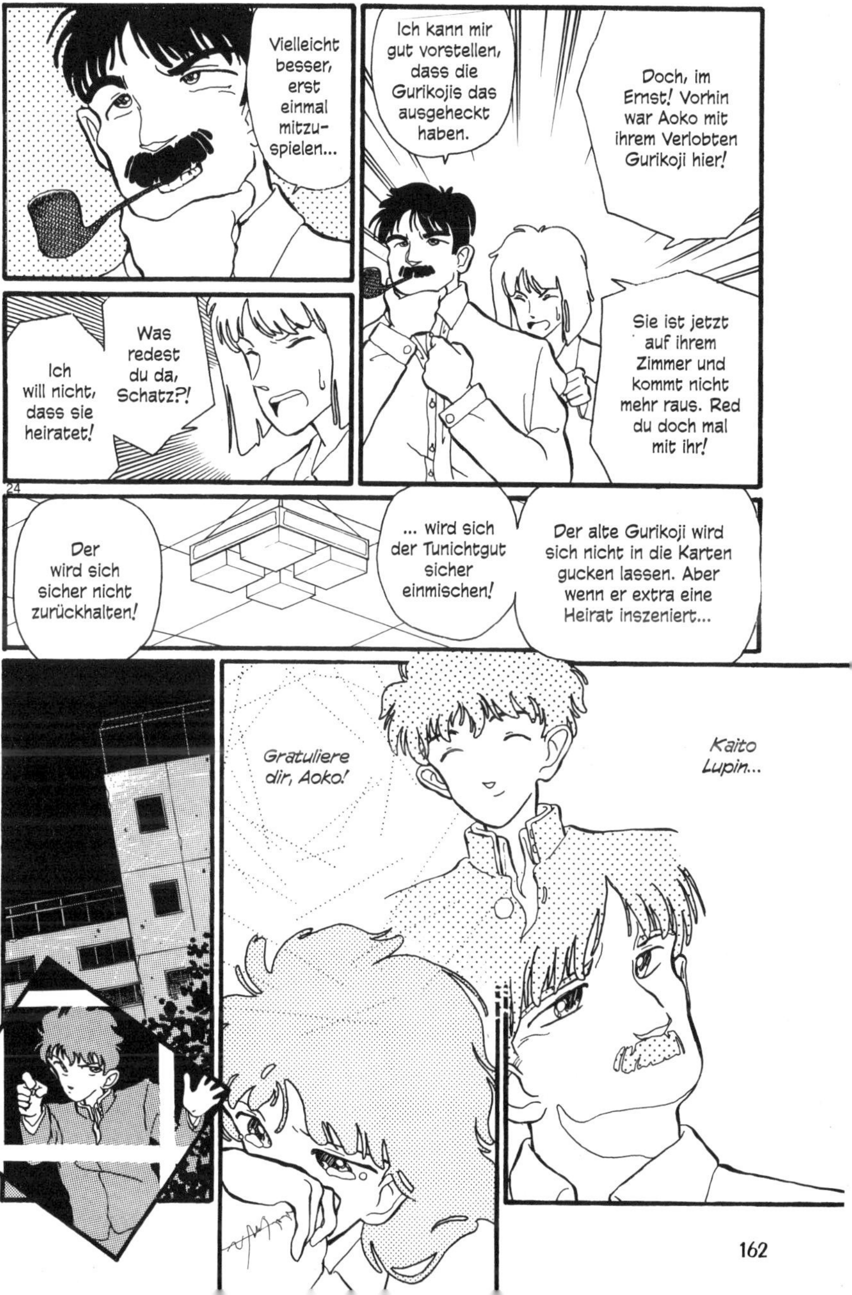
Doch, im Ernst! Vorhin war Aoko mit ihrem Verlobten Gurikoji hier!
Sie ist jetzt auf ihrem Zimmer und kommt nicht mehr raus. Red du doch mal mit ihr!
Ich kann mir gut vorstellen, dass die Gurikojis das ausgeheckt haben.
Vielleicht besser, erst einmal mitzu-spielen...
Was redest du da, Schatz?!
Ich will nicht, dass sie heiratet!
Der alte Gurikoji wird sich nicht in die Karten gucken lassen. Aber wenn er extra eine Heirat inszeniert...
... wird sich der Tunichtgut sicher einmischen!
Der wird sich sicher nicht zurückhalten!
Kaito Lupin...
Gratuliere dir, Aoko!

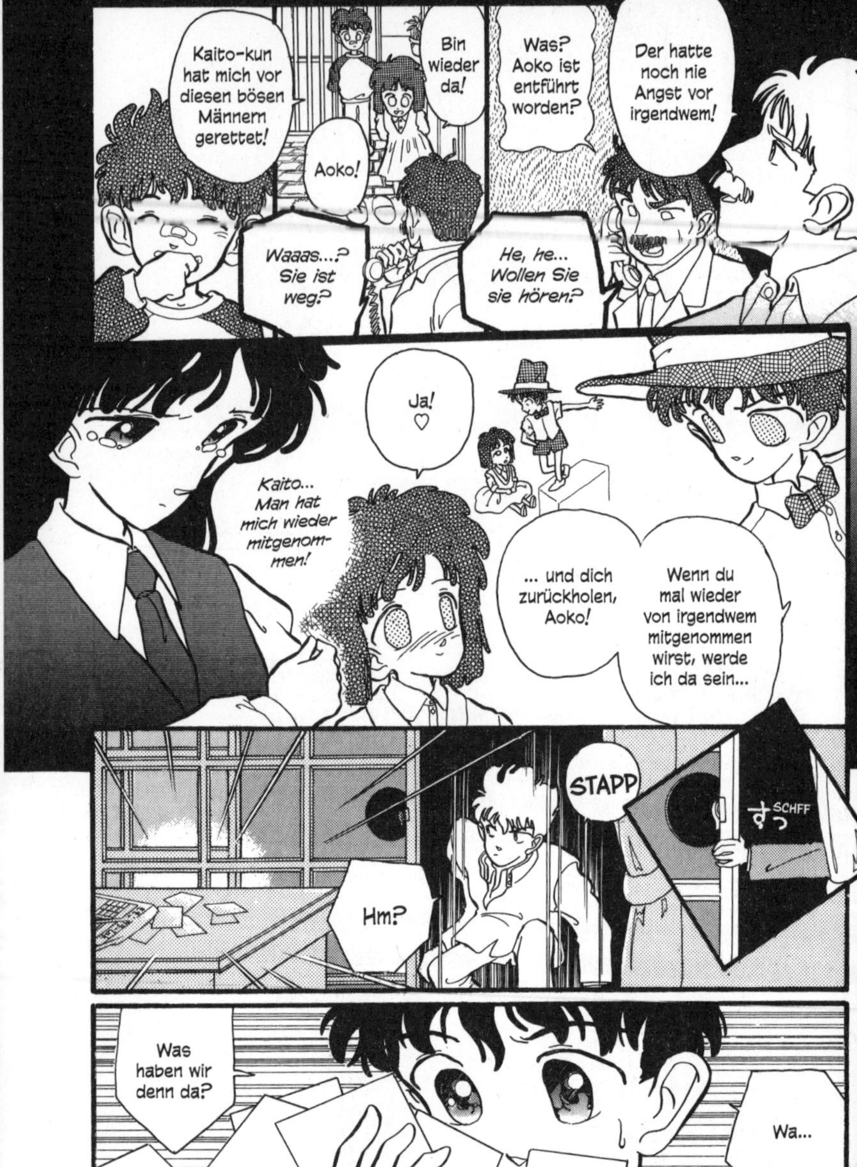
Der hatte noch nie Angst vor irgendwem!
Was? Aoko ist entführt worden?
He, he... Wollen Sie sie hören?
Bin wieder da!
Aoko!
Waaas...? Sie ist weg?
Kaito-kun hat mich vor diesen bösen Männern gerettet!
Wenn du mal wieder von irgendwem mitgenommen wirst, werde ich da sein...
... und dich zurückholen, Aoko!
Ja! ♡
Kaito... Man hat mich wieder mitgenommen!
すっ SCHFF
STAPP
Hm?
Wa...
Was haben wir denn da?

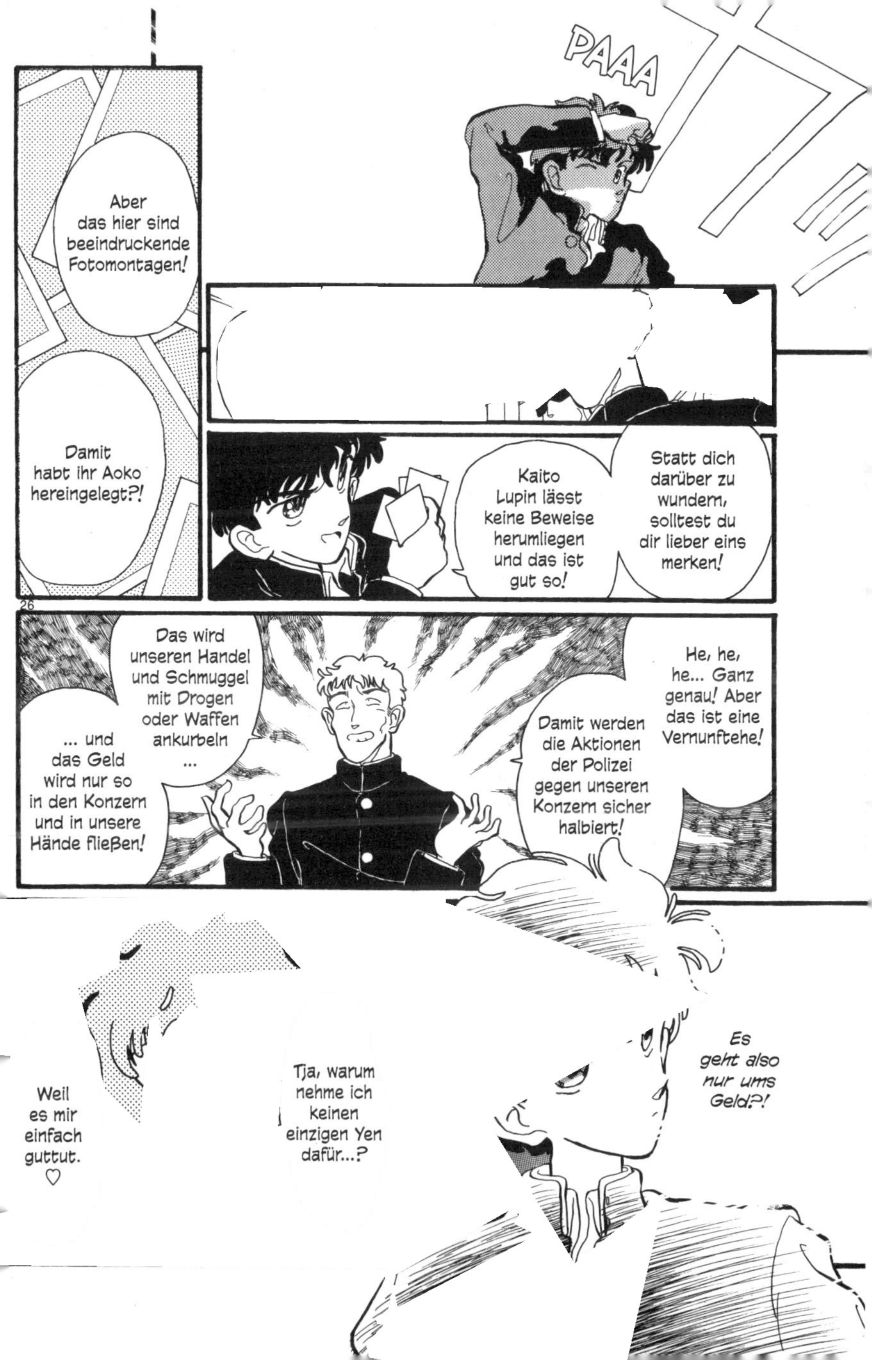
PAAA
Statt dich darüber zu wundern, solltest du dir lieber eins merken!
Kaito Lupin lässt keine Beweise herumliegen und das ist gut so!
Aber das hier sind beeindruckende Fotomontagen!
Damit habt ihr Aoko hereingelegt?!
He, he, he... Ganz genau! Aber das ist eine Vernunftehe!
Damit werden die Aktionen der Polizei gegen unseren Konzern sicher halbiert!
Das wird unseren Handel und Schmuggel mit Drogen oder Waffen ankurbeln ...
... und das Geld wird nur so in den Konzern und in unsere Hände fließen!
Es geht also nur ums Geld?!
Tja, warum nehme ich keinen einzigen Yen dafür...?
Weil es mir einfach guttut. ♡

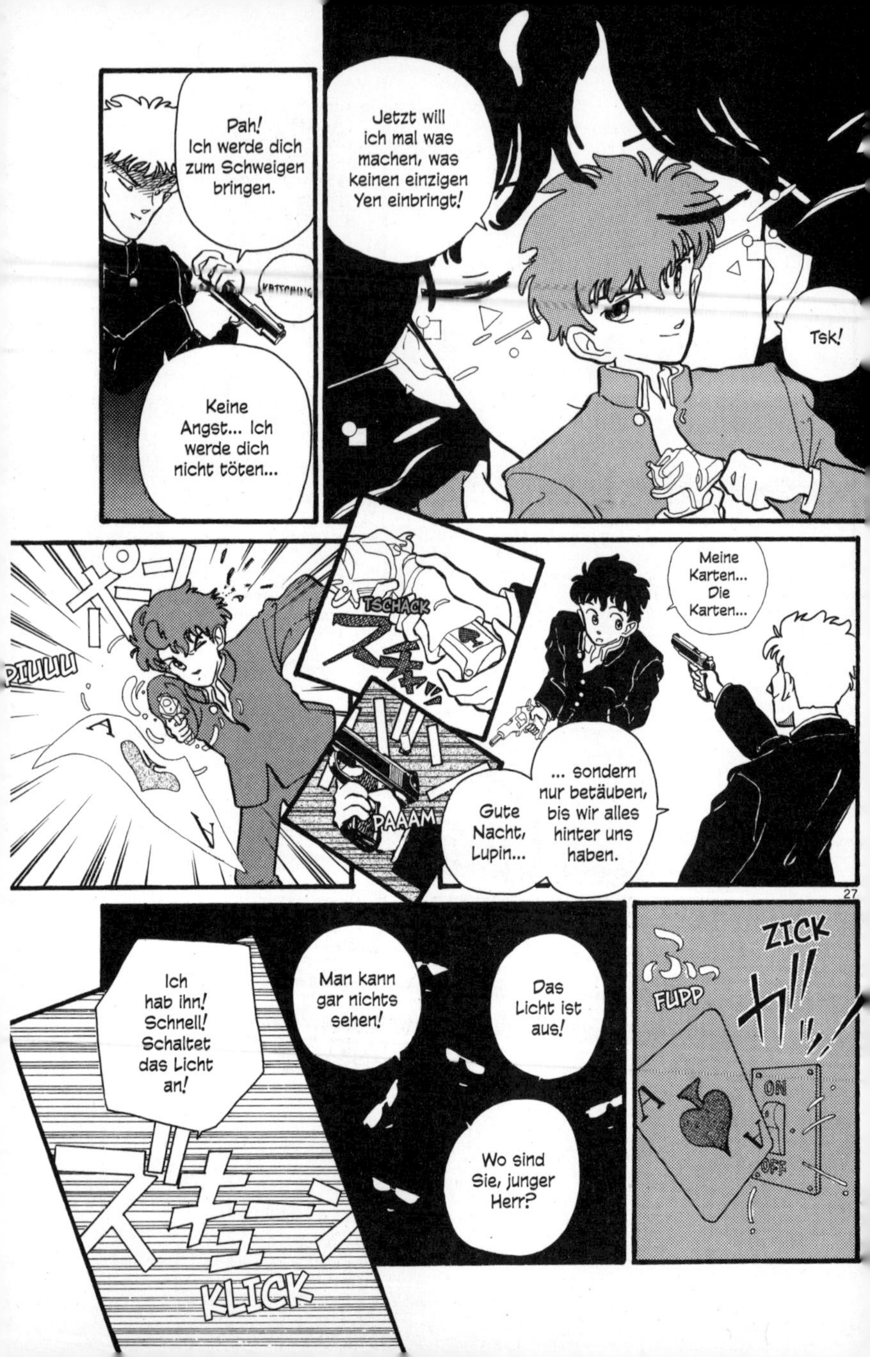
Jetzt will ich mal was machen, was keinen einzigen Yen einbringt!
Tsk!
Pah! Ich werde dich zum Schweigen bringen.
KATSCHING
Keine Angst... Ich werde dich nicht töten...
Meine Karten... Die Karten...
... sondern nur betäuben, bis wir alles hinter uns haben.
Gute Nacht, Lupin...
TSCHACK
PAAAM
PIUUU
ZICK
FUPP
ON
OFF
Das Licht ist aus!
Wo sind Sie, junger Herr?
Man kann gar nichts sehen!
Ich hab ihn! Schnell! Schaltet das Licht an!
KLICK

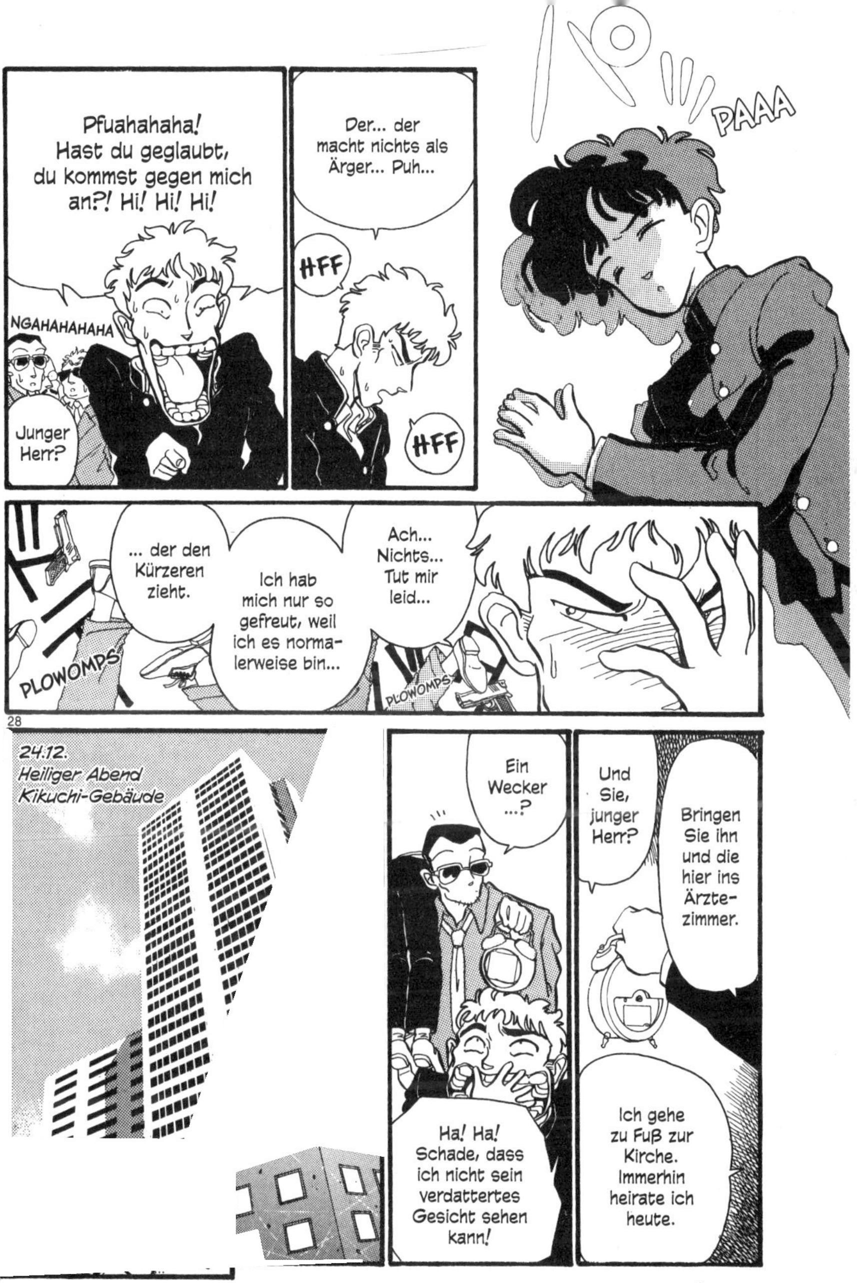
Pfuahahaha! Hast du geglaubt, du kommst gegen mich an?! Hi! Hi! Hi!
NGAHAHAHAHA
Junger Herr?
Der... der macht nichts als Ärger... Puh...
HFF
HFF
PAAA
... der den Kürzeren zieht.
Ich hab mich nur so gefreut, weil ich es normalerweise bin...
Ach... Nichts... Tut mir leid...
PLOWOMPS
PLOWOMPS
28
24.12. Heiliger Abend Kikuchi-Gebäude
Ein Wecker ...?
Ha! Ha! Schade, dass ich nicht sein verdattertes Gesicht sehen kann!
Und Sie, junger Herr?
Bringen Sie ihn und die hier ins Ärztezimmer.
Ich gehe zu Fuß zur Kirche. Immerhin heirate ich heute.

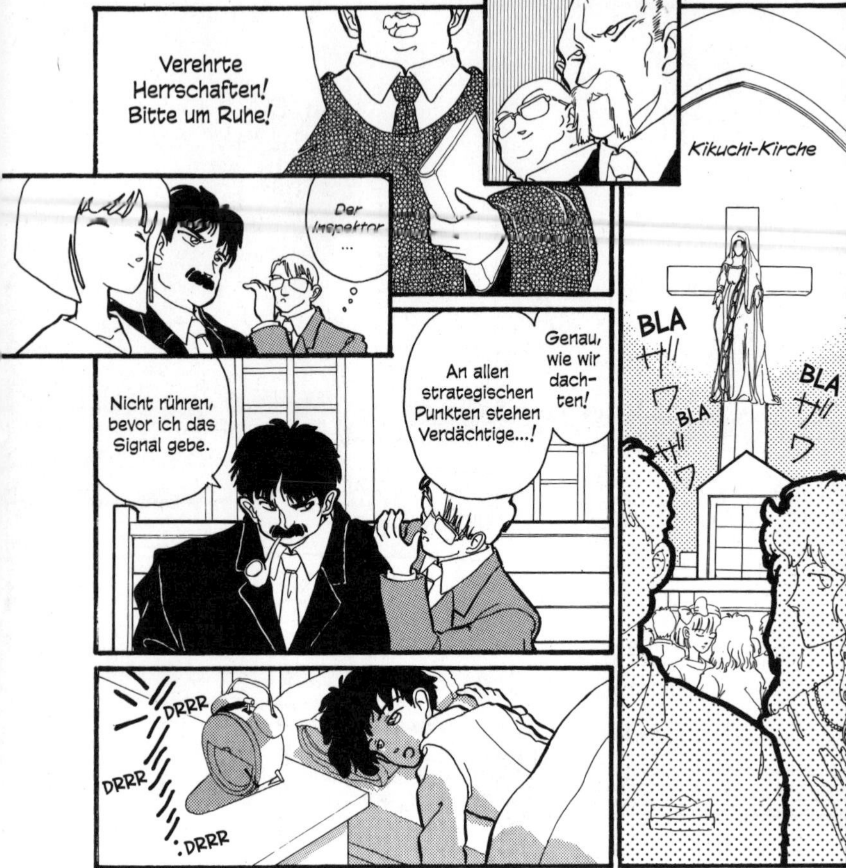
Kikuchi-Kirche
Verehrte Herrschaften! Bitte um Ruhe!
Der Inspektor ...
BLA
BLA
BLA
Genau, wie wir dachten!
An allen strategischen Punkten stehen Verdächtige...!
Nicht rühren, bevor ich das Signal gebe.
DRRR
DRRR
DRRR

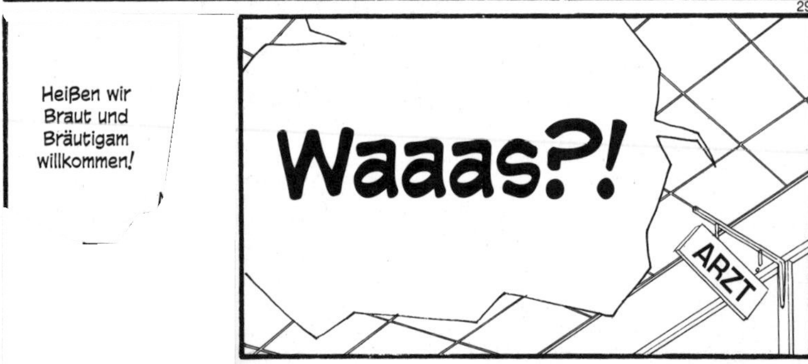
Waaas?!
ARZT
Heißen wir Braut und Bräutigam willkommen!

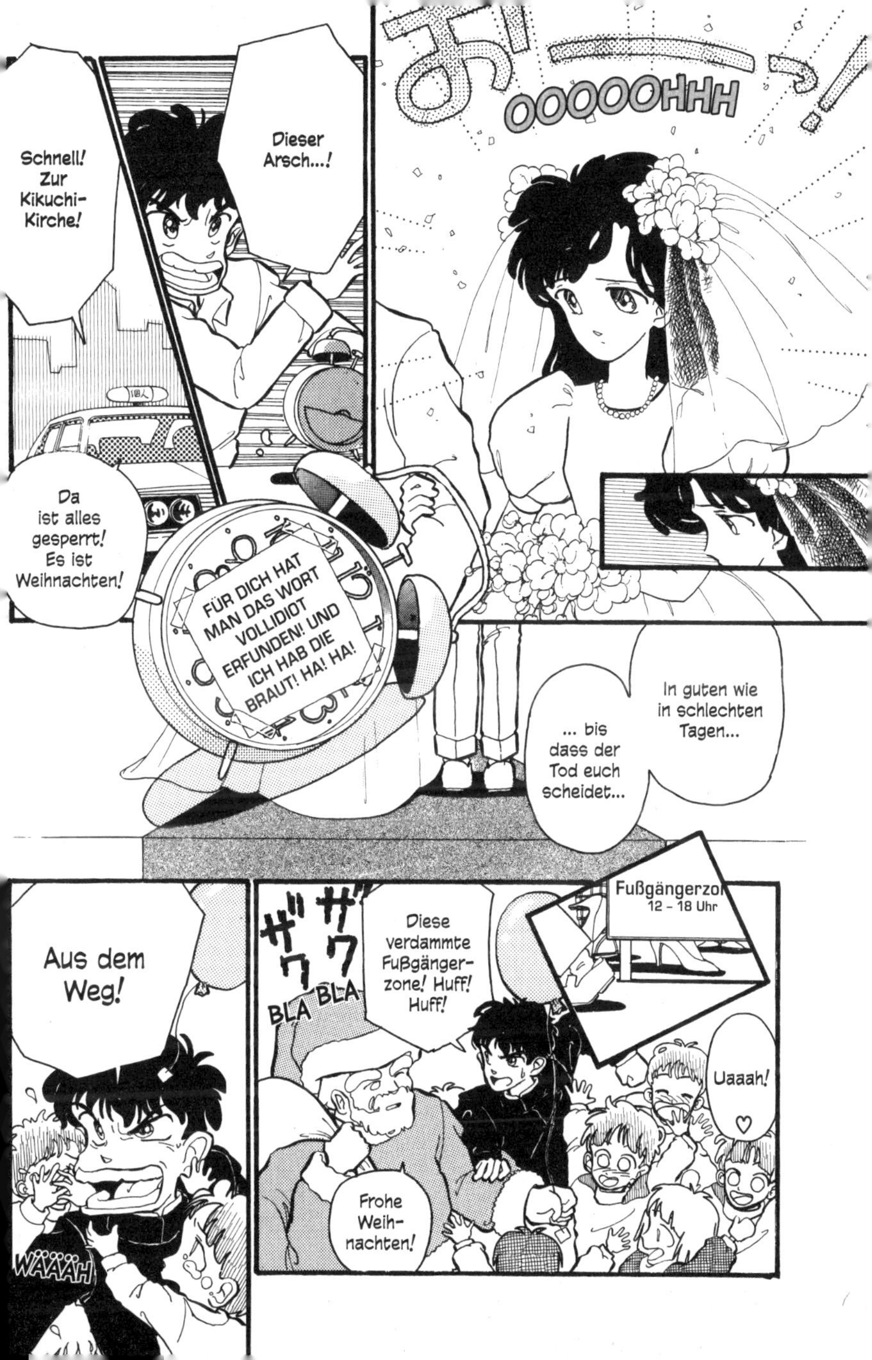
あ—っ!
OOOOOOHHH
Dieser Arsch...!
Schnell! Zur Kikuchi-Kirche!
Da ist alles gesperrt! Es ist Weihnachten!
FÜR DICH HAT MAN DAS WORT VOLLIDIOT ERFUNDEN! UND ICH HAB DIE BRAUT! HA! HA!
In guten wie in schlechten Tagen...
... bis dass der Tod euch scheidet...
Fußgängerzo
12 - 18 Uhr
Diese verdammte Fußgängerzone! Huff! Huff!
ザワ ザワ
BLA BLA
Uaaah!
Frohe Weihnachten!
Aus dem Weg!
WÄÄÄH

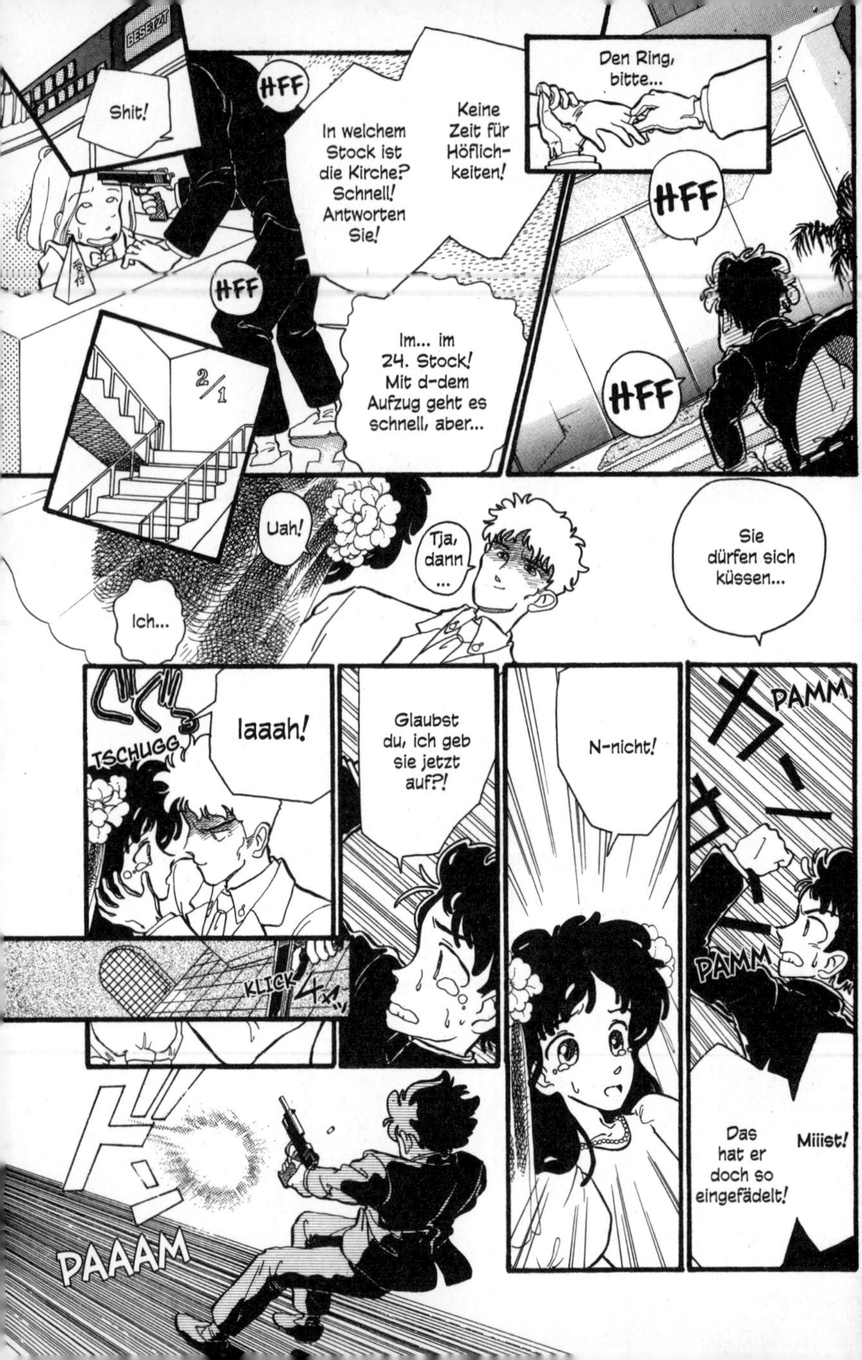
BESETZT
Shit!
HFF
In welchem Stock ist die Kirche? Schnell! Antworten Sie!
Keine Zeit für Höflichkeiten!
HFF
Im... im 24. Stock! Mit d-dem Aufzug geht es schnell, aber...
Den Ring, bitte...
HFF
HFF
Uah!
Ich...
Tja, dann ...
Sie dürfen sich küssen...
Iaaah!
TSCHUGG
KLICK
Glaubst du, ich geb sie jetzt auf?!
N-nicht!
PAMM
PAMM
Miiist!
Das hat er doch so eingefädelt!
PAAAM

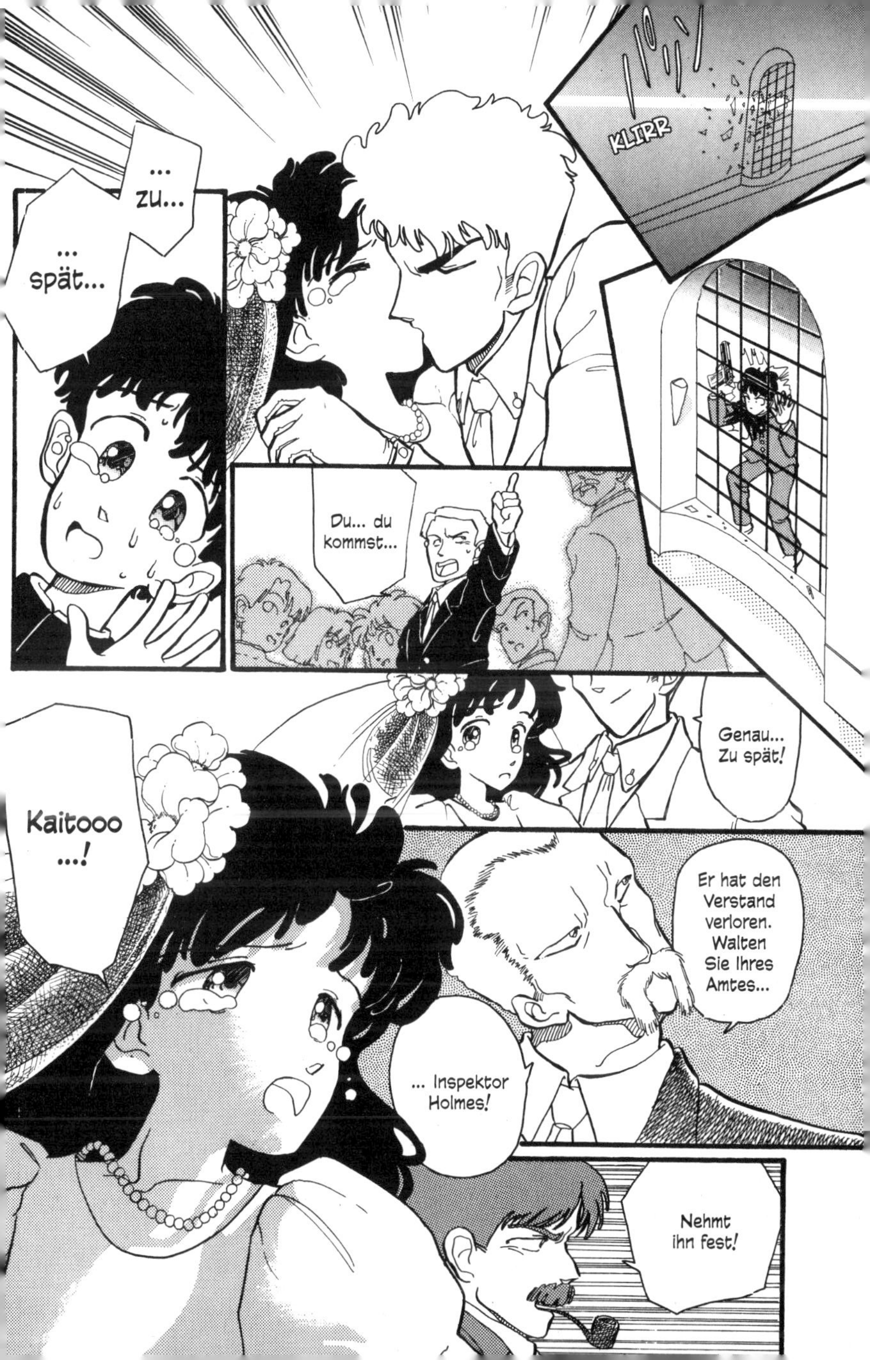
KLIRR
Du... du kommst...
... zu...
... spät...
Genau... Zu spät!
Er hat den Verstand verloren. Walten Sie Ihres Amtes...
... Inspektor Holmes!
Nehmt ihn fest!
Kaitooo ...!

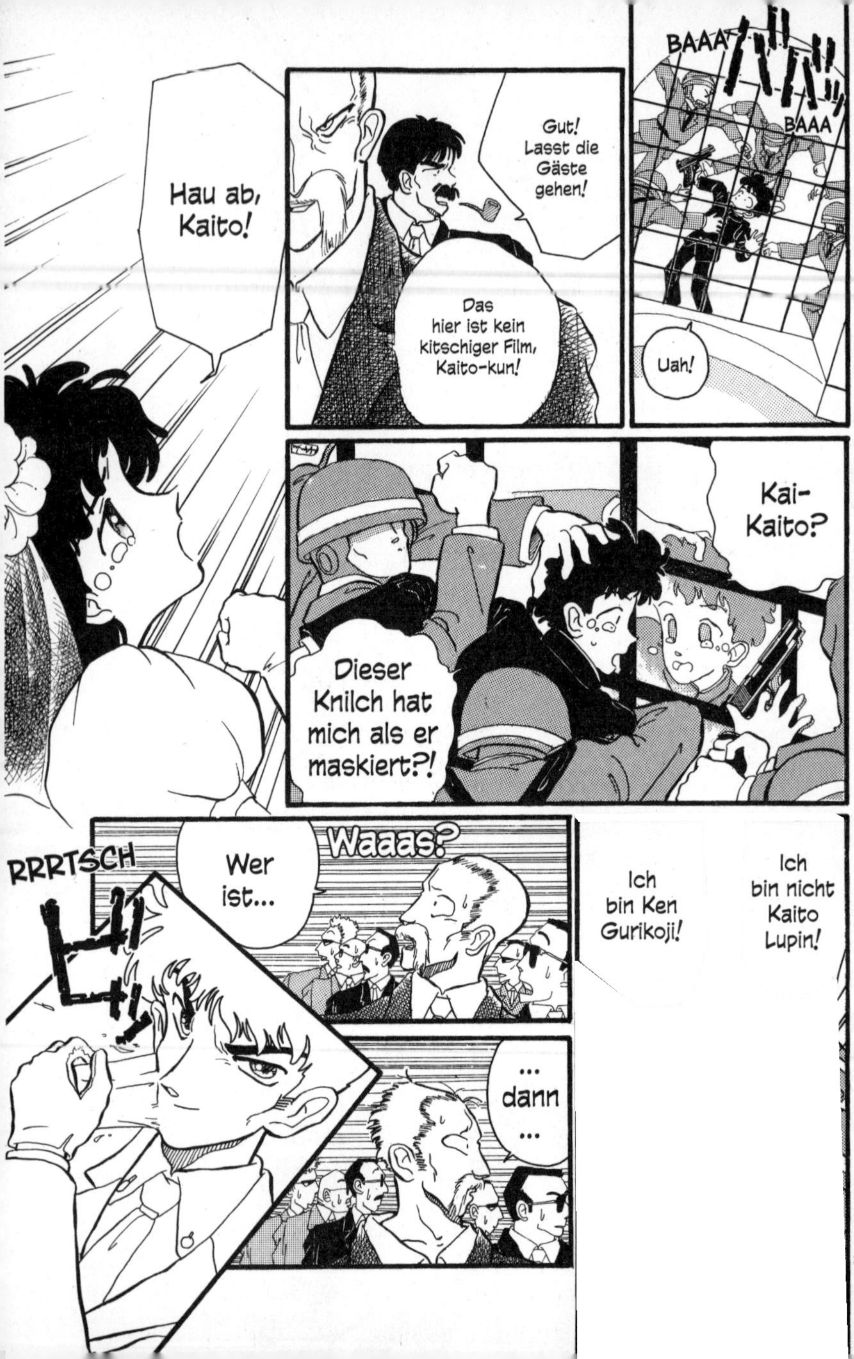

BAAA
BAAA
Uah!
Gut! Lasst die Gäste gehen!
Das hier ist kein kitschiger Film, Kaito-kun!
Hau ab, Kaito!
Kai-Kaito?
Dieser Knilch hat mich als er maskiert?!
Ich bin nicht Kaito Lupin!
Ich bin Ken Gurikoji!
Waaas?
Wer ist...
RRRTSCH
... dann ...

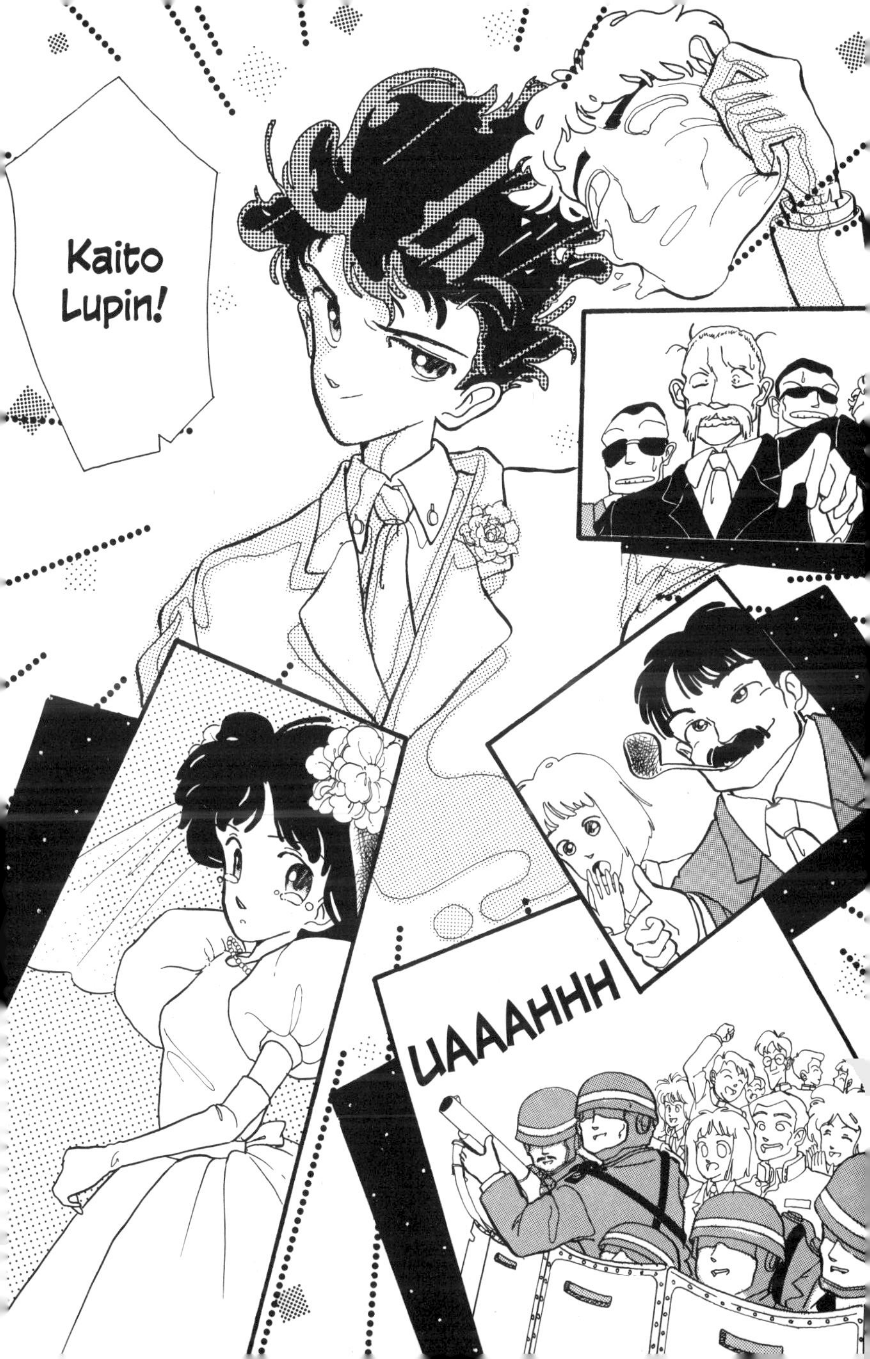
Kaito Lupin!
UAAAHHH

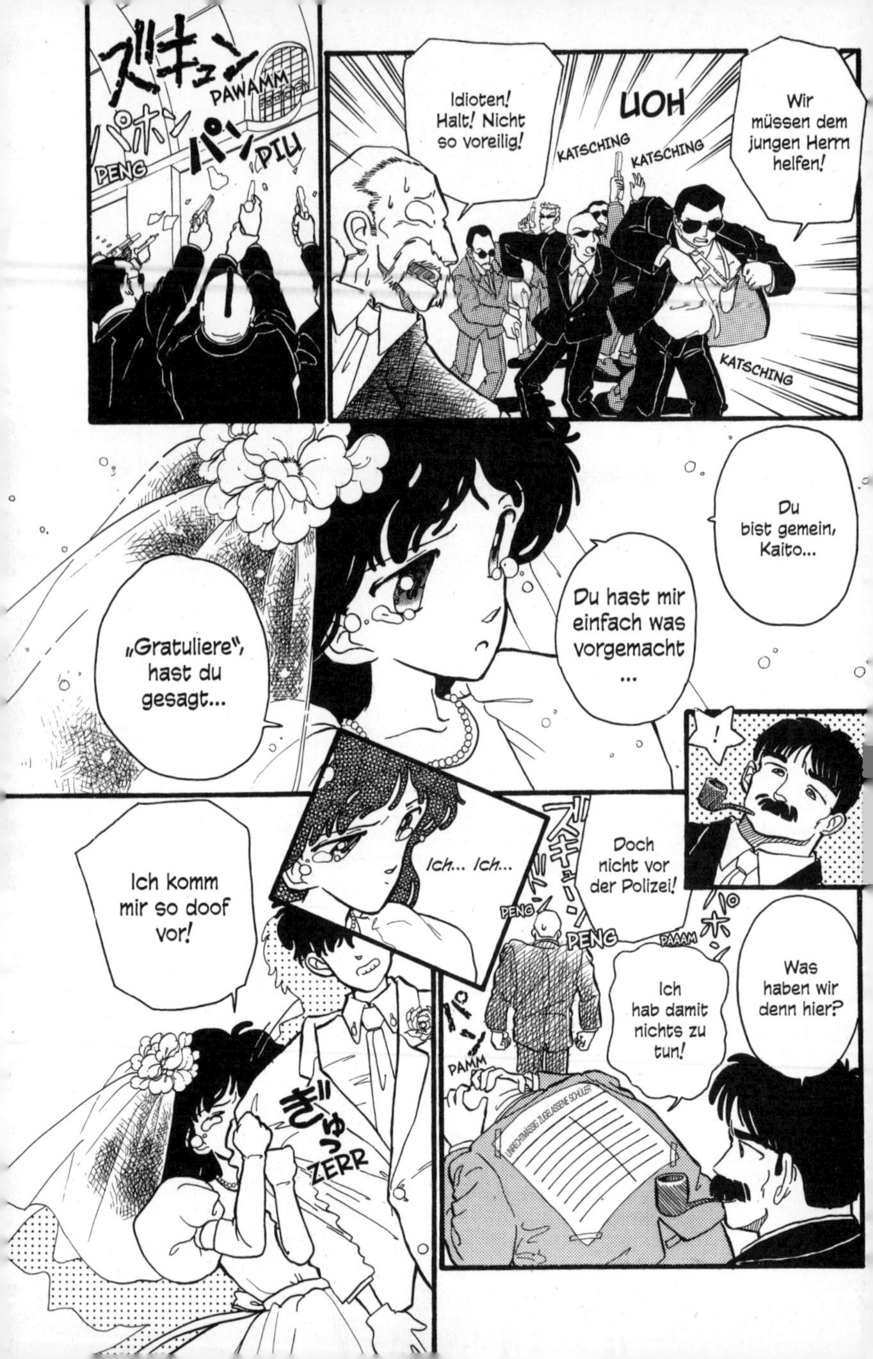
Wir müssen dem jungen Herrn helfen!
UOH
KATSCHING
KATSCHING
KATSCHING
Idioten! Halt! Nicht so voreilig!
ズキューン
PAWAMM
パホン
パン
PIU
PENG
Du bist gemein, Kaito...
Du hast mir einfach was vorgemacht ...
„Gratuliere", hast du gesagt...
!
Doch nicht vor der Polizei!
Ich... Ich...
Ich komm mir so doof vor!
Was haben wir denn hier?
Ich hab damit nichts zu tun!
PENG
PENG
PAAAM
PAMM
UNRECHTMÄSSIG ZUGELASSENE SCHÜLER
ぎゅっ
ZERR

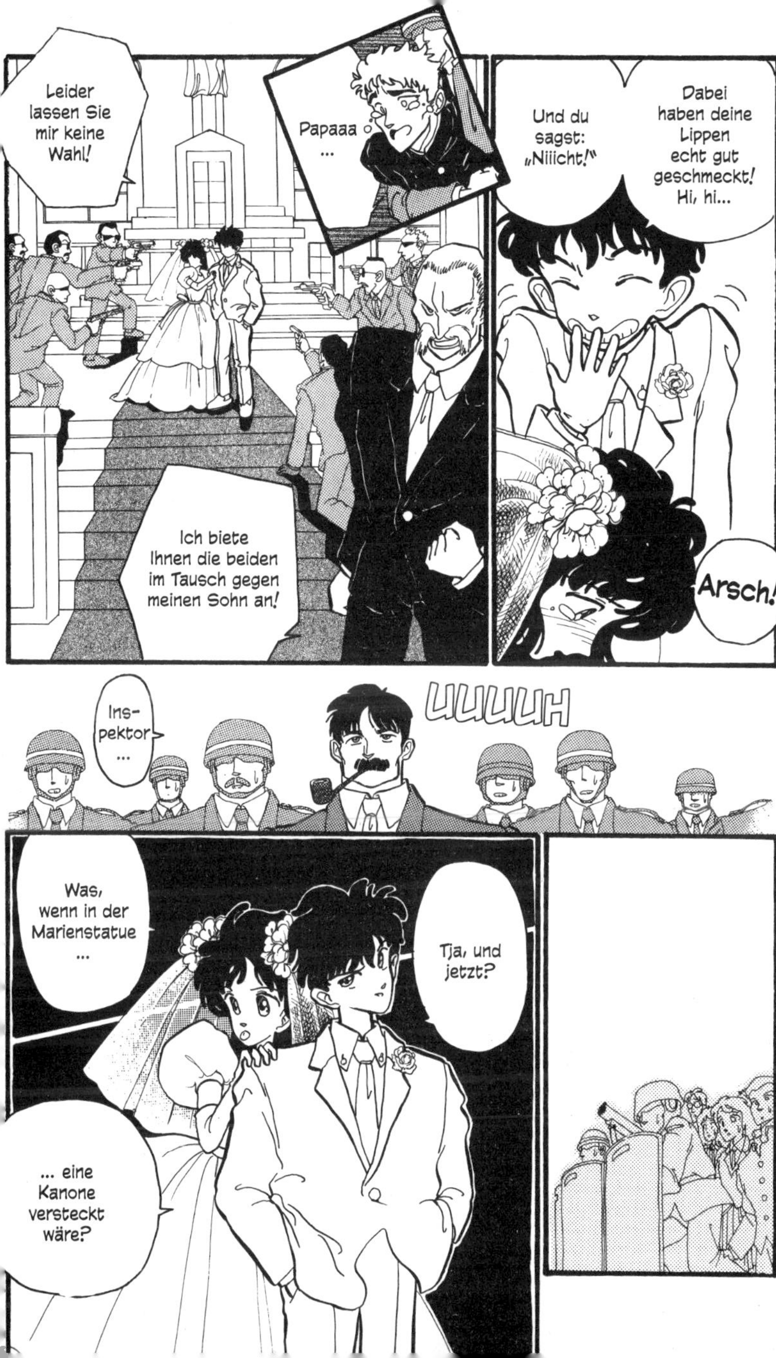
Dabei haben deine Lippen echt gut geschmeckt! Hi, hi...
Und du sagst: „Niiicht!"
Arsch!
Papaaa ...
Leider lassen Sie mir keine Wahl!
Ich biete Ihnen die beiden im Tausch gegen meinen Sohn an!
UUUUUH
Ins- pektor ...
Tja, und jetzt?
Was, wenn in der Marienstatue ...
... eine Kanone versteckt wäre?

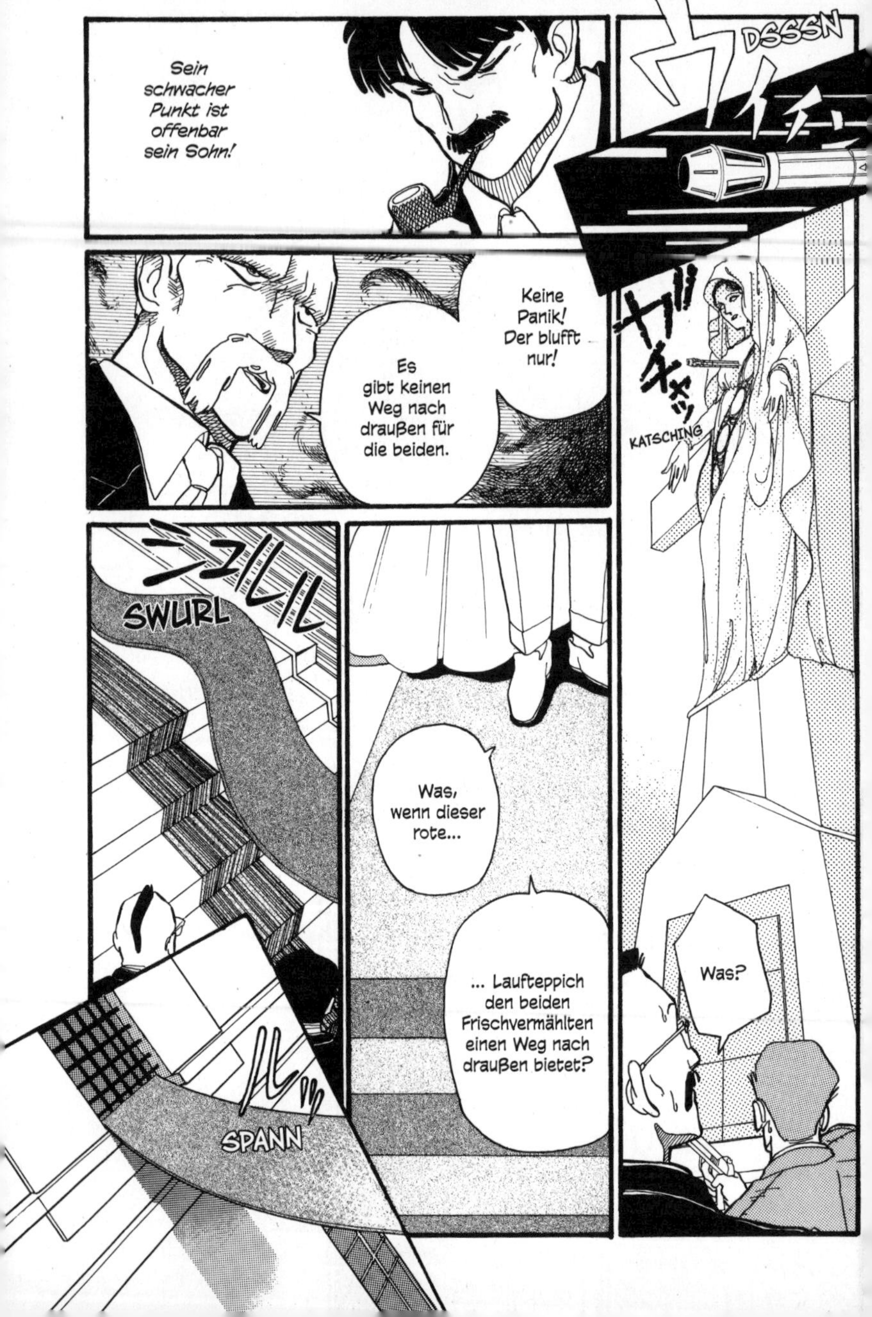
DSSSN
Sein schwacher Punkt ist offenbar sein Sohn!
Keine Panik! Der blufft nur!
Es gibt keinen Weg nach draußen für die beiden.
KATSCHING
Was?
Was, wenn dieser rote...
... Laufteppich den beiden Frischvermählten einen Weg nach draußen bietet?
SWURL
SPANN

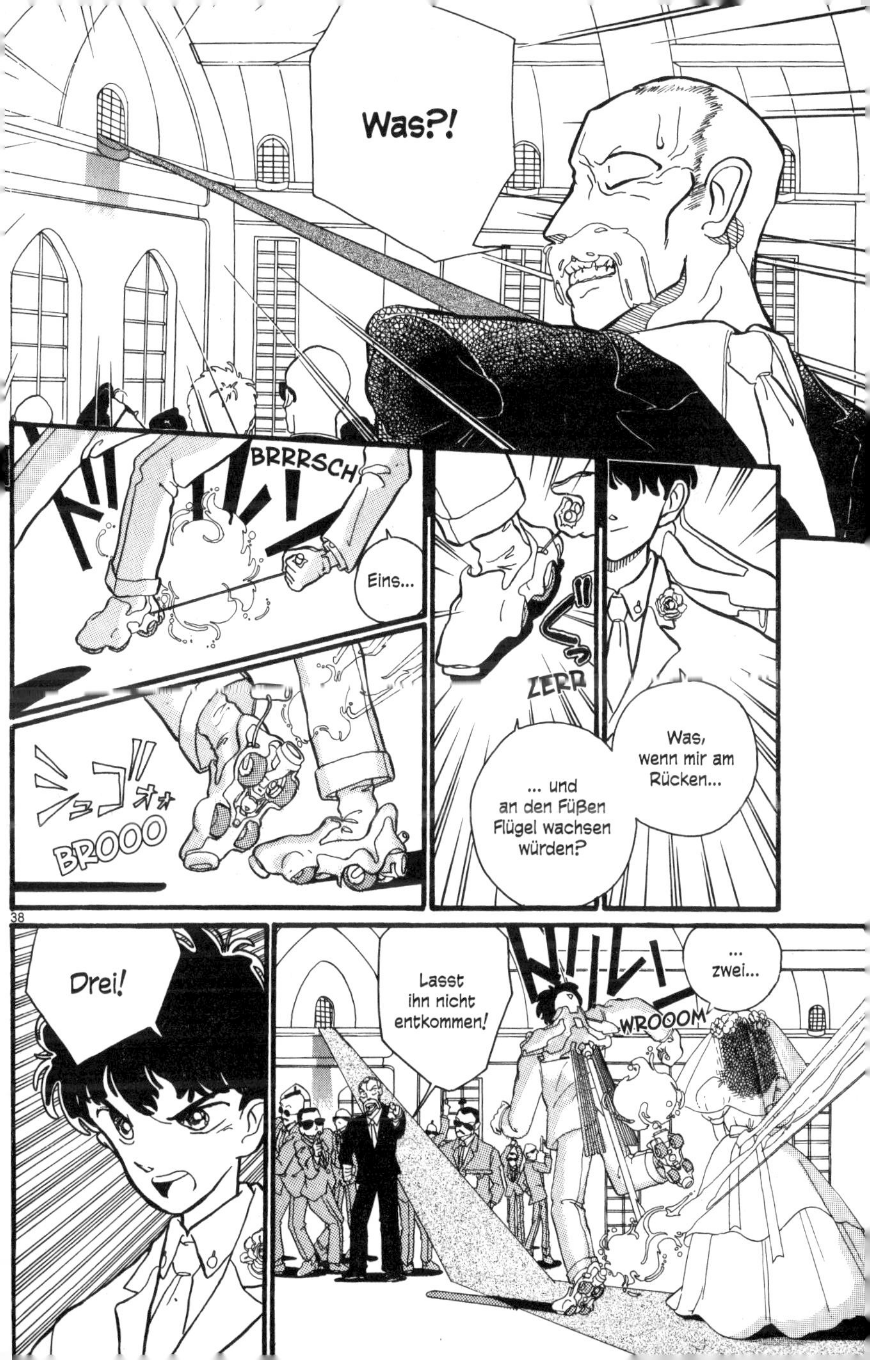
Was?!
Was, wenn mir am Rücken...
... und an den Füßen Flügel wachsen würden?
ZERR
BRRRSCH
Eins...
BROOO
... zwei...
WROOOM
Lasst ihn nicht entkommen!
Drei!

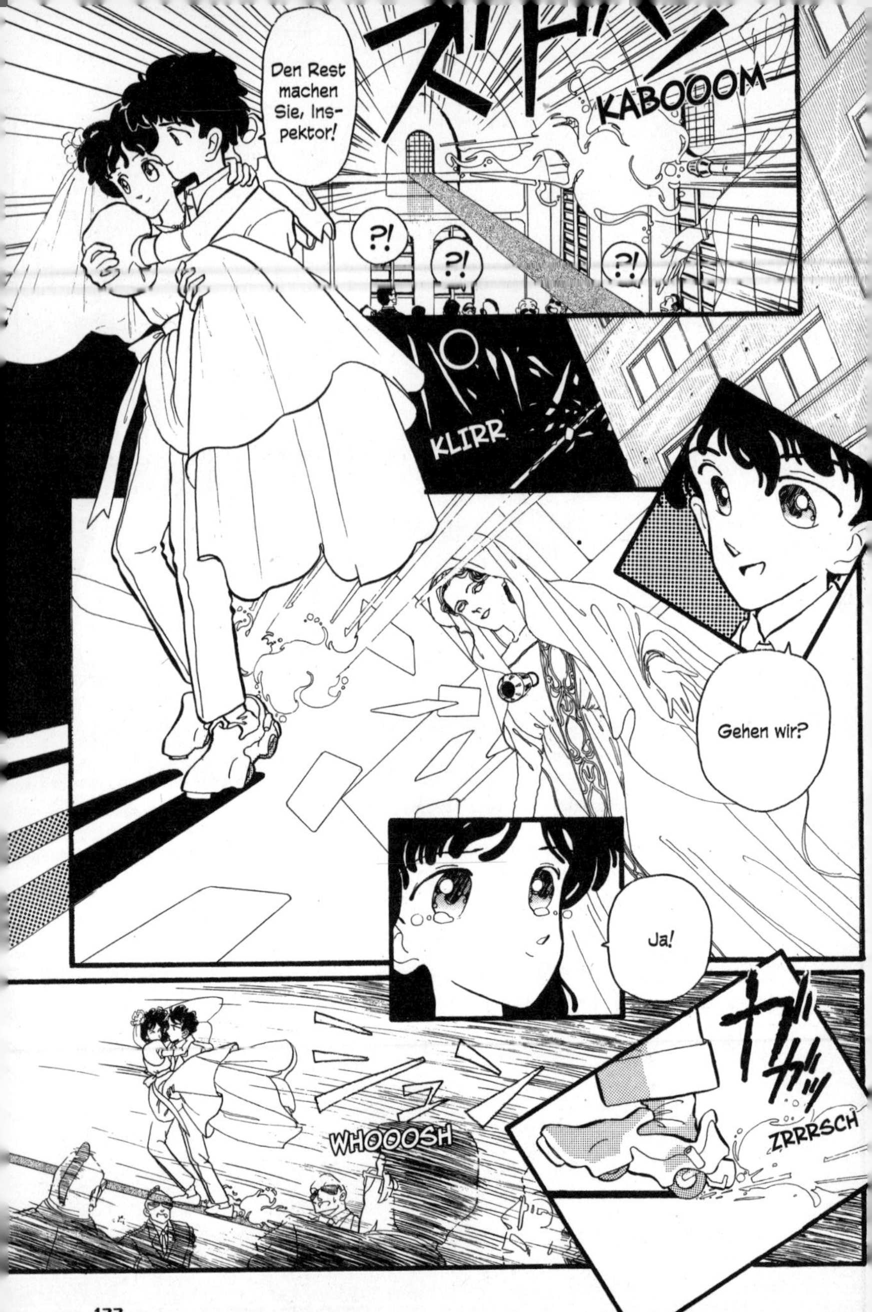
KABOOOM
Den Rest machen Sie, Inspektor!
?!
?!
?!
KLIRR
Gehen wir?
Ja!
ZRRRSCH
WHOOOSH

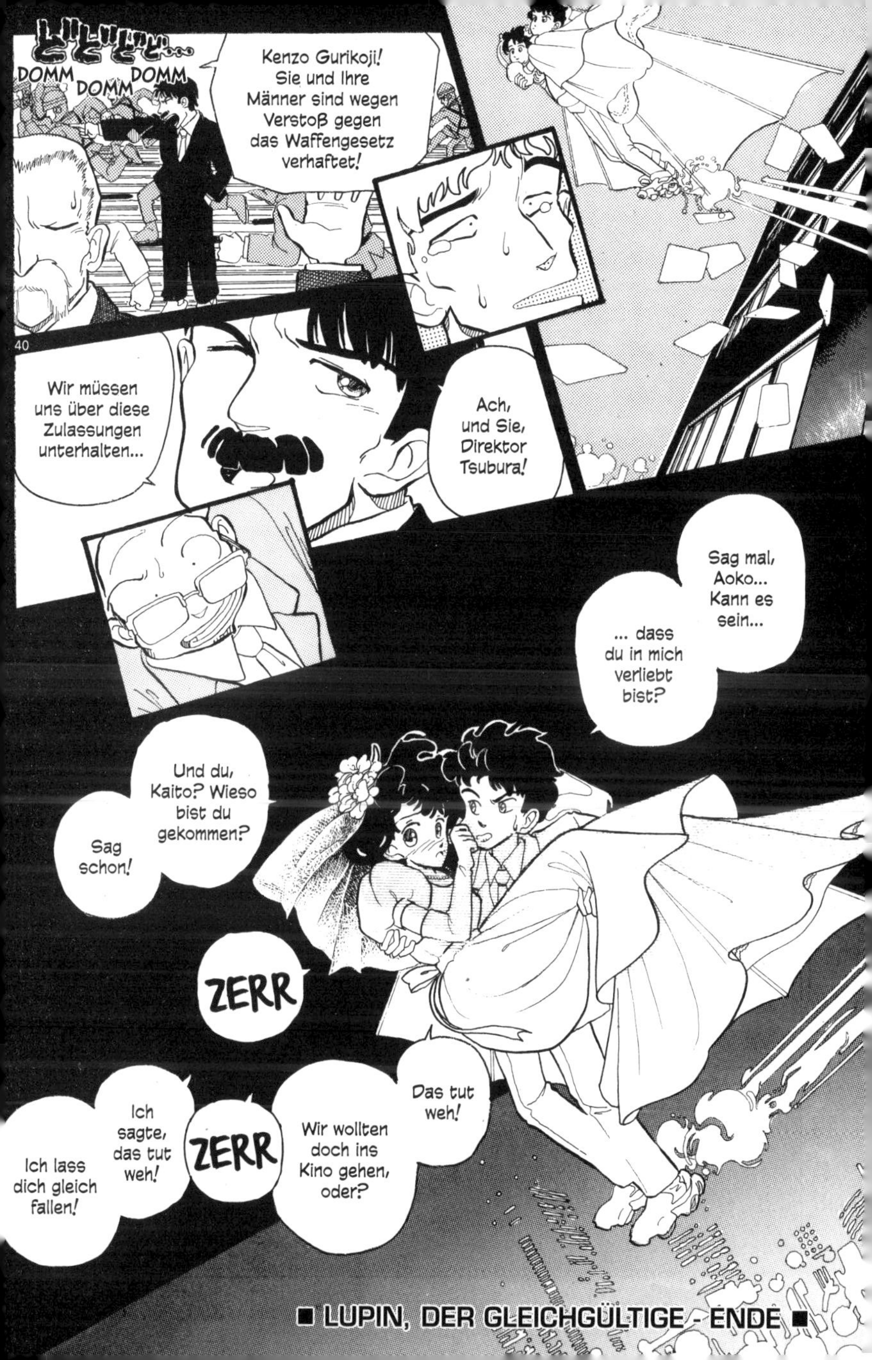

40

■ LUPIN, DER GLEICHGÜLTIGE - ENDE ■

es folgt ein
Bonus-Manga! ♡

Euer Kaito Kid ♡

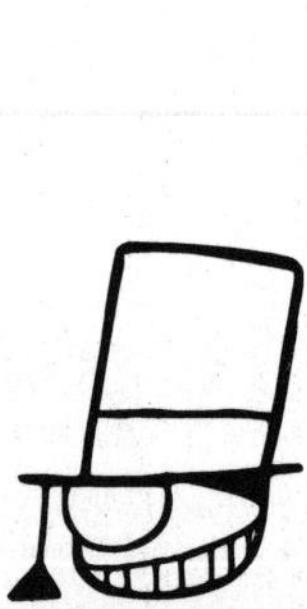

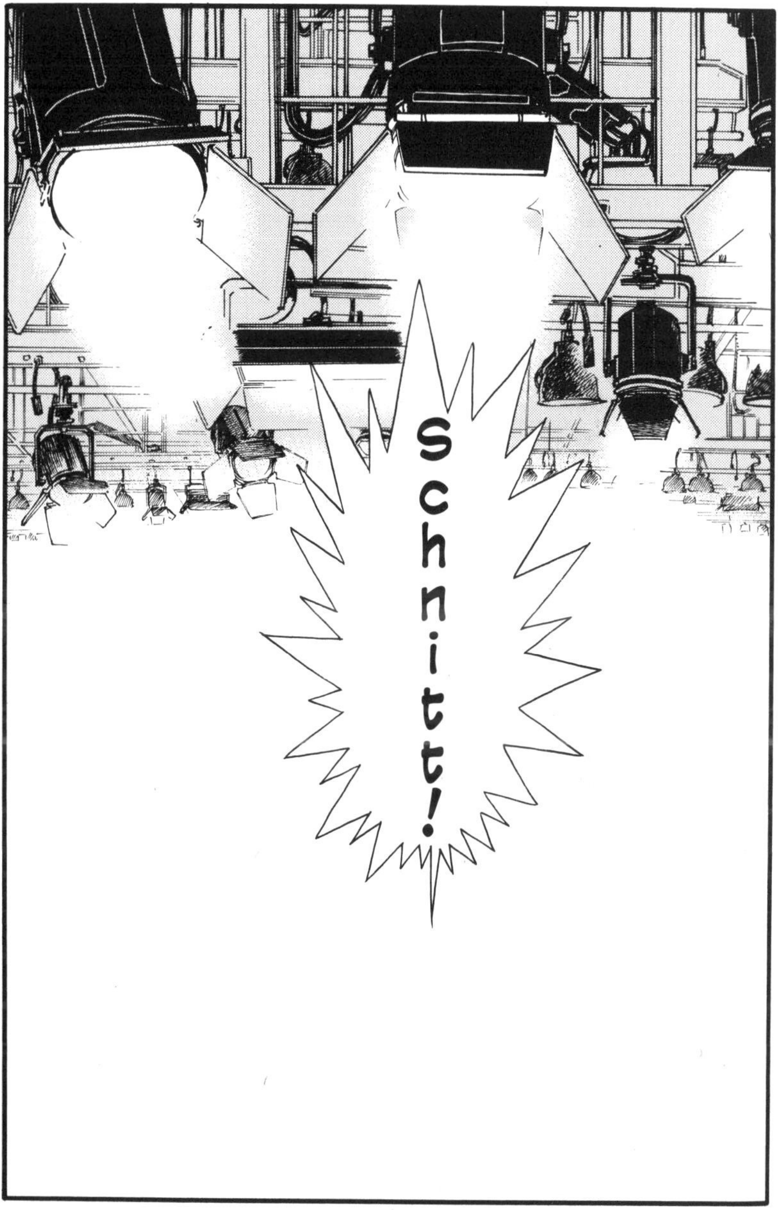
Schnitt!

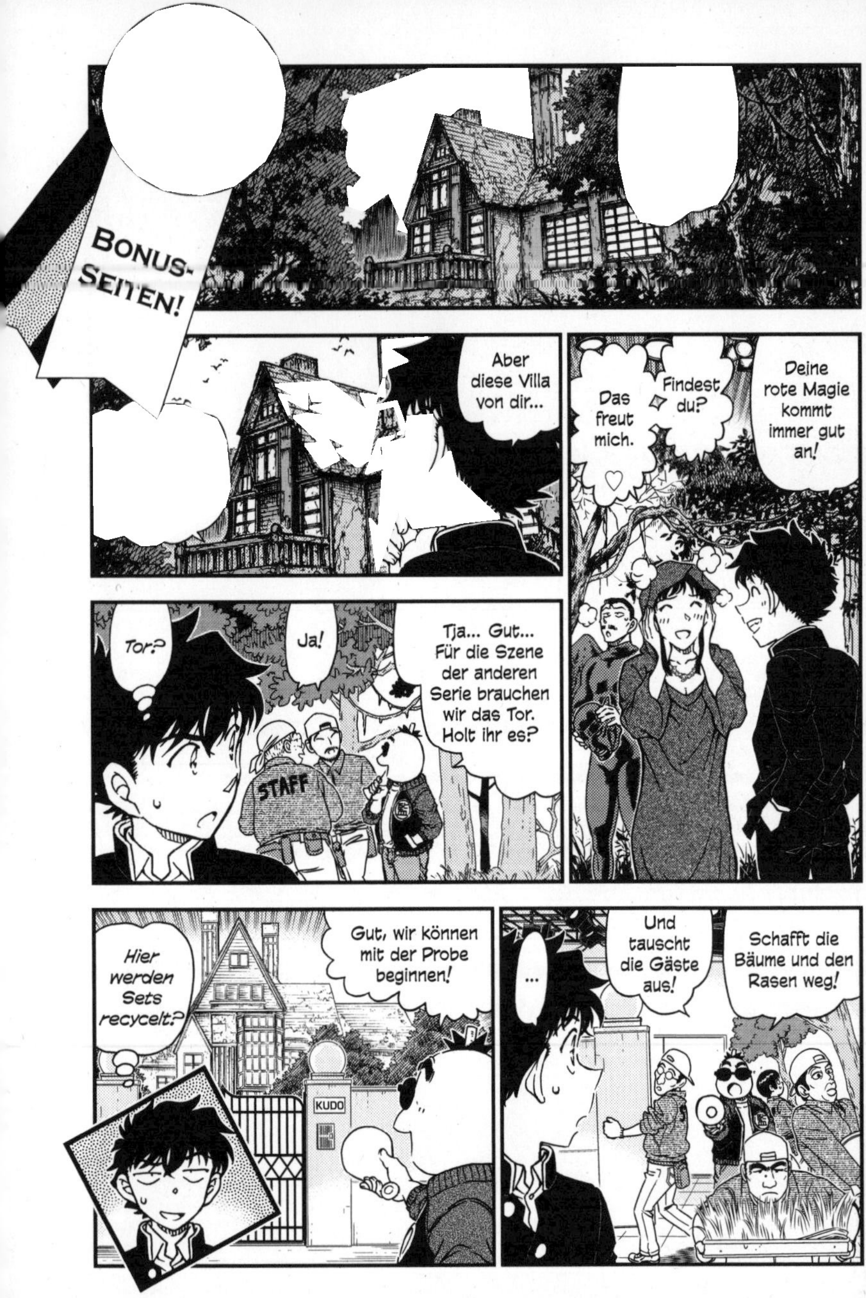
BONUS-SEITEN!
Aber diese Villa von dir...
Deine rote Magie kommt immer gut an!
Findest du?
Das freut mich. ♡
Tja... Gut... Für die Szene der anderen Serie brauchen wir das Tor. Holt ihr es?
Ja!
Tor?
STAFF
Schafft die Bäume und den Rasen weg!
Und tauscht die Gäste aus!
...
Gut, wir können mit der Probe beginnen!
KUDO
Hier werden Sets recycelt?

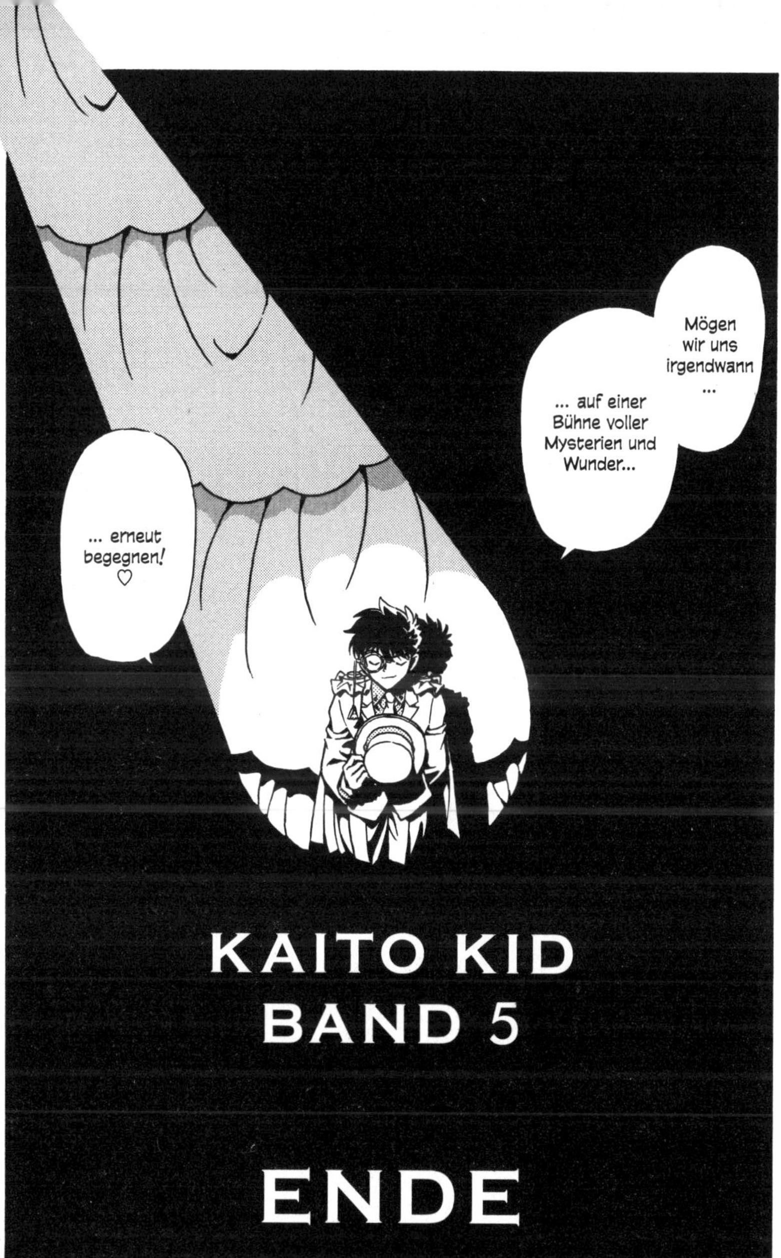

Mögen wir uns irgendwann ...
... auf einer Bühne voller Mysterien und Wunder...
... erneut begegnen! ♡
KAITO KID BAND 5
ENDE

LADIES & GENTLEMEN!!!!!!!!

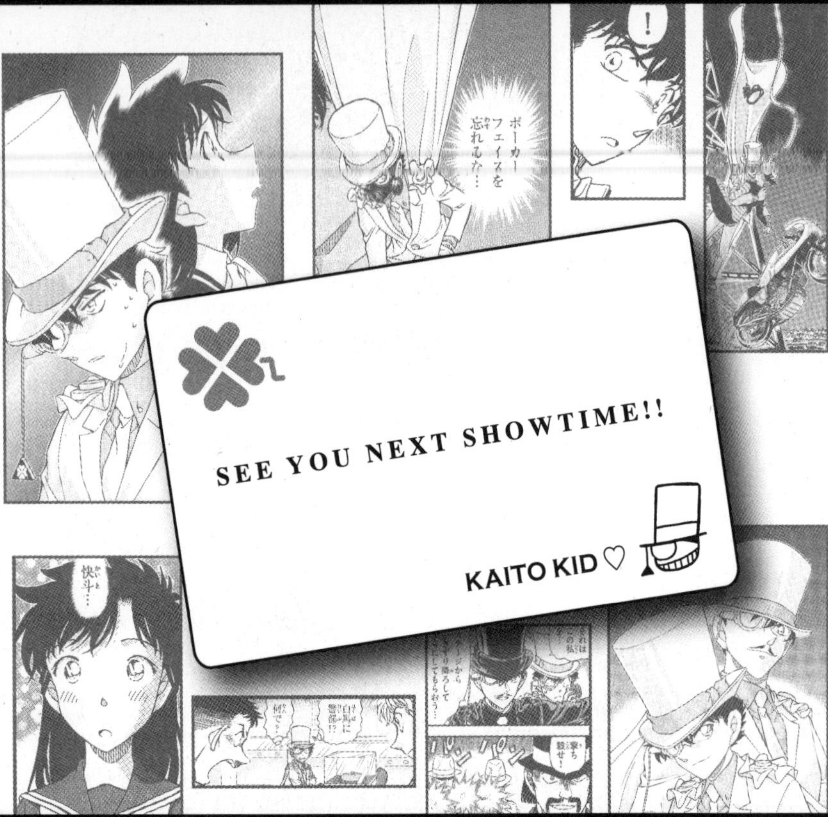

Der nächste legendäre Edelstein heißt „Big Shell"…?!

COMING SOON

Freut euch auf die folgenden Shows von Kaito Kid im nächsten Band

„Sun Halo“

Anlässlich des dreißigsten Jubiläums von Kaito Kid wurde es Zeit für eine Liebesbekundung Aokos. ♡ Die „GSX 250 R“ von Suzuki, die Kaito fährt, kam damals, als ich die Geschichte zeichnete, gerade auf den Markt, aber bei mir hatte Kaito sie bereits ein Jahr zuvor zu Schrott gefahren. (Grins) Repariert wurde sie von einem Professor-Freund Jii-chans. Ich glaube, den kann man sich gut vorstellen, oder? (Grins) Apropos „es wurde Zeit“: Da ist ja auch Luzifer, Fürst der Finsternis! Akako muss natürlich „rote Magie“ einsetzen. ♪ (In der Welt von Conan taucht sie ja nicht mehr auf, also genießt es…)

Die Nageire-Tempelhalle ist der lokale Tempel bei mir zu Hause. Er ist sehr beeindruckend. Solltet ihr mal nach Tottori kommen, müsst ihr ihm unbedingt einen Besuch abstatten!

Übrigens, der Sonnenring („Sun Halo“) des Titels ist Aoko, wie sie hinten auf Kaitos Motorrad sitzt. ♡

„Lupin, der Gleichgültige“

Mit dieser Story hab ich einen Mangapreis vom Shonen Magazine erhalten. Wie man sofort erkennt, stellt sie die Vorlage für „Kaito Kid“ dar. (Ha! Ha!)

Die Form ist anders, aber sogar die Spielkarten-Pistole taucht hier schon auf. Meine damaligen Redakteure sagten zu mir: „Zeichne das, was du am liebsten zeichnen willst“, und das war mein zweiter Beitrag überhaupt! Na ja, heute ist es mir eher peinlich, wie schlecht die Zeichnungen und die Panelaufteilungen waren. (Ha! Ha!) Der Titel lautet zwar „Lupin, der Gleichgültige“, aber obwohl die Hauptfigur Kaito Lupin heißt, ist sie doch alles andere als gleichgültig, oder? (Grins)

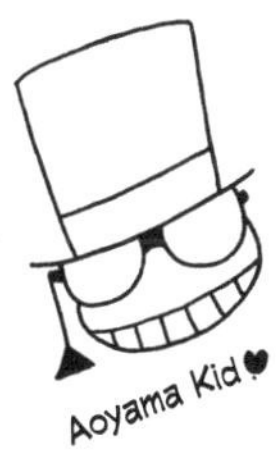

Hallo, ich bin's, Aoyama

Nachdem „Kaito Kid" tatsächlich neu veröffentlicht wird, erlaube ich mir, meine Erinnerungen an die Zeit ohne Umschweife darzulegen. (Grins)

„Phantom Lady"

Ich hatte gut und gerne vier Jahre an Kaito Kid gezeichnet und endlich wurde hier erzählt, wie sich seine Eltern kennengelernt haben. ♡ Für mich persönlich, der an Conan und Kaito Kid schrieb, war das keine Zeit: „Echt? So viel Zeit ist schon vergangen?" (Grins) Mit dieser Geschichte konnte ich auch das erste Kapitel wieder aufgreifen, in dem seine Mutter Tempura kocht und murmelt: „Kaito, jetzt weißt du Bescheid…" (Ha, ha!) In dieser Geschichte erfahren wir auch, dass Kaitos Mutter „Chikage" heißt.

Mit „Kaito Kid" hab ich das erste Mal mit der Manuskriptdigitalisierung gekämpft und die Szene mit den beiden Phantomkollegen und den Sensorstrahlen ließ sich cool umsetzen, aber ich erinnere mich auch daran, dass wir die Deadline fast nicht geschafft hätten, weil das Ausstaffieren der Hintergründe ewig gedauert hat. (Grins)

Übrigens gibt es hier einen Verweis auf „Conan und Kids Kampf um den Schatz Ryomas", der in Band 70 von Detektiv Conan zu finden ist. Falls euch das interessiert, lest mal nach! ♪

„Midnight Crow"

Eine neue Umsetzung als Anime wurde beschlossen und als ich mich zu einer ersten Vorbesprechung mit dem Team traf, kam folgende Frage auf: „Was machen wir mit dem Schluss?" „Hm, tja, soll ich eine Story mit einem ‚schwarzen Kid' zeichnen, die wir für die letzte Folge verwenden können?" Gesagt, getan: „Midnight Crow"!

Ich hab nicht die völlig verdatterten Gesichter vergessen, als ich sagte: „Vielleicht lebt Toichi ja in Wirklichkeit noch?!" (Grins) Ich wollte unbedingt hören, wie Toichis Voice-Actor Shuichi Ikeda sagt: „Wenn du vorm Publikum stehst, ist das wie ein Duell!" Also wurde es gleich in die Tat umgesetzt. ♡ Kunihito Okada, Drehbuchautor der Anime-Serie, habe ich die Idee mit dem „Fußball-Trick" zu verdanken. ♪

In „Phantom Lady" versucht Chikage, Kid noch Arbeit aufzuhalsen. In „Midnight Crow" hingegen macht sie den Vorschlag, Kaito soll „Kid" an den Nagel hängen. In Las Vegas ist wohl einiges vorgefallen.

Aber das ist eine andere Geschichte. (Grins)

GOSHO AOYAMA PRESENTS

KAITO KID

TREASURED EDITION

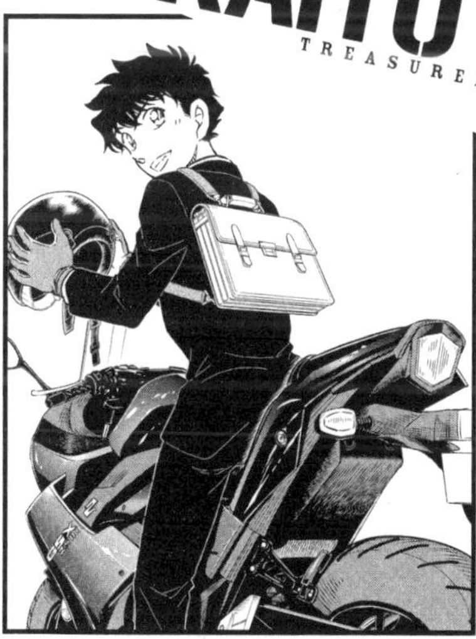

GOSHO AOYAMA PRESENTS

KAITO KID

TREASURED EDITION

MYSTERY

Gosho Aoyama

Detektiv Conan
Special Black Edition

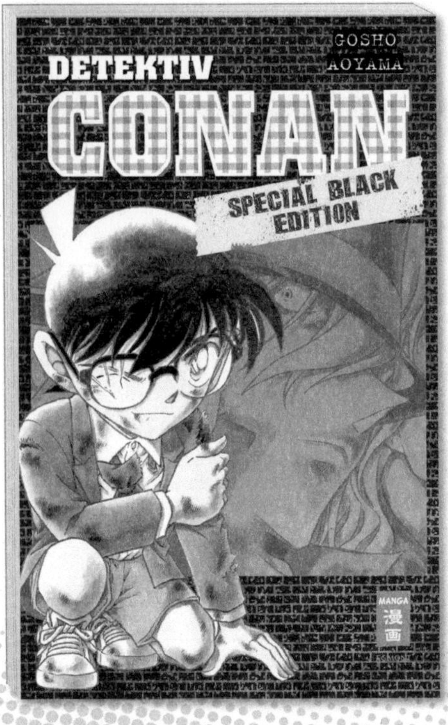

Conans Erzfeinde

Wie in jedem wirklich guten Krimi gibt es auch bei Detektiv Conan eine Rahmenhandlung: Die Jagd Conans auf die Herren in Schwarz, die ihn zum Grundschüler haben schrumpfen lassen. Jetzt gibt es alle Kapitel in diesem Sonderband.

Für Fans und Neueinsteiger ist dieser Band ein echtes MUSS! Man erfährt, warum aus Shinichi Kudo Conan Edogawa wurde, hat auf einen Blick nochmal alle Geschichten um die fiesen Mitglieder dieser mafia-artigen Organisation und muss sich beim Nachstöbern nicht immer durch über 70 Detektiv-Conan-Bände kämpfen. Diesen Band dürfen sich auch die nicht entgehen lassen, die nicht mehr alle Conans im Schrank haben.

Detektiv Conan Special Black Edition

Band 1 ISBN 978-3-7704-7843-9
€ 5,99 [D] € 6,20 [A]

www.egmont-manga.de

EGMONT

Mystery

Gosho Aoyama / Takahiro Arai

WILD POLICE STORY

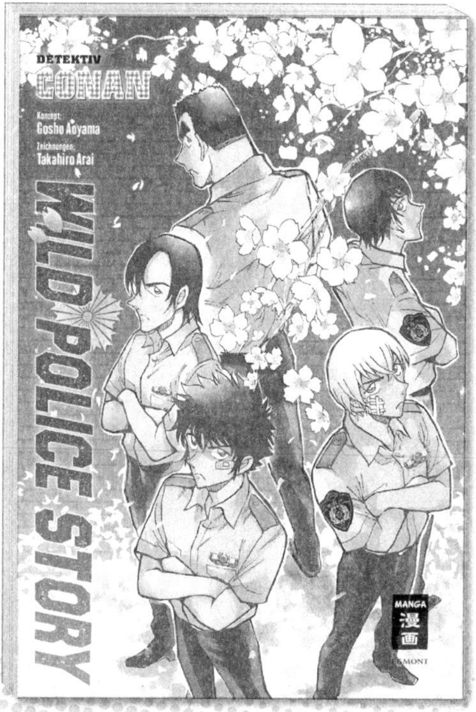

Rei Furuya aka Zero aka Bourbon ist nicht nur ein Mann mit vielen Gesichtern, sondern auch zahlreichen Spin-offs! Während wir in Zero's Tea Time mehr über das Privatleben des Publikumslieblings erfahren, geht es in Wild Police Story um Rei Furuyas Ausbildung an der Polizeiakademie.

Wild Police Story

Einzelband ISBN 978-3-7555-0092-6

€ 12,00 [D]

MANGA 漫画

www.egmont-manga.de

EGMONT

„Kaito Kid ~treasured edition~ 5“ von Gosho AOYAMA
Aus dem Japanischen von Costa Caspary
Originaltitel: „MAGIC KAITO ~TREASURED EDITION~ 5“

Originalausgabe:
MAGIC KAITO ~TREASURED EDITION 5~ by Gosho AOYAMA

Original Japanese edition published by SHOGAKUKAN.
German translation rights arranged with SHOGAKUKAN
throughThe Kashima Agency for Japan Foreign-Rights Centre.

Deutschsprachige Ausgabe:

Egmont Verlagsgesellschaften mbH,
Ritterstraße 26, 10969 Berlin
safety@egmont.de

7. Auflage 2025
Verantwortlicher Redakteur: Steffen Hautog
Gestaltung: Claudia V. Villhauer
Koordination: Manuela Rudolph
Printed in the EU
ISBN 978-3-7704-8021-0

SUTOPPU!

Koko wa kono manga no owari dayo.
Hantaigawa kara yomih
Dewa omatase shimash
Tanoshii hitotoki wo do

Egmont Manga Chiimu

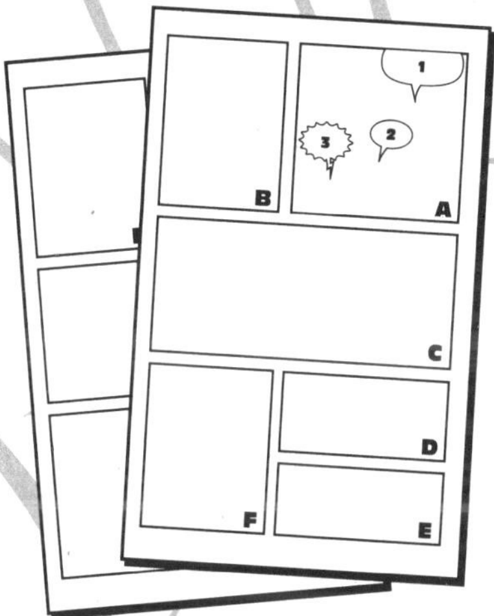

STOPP!

Das ist der Schluss des Mangas.
Fangt bitte am anderen Ende an!
Und nun genug der Vorrede,
viel Spaß beim Lesen!

Euer Egmont Manga Team